John Dewey
Die Erneuerung der Philosophie

Inhalt

John Dewey (1859-1952)

Einleitung
Ein Rückblick auf die »Erneuerung« nach fünfundzwanzig Jahren

I.

Der Text dieses Bandes wurde vor etwa fünfundzwanzig Jahren verfaßt, also kurz nach dem Ersten Weltkrieg; er wird hier ohne Veränderung abgedruckt. Diese Einleitung ist im Geiste jenes Textes geschrieben. Sie ist auch geschrieben in der festen Überzeugung, daß die Ereignisse der dazwischenliegenden Jahre eine Situation geschaffen haben, in der das Bedürfnis nach einer Erneuerung weit dringender ist als zu der Zeit, als das Buch verfaßt wurde; und, um genauer zu sein, in der Überzeugung, daß die gegenwärtige Situation mit größerer Klarheit zeigt, worin die erforderliche Erneuerung ihren Mittelpunkt haben muß, den Ort, von dem die detaillierten neuen Entwicklungen ausgehen müssen. Heute ist »Erneuerung der Philosophie« ein passenderer Titel als »Erneuerung in der Philosophie«.* Denn die Ereignisse der Zwischenzeit haben das zugrundeliegende Postulat des Textes scharf definiert, ja, zugespitzt: nämlich daß die spezifi-

* Der ursprüngliche Titel lautete: »Reconstruction in Philosophy«. Der deutsche Titel übernimmt Deweys Änderungsvorschlag. »Reconstruction« wird im Text gelegentlich auch mit »Umgestaltung« wiedergegeben; A. d. Ü.

sche Aufgabe, die Probleme und die Thematik der Philosophie aus den Belastungen und Anspannungen im Gemeinschaftsleben erwachsen, in dem eine gegebene Form der Philosophie entsteht, und daß dementsprechend ihre spezifischen Probleme mit den Veränderungen im menschlichen Leben variieren, die immer vor sich gehen und die zu Zeiten eine Krise und einen Wendepunkt in der menschlichen Geschichte ausmachen.

Der Erste Weltkrieg bedeutete eine schwere Erschütterung für die frühere Periode des Optimismus, in der ein weitverbreiteter Glaube an einen kontinuierlichen Fortschritt in Richtung auf ein gegenseitiges Verständnis zwischen Völkern und Klassen und eine daher rührende sichere Bewegung auf Harmonie und Frieden hin herrschte. Heute ist diese Erschütterung fast unglaublich viel größer. Unsicherheit und Streit sind so allgemein, daß ängstliche und pessimistische Ungewißheit die vorherrschende Haltung ist. Die Ungewißheit über das, was die Zukunft in sich birgt, wirft ihre schweren und dunklen Schatten über alle Aspekte der Gegenwart.

Es gibt heute nicht viele, die Vertrauen in die Fähigkeit der Philosophie setzen, auf kompetente Art und Weise mit den ernsten Tagesfragen fertigzuwerden. Mangel an Vertrauen zeigt sich in dem Bemühen um eine Verbesserung von Techniken und im Wiederkäuen der Systeme der Vergangenheit. Auf gewisse Weise sind beide Interessen zu rechtfertigen. Aber was das erstere anbelangt, so führt der Weg der Erneuerung nicht über die Vernachlässigung des substantiellen Inhalts zugunsten einer erhöhten Aufmerksamkeit auf die Form, wie es mit Techniken der Fall ist, die nur dazu benutzt werden, rein formale Fähigkeiten immer weiter zu entwickeln und zu verfeinern. Hinsichtlich des zweiten ist zu

John Dewey

Die Erneuerung der Philosophie

Sammlung Junius

sagen: der Weg führt auch nicht über das Anwachsen gelehrten Wissens über die Vergangenheit, das kein Licht auf die Probleme wirft, die die Menschheit gegenwärtig beunruhigen. Soweit es das vorherrschende Interesse für die beiden genannten Themen anbelangt, so ist es wohl nicht zuviel behauptet, wenn man den Rückzug von der gegenwärtigen Szene, der gerade in der Philosophie immer deutlicher wird, selbst als Zeichen für das Ausmaß der Störung und des Ungleichgewichts ansieht, das gegenwärtig auch die anderen Aspekte des menschlichen Lebens kennzeichnet. Tatsächlich können wir weiter gehen und sagen, daß ein derartiger Rückzug ein Beweis gerade für jene Mängel vergangener Systeme ist, die sie so wertlos für die Probleme der Gegenwart machen: nämlich für den Wunsch, etwas so Festes und Gewisses zu finden, daß es eine sichere Zuflucht bietet. Die Probleme, mit denen eine Philosophie fertigwerden muß, die Bedeutung für die Gegenwart haben soll, entspringen aus den Veränderungen, die sich mit stetig wachsender Geschwindigkeit vollziehen, über einen stetig wachsenden menschlich-geographischen Bereich und mit einer sich stetig vertiefenden Intensität der Durchdringung. Diese Tatsache ist ein unmißverständlicher Hinweis auf das Bedürfnis nach einer ganz anderen Art von Erneuerung als jener, die gegenwärtig am deutlichsten sichtbar ist.

Als bei früheren Gelegenheiten, wie z. B. im folgenden Text, eine der hier geäußerten ähnliche Auffassung vorgetragen wurde, ist eingewendet worden, sie nehme gegenüber den großen Systemen der Vergangenheit eine, wie es einer der milderen unter meinen Kritikern nannte, »säuerliche Haltung« ein. Es ist dementsprechend relevant für das Thema der notwendigen Erneuerung, deutlich zu sagen, daß die Kritik der Philosophien der Vergangenheit nicht gegen diese Systeme im Hinblick auf ihre Verbindung mit den intellektuellen und moralischen Streitfragen ihrer eigenen Zeit und Welt gerichtet war, sondern mit Rücksicht auf ihre Relevanz in einer völlig veränderten Situation der Menschen. Genau die Elemente, die den großen Systemen in ihren eigenen sozio-kulturellen Kontexten Achtung und Bewunderung verschafften, sind weitgehend auch die Gründe, die sie ihrer »Aktualität« in einer Welt berauben, deren entscheidende Züge in einem Ausmaß verschieden sind, das dadurch angedeutet wird, daß wir von der »wissenschaftlichen Revolution«, der »industriellen Revolution« und der »politischen Revolution« der letzten Jahrhunderte sprechen. Ein Plädoyer für eine Erneuerung kann, soweit ich sehe, nicht gehalten werden, ohne dem Hintergrund beträchtliche kritische Aufmerksamkeit zu widmen, vor dem und mit Rücksicht auf den diese Erneuerung statthaben soll. Weit davon entfernt, ein Zeichen mangelnder Achtung zu sein, ist diese kritische Aufmerksamkeit ein unverzichtbarer Bestandteil des Interesses an der Entwicklung einer Philosophie, die für unsere Zeit und unseren Ort das leistet, was die großen Lehrgebäude der Vergangenheit in und für die kulturellen Medien, aus denen sie sich erhoben, geleistet haben.

Eine andere, der eben diskutierten verwandte Kritik lautet, daß die hier vorgetragene Auffassung von der Arbeit und der Aufgabe der Philosophie auf einer romantischen Übertreibung dessen beruhe, was von der »Intelligenz« erreicht werden könne. Wenn »Intelligenz« als Synonym für das gebraucht würde, was eine wichtige Schule der Vergangenheit »Vernunft« oder »reinen Intellekt« nannte, wäre die Kritik mehr als gerechtfertigt. Aber das Wort benennt etwas ganz Verschiedenes von dem, was als das höchste Organ oder »Vermögen« angesehen wurde, letzte Wahrheiten zu begreifen. Es ist eine Kurzbezeichnung für große und stetig anwachsende Methoden der Beobachtung, des Experiments und des reflektierenden Schließens, die in sehr kurzer Zeit die physischen und zu einem beträchtlichen Grade die physiologischen Bedingungen des Lebens revolutioniert haben, die aber bis jetzt noch nicht für eine Anwendung auf das entwickelt worden sind, was selbst spezifisch und grundlegend *menschlich* ist. Intelligenz ist ein Neuling selbst im physischen Bereich der Forschung; bislang hat sie sich nicht in den verschiedenen Aspekten des menschlichen Schauplatzes entwickelt. Die vorzunehmende Erneuerung besteht nicht darin, »Intelligenz« als etwas Fertiges anzuwenden. Sie besteht darin, die Art von Methode (die Methode der Beobachtung, die Auffassung von der Theorie als einer Hypothese und die experimentelle Überprüfung), durch die das Verständnis der physischen Natur auf seine gegenwärtige Höhe gebracht worden ist, auf die Erforschung menschlicher und moralischer Gegenstände zu übertragen.

Ebenso wie Erkenntnistheorien, die sich vor dem Aufkommen wissenschaftlicher Forschung entwickelt haben, kein Vorbild oder Modell für eine Erkenntnistheorie abgeben können, die auf der gegenwärtigen tatsächlichen Forschungspraxis beruht, so reflektieren die früheren Systeme sowohl vorwissenschaftliche Ansichten der natürlichen Welt wie auch den vortechnologischen Zustand der Industrie und den vordemokratischen Zustand der Politik zu der Zeit, als ihre Lehren Gestalt annahmen. Die wirklichen Lebensbedingungen in Griechenland, besonders in Athen, als die klassische europäische Philosophie formuliert wurde, schufen eine scharfe Trennung zwischen Tun und Wissen, die in eine vollständige Trennung von Theorie und »Praxis« verallgemeinert wurde. Sie reflektierte zu jener Zeit die ökonomische Organisation, in der »nützliche« Arbeit zum größten Teil von Sklaven geleistet wurde, was die Freien von der Arbeit freisetzte und aus diesem Grunde »frei« machte. Ein solcher Zustand ist offensichtlich vor-demokratisch. Nichtsdestoweniger behielten die Philosophen in politischen Fragen die Trennung von Theorie und Praxis bei, lange nachdem aus industriellen Verfahren abgeleitete Werkzeuge und Prozesse zu unverzichtbaren Mitteln beim Beobachten und Experimentieren geworden waren, die das Herz wissenschaftlicher Erkenntnis darstellen.

Es dürfte offensichtlich sein, daß ein wichtiger Aspekt der jetzt geforderten Erneuerung die Erkenntnistheorie betrifft. Sie bedarf hinsichtlich des Gegenstandsbereichs, auf dem sie beruhen muß, einer radikalen Veränderung; die neue Theorie wird erwägen, wie Erkennen (d.h. also kompetente Forschung) vor sich geht, statt zu unterstellen, daß es mit Ansichten zur Deckung gebracht werden muß, die unabhängig davon mit Blick auf Vermögen und Organe gebildet worden sind. Und während die Ersetzung von »Vernunft« durch »Intelligenz« in dem eben angedeuteten Sinn ein wichtiges Element der geforderten Veränderung darstellt, ist die Erneuerung keineswegs auf diese Angelegenheit beschränkt. Denn die sogenannten »empirischen« Erkenntnistheorien arbeiteten, obgleich sie die Position der rationalistischen Schule verwarfen, im begrifflichen Rahmen dessen, was *sie* für eine notwendige und hinreichende Fähigkeit der Erkenntnis hielten, und paßten dabei die Erkenntnistheorie ihren vorher gebildeten Vorstellungen von der »Sinneswahrnehmung« an, statt ihre Ansicht von der Sinneswahrnehmung davon abzuleiten, was in der wissenschaftlichen Forschungspraxis vor sich geht*.

Man wird bemerkt haben, daß die ablehnende Kritik, mit der sich die vorangehenden Abschnitte auseinandersetzten, nicht deshalb erwähnt wurde, um auf die Kritik zu antworten, sondern vor allem als Illustration dafür, warum eine Erneuerung dringend erforderlich ist; und an zweiter Stelle als Illustration, wo sie benötigt wird. Denn es gibt keine Hoffnung für das Entstehen und das Wachsen einer Philosophie, die für die Bedingungen relevant ist, die *jetzt* das Material philosophischer Streitfragen und Probleme liefern, außer wenn die Arbeit der Erneuerung sich ernsthaft Rechenschaft davon gibt, wie und wo Systeme der Vergangenheit das Bedürfnis nach einer Erneuerung in der Gegenwart anzeigen.

II.

Philosophie erwächst aus Problemen des menschlichen Daseins und bleibt bewußt darauf bezogen, wurde gesagt. In dieser Ansicht ist implizit die weitere enthalten, daß diese Tatsache, deren Anerkennung eine Vorbedingung der gegen-

* Die offensichtliche Unzulänglichkeit psychologischer Theorien in diesem Punkt hat eine Rolle bei der Entwicklung der schon erwähnten Formalismen gespielt. Statt diese Unzulänglichkeit als Grund für die Erneuerung der psychologischen Theorie zu benutzen, wurde die fehlerhafte Auffassung qua Psychologie akzeptiert und von daher als ein Grund für eine »logische« Theorie der Erkenntnis benutzt, die vollständig jeden Hinweis auf die wirklichen Methoden, durch die die Erkenntnis voranschreitet, ausschloß.

wärtig erforderlichen Erneuerung ist, gleichwohl mehr bedeutet, als daß Philosophie in Zukunft mit den Krisen und Spannungen der menschlichen Lebenspraxis verbunden sein *sollte*. Denn sie besagt auch, daß die großen Systeme der westlichen Philosophie alle ihrer Wirkung, wenn schon nicht ihrem Selbstvertändnis nach dadurch motiviert und damit beschäftigt gewesen seien. Die Behauptung, daß sie sich immer hinreichend dessen bewußt gewesen wären, womit sie es zu tun hatten, wäre natürlich absurd. Sie haben sich selbst mit etwas beschäftigt gesehen – und sich so der Öffentlichkeit dargestellt –, was mit den verschiedensten Ausdrücken belegt wurde, wie das Sein, die Natur oder das Universum, der Kosmos im Ganzen, die Realität, die Wahrheit. Welche Namen auch immer gebraucht wurden, sie hatten eines gemeinsam: Sie wurden benutzt, um etwas zu bezeichnen, was als fest, unwandelbar und infolgedessen als außerhalb der Zeit befindlich aufgefaßt wurde; d.h. als ewig. Da es außerdem etwas war, das als universal oder allumfassend angesehen wurde, galt dieses ewige Sein als über und jenseits aller Veränderungen im Raum. In dieser Frage reflektierten Philosophen in generalisierter Form die volkstümlichen Überzeugungen, die gang und gäbe waren, als man glaubte, Ereignisse fänden *in* Raum und Zeit als ihren allumfassenden Hüllen statt. Es ist eine vertraute Tatsache, daß die Wissenschaftler, die die Revolution in den Naturwissenschaften initiierten, Raum und Zeit für unabhängig sowohl voneinander wie von den Dingen, die in ihnen existierten, wie auch von den Ereignissen, die in ihnen stattfanden, hielten. Da die Annahme von zugrundeliegenden unwandelbaren Wesenheiten – von denen die Materie des Raumes und der Zeit sowie der unwandelbaren Atome ein Beispiel darstellt – die

»Natur«wissenschaft beherrschte, ist es nicht weiter überraschend, daß sie in einer etwas verallgemeinerten Form als die selbstverständliche Grundlage angesehen wurde, auf der die Philosophie ihre Struktur errichten zu müssen glaubte. Philosophische Doktrinen, die über so gut wie alles uneins waren, stimmten in der Annahme überein, daß ihr eigentliches Thema als Philosophie darin bestehe, nach dem Unwandelbaren und Letzten zu suchen – nach dem, was *ist* – ohne Rücksicht auf Zeitliches und Räumliches. In diesen Zustand in der Naturwissenschaft wie auch der moralischen Maßstäbe und Prinzipien brach in jüngster Zeit die Entdeckung ein, daß die Naturwissenschaft durch ihre eigene Entwicklung dazu gezwungen ist, die Annahme der Unwandelbarkeit aufzugeben und anzuerkennen, daß das, was für sie wirklich »universal« ist, der *Prozeß* ist; aber diese Tatsache der neueren Wissenschaft bleibt in der Philosophie wie in der allgemeinen Vorstellung bis zum gegenwärtigen Zeitpunkt eher eine technische Angelegenheit als das, was sie ist: nämlich die revolutionärste Entdeckung, die je gemacht worden ist.

Die unterstellte Tatsache, daß die Moral unwandelbare, außerzeitliche Prinzipien, Maßstäbe, Normen, Ziele als den einzig sicheren Schutz gegen ein moralisches Chaos verlange, kann sich freilich zu ihrer Unterstützung nicht mehr auf die Naturwissenschaften berufen, ebensowenig, wie sich mit Hilfe der Wissenschaft rechtfertigen läßt, die Moral (in Theorie und Praxis) von Erwägungen der Zeit und des Ortes, d.h. also von Prozessen der Veränderung, auszunehmen. Zweifellos wird es weiterhin eine emotionale – oder sentimentale – Reaktion gegen die Anerkennung dieser Tatsache geben und die Weigerung, in der Moral den Standpunkt und die Ansicht zu akzeptieren, die jetzt ihren Weg in die Naturwissenschaften gefunden haben. Aber in jedem Fall sind Wissenschaft und traditionelle Moral vollständig uneins über die Arten von Dingen gewesen, die nach ihrer jeweiligen Ansicht als unwandelbar gelten. Von daher entstand ein tiefer und unüberwindbarer Graben zwischen dem *natürlichen* Gegenstandsbereich der Wissenschaft und dem *außer*-, wenn nicht *über*-natürlichen Gegenstandsbereich der Moral. Es muß viele nachdenkende Menschen geben, die von den unvermeidlichen Konsequenzen dieser Spaltung so entsetzt sind, daß sie jenen Standpunktwechsel begrüßen werden, der die Methoden und Schlußfolgerungen der Naturwissenschaften der Theorie und Praxis der Moral dienstbar macht. Alles, was dazu nötig ist, ist die Anerkennung der Tatsache, daß der moralische Gegenstandsbereich ebenfalls räumlich und zeitlich qualifiziert ist. Betrachtet man den umstrittenen gegenwärtigen Zustand der Ethik und ihren Verlust an allgemeiner Achtung, so sollte das verlangte Opfer keinem als bedrohlich erscheinen, der nicht von institutionellen Sonderinteressen motiviert ist. Was die Philosophie betrifft, so liefert ihre Versicherung, daß sie auf der Basis des Ewigen und Unwandelbaren operiere, sie einer Funktion und einem Gegenstand aus, der mehr als alles andere die Quelle der wachsenden allgemeinen Mißachtung und des Mißtrauens gegenüber ihren Ansprüchen ist; denn sie operiert unter dem Schutze von Annahmen, die in der Wissenschaft jetzt verworfen werden, und mit wirksamer Unterstützung lediglich von alten Institutionen, deren Prestige, Einfluß und Macht von der Erhaltung der alten Ordnung abhängen; und dies gerade in der Zeit, wo die menschliche Situation derart verworren und unruhig ist, daß sie dringender denn je nach der

Art umfassenden und »objektiven« Überblicks verlangt, mit dem die historischen Philosophien befaßt waren. Für die Sonderinteressen ist die Aufrechterhaltung des Glaubens an eine Transzendenz von Raum und Zeit, und von daher die Herabwürdigung des »nur« Menschlichen, eine unverzichtbare Vorbedingung, um sich eine Autorität zu bewahren, die in der Praxis in der Macht besteht, menschliche Angelegenheiten vollkommen – von Kopf bis Fuß – zu regulieren.

Es gibt freilich so etwas wie eine relative – d.h. *relationale* – Universalität. Die wirklichen Bedingungen und Möglichkeiten des menschlichen Lebens unterscheiden sich weitgehend im Hinblick auf ihre Reichweite und Tiefenwirkung. Um zu sehen, warum dies der Fall ist, braucht man sich nicht auf eine wissenschaftlich nicht länger haltbare Theorie vom Einfluß selbst-bewegter und selbst-bewegender Kräfte zu verlassen, die von außen und oben wirken. Ganz im Gegenteil, Theorie begann in den Wissenschaften der Astronomie, Physik, Physiologie in ihren vielfältigen und verschiedenen Aspekten erst in dem Augenblick eine Rolle zu spielen, als diese dogmatische Haltung durch die Verwendung von Hypothesen bei der Durchführung experimenteller Beobachtungen ersetzt wurde, deren Ziel es war, konkrete Tatsachen in Systemen von wachsender räumlich-zeitlicher Ausdehnung miteinander zu verknüpfen. Die *Universalität*, die zu wissenschaftlichen Theorien gehört, ist nicht die eines von Gott oder der Natur fixierten inhärenten Inhalts, sondern die Universalität des Anwendungsbereichs – der Fähigkeit, Ereignisse aus ihrer scheinbaren Isolierung herauszureißen, um sie in Systemen zu ordnen, die (wie es bei allen lebenden Dingen der Fall ist) ihre Lebendigkeit durch die Art der Veränderung beweisen, in der das *Wachstum* besteht. Vom Standpunkt wissenschaftlicher Forschung aus ist für ihr Recht auf Anerkennung nichts tödlicher als ein Anspruch, daß ihre Schlußfolgerungen endgültig und deshalb einer Entwicklung unfähig seien, die mehr wäre als bloß quantitative Ausdehnung.

Während ich diese Einleitung verfaßte, erhielt ich die Kopie einer Rede, die jüngst von einem hervorragenden englischen Wissenschaftler gehalten wurde. Gerade mit Bezug auf die Wissenschaften bemerkte er: »Wissenschaftliche Entdeckungen werden oft ganz unbedacht als die Schöpfung neuen Wissens angesehen, das man dem großen Bestand an altem Wissen hinzufügen könne. Dies trifft für die im strengen Sinne trivialen Entdeckungen zu. Es trifft nicht zu für die grundlegenden Entdeckungen, wie etwa die Gesetze der Mechanik, der chemischen Zusammensetzung, der Evolution, von denen der wissenschaftliche Fortschritt letztlich abhängt. Diese setzen immer die Destruktion oder Desintegration des alten Wissens voraus, *bevor das neue geschaffen werden kann.* « * Er führte im folgenden spezifische Beispiele für die Wichtigkeit an, aus den eingefahrenen Geleisen herauszukommen, in die der schwere Arm der Gewohnheit jede Form menschlicher Tätigkeit zu stoßen neigt, intellektuelle und wissenschaftliche Forschung nicht ausgenommen: »Es ist kein Zufall, daß die Bakterien zuerst von einem Ingenieur für Kanalbau erkannt wurden, daß Sauerstoff von einem unitarischen Geistlichen isoliert wurde, daß die Ansteckungstheorie von einem Chemiker, die Vererbungstheorie von einem Mönch und die Evolutionstheorie von einem Mann

* C. D. Darlington, Conway Memorial Lecture über »The Conflict of Society and Science« (London: Watts & Co., 1948)

begründet wurde, der weder in Botanik noch in Zoologie eine universitäre Lehrbefähigung besaß.« Er schloß mit den Worten: »Wir brauchen ein Ministerium für Ruhestörung, das kalkuliert Ärger erzeugt; die Routine zerstört, die Selbstzufriedenheit untergräbt.« Die gewohnheitsmäßige Routine tendiert dazu, selbst die wissenschaftliche Forschung abzutöten; sie steht der *Entdeckung* und dem *aktiven* wissenschaftlichen Arbeiter im Weg. Denn Entdeckung und Forschung sind als Tätigkeiten synonym. Wissenschaft ist eine *Jagd*, keine Besitzergreifung von etwas Unwandelbarem; neue Theorien werden als Standpunkte Entdeckungen vorgezogen, die den vorhandenen Vorrat nur quantitativ erweitern. Es ist für das Thema des Beherrschtwerdens durch die Gewohnheit relevant, daß der Redner von den großen Erneuerern in der Wissenschaft sagte, sie seien »die ersten, die ihre Entdeckungen fürchten und in Zweifel ziehen«.

Ich bin hier hauptsächlich mit der Auswirkung des über Wissenschaftler Gesagten auf die Arbeit der Philosophie befaßt. Die Grenze zwischen dem, was Hypothese in der Wissenschaft und was Spekulation (meist in einem verächtlichen Ton) in der Philosophie genannt wird, ist zur Zeit der Initiierung neuer Bewegungen dünn und schattenhaft – der Bewegungen nämlich, die den »technischen Anwendungen und Entwicklungen« gegenübergetellt werden, wie sie ganz selbstverständlich stattfinden, nachdem ein neuer und revolutionärer Standpunkt weite Anerkennung gefunden hat. In ihrem eigenen kulturellen Kontext betrachtet, unterscheiden sich die »Hypothesen«, die von Männern vorgebracht wurden, die jetzt den Namen »große Philosophen« tragen, von den »Spekulationen« der Männer, die große (und »destruktive«) Innovation in der Wissenschaft herbeigeführt haben, dadurch, daß sie einen weiteren Bereich der Beziehung und möglichen Anwendung haben; durch die Tatsache, daß sie beanspruchen, nicht »technisch«, sondern tief und umfassend menschlich zu sein. Im Augenblick ihres Auftretens gibt es keine sichere Methode, um zu entscheiden, ob die neue Art, die Dinge zu sehen und zu behandeln, sich als Fall der Wissenschaft oder der Philosophie herausstellen wird. Später wird die Klassifizierung gewöhnlich vergleichsweise leicht vorgenommen. Es handelt sich um einen Fall der »Wissenschaft« dann, wenn und sobald ihr Anwendungsbereich so spezifisch, so beschränkt ist, daß der Übergang zur Anwendung vergleichsweise direkt erfolgt – trotz des emotionalen Aufruhrs, der ihr Erscheinen begleitet, wie es z.B. bei Darwins Theorie der Fall war. Sie wird »Philosophie« genannt, wenn ihr Anwendungsbereich so umfassend ist, daß es unmöglich ist, direkt zu Formulierungen solcher Form und solchen Inhalts überzugehen, die in der unmittelbaren Forschungspraxis dienlich sind. Diese Tatsache bedeutet nicht ihre Nichtigkeit; im Gegenteil, der zeitgenössische Zustand der kulturellen Bedingungen war so, daß er erfolgreich die Entwicklung von Hypothesen verhindert hat, die unmittelbar zu spezifischen Beobachtungen und Experimenten geführt hätten, die so definitiv auf Tatsachen beruhen, daß sie Wissenschaft ausmachen. Wie die Geschichte wissenschaftlicher Forschung deutlich zeigt, nahm die Forschung während der »modernen« Periode die Form der *Diskussion* an, die freilich, wissenschaftlich gesehen, nicht nutzlos oder müßig war. Denn wie das Wort Diskussion etymologisch zeigt, war diese Diskussion ein Aufrühren, ein Bewegen, das den festen Griff der früheren Kosmologie um die Wissenschaft lockerte. Diese Periode der Diskussion samt der Lokkerung, die sie begleitete, kennzeichnet die Zeit, in der das, was jetzt als Philosophie gilt, in das überging, was jetzt den Rang der Wissenschaft erlangt hat.* Was man »Meinungsklima« nennt, ist mehr als eine Sache der Meinungen; es ist eine Frage der kulturellen Gewohnheiten, die intellektuelle Haltungen ebensogut wie emotionale und Willenseinstellungen bestimmen. Das von diesen Männern vollbrachte Werk, deren Namen jetzt eher in den Annalen der Philosophie als in denen der Wissenschaften erscheinen, spielte eine große Rolle bei der Schaffung eines Klimas, das der Initiierung der wissenschaftlichen Bewegung günstig war, deren Ergebnis die Astronomie und die Physik sind, die die alte ontologische Kosmologie verdrängt haben.

Es bedarf keiner großen Gelehrsamkeit, um zu bemerken, daß zu ihrer Zeit diese neue Wissenschaft als bewußter Angriff auf die Religion und die Moral angesehen wurde, die damals mit der Religion Westeuropas innig verbunden war. Ähnliche Angriffe folgten der Revolution, die im 19. Jahrhundert in der Biologie begann. Historische Tatsachen beweisen, daß Diskussionen, die wegen ihres umfassenden und durchdringenden Wirkungskreises nicht bis zu dem Grad an Detail geführt wurden, der für die Wissenschaft charakteristisch ist, eine Arbeit getan haben, ohne die die Wissenschaft nicht wäre, was sie jetzt ist.

* Man sollte sich gelegentlich daran erinnern, daß Newton eine ganze Weile lang als Philosoph jener Unterabteilung der Philosophie angesehen wurde, die immer noch als »Naturphilosophie« im Gegensatz zu Metaphysik und Ethik klassifiziert wird. Selbst von seinen Anhängern wurden seine Abweichungen von Descartes als eine Angelegenheit nicht der physikalischen Wissenschaft, sondern der »natürlichen Philosophie« behandelt.

III.

Die vorangehende Diskussion betrifft freilich gar nicht so sehr den Wert vergangener philosophischer Lehren. Ihre Relevanz für diese Einleitung besteht in ihrer Auswirkung auf die Neugestaltung der Arbeit und des Gegenstandes, die nötig ist, um der Philosophie heute die Vitalität zu verleihen, die einst ihre Vorgänger besaßen. Was in der früheren Geschichte der Wissenschaft stattfand, war ernst genug, um »Krieg zwischen Wissenschaft und Religion« genannt zu werden. Nichtsdestoweniger ist jener »Kriegs«schauplatz beschränkt, beinahe technisch, verglichen mit dem, was heute aufgrund der Tatsache vor sich geht, daß die Wissenschaft viel allgemeiner ins Leben eingreift. Die gegenwärtige Reichweite und Gewalt dessen, was von der Wissenschaft seinen Ausgang nimmt, beeinflußt auf besorgniserregende Weise jeden Aspekt des gegenwärtigen Lebens, vom Zustand der Familie und der Stellung von Frau und Kindern, über die Art und die Probleme der Erziehung, über die schönen wie über die industriellen Künste, bis hin zu den politischen und ökonomischen Verbindungen, die national und international in ihrer Reichweite sind. Sie sind so verschiedenartig, so vielfältig und entwickeln sich mit einer derartigen Geschwindigkeit, daß sie sich einer generalisierten Feststellung entziehen. Obendrein stellt ihr Vorkommen so viele und so ernsthafte praktische Probleme, die unmittelbare Aufmerksamkeit erfordern, daß der Mensch viel zu beschäftigt war, ihnen stückweise Genüge zu tun, als daß er verallgemeinerte oder intellektuelle Beobachtungen über sie hätte anstellen können. Sie sind über uns gekommen wie der Dieb in der Nacht, sie haben uns überrascht.

Die primäre Voraussetzung der Neugestaltung ist dementsprechend, zu einer Hypothese darüber zu gelangen, wie diese große Veränderung so umfassend, so tief und so schnell zustandekam. Die hier angebotene Hypothese lautet, daß die Umwälzungen, die in ihrer Gesamtheit die Krise ausmachen, in der sich die Menschheit heute überall auf der Welt, in allen Aspekten ihres Lebens, befindet, auf dem Vordringen von Prozessen, Materialien und Interessen in die Praxis des Alltagslebens beruhen, deren Ursprung in der Arbeit von Naturforschern in den relativ abgesonderten und fernen technischen Arbeitsstätten, die man Laboratorien nennt, liegt. Es ist nicht länger eine Frage der Störung religiöser Überzeugungen und Praktiken, sondern jeder Institution, die sich vor dem Aufstieg der modernen Wissenschaft vor wenigen Jahrhunderten eingebürgert hat. Der frühere »Krieg« wurde nicht durch einen absoluten Sieg eines der beiden Kombattanten beendet, sondern durch einen Kompromiß in Gestalt einer Trennung von Bereichen und Zuständigkeiten. In moralischen und ideellen Fragen wurde die Suprematie den alten Institutionen zugebilligt. Sie blieben im wesentlichen unverändert in ihrer älteren Form bestehen. Als sich die Anwendungen der neuen Wissenschaft in vielen praktischen Angelegenheiten als wohltätig erwiesen, wurde die neue physikalische und physiologische Wissenschaft unter der Voraussetzung toleriert, daß sie sich nur mit niederen materiellen Fragen befaßte und darauf verzichtete, das höhere geistige »Reich« des Seins zu betreten. Diese Beilegung des Konflikts mit Hilfe der Teilung war der Ursprung der Dualismen, die das Hauptproblem der »modernen« Philosophie gewesen sind. In der Praxis ist in den dann erfolgenden Entwicklungen, die sich besonders in der letzten Generation zugespitzt haben, dieser »Vergleich« durch Aufteilung der Sphären und Zuständigkeiten vollständig zusammengebrochen. Diese Tatsache wird in der gegenwärtigen angestrengten und aggressiven Kampagne derer deutlich, die die Trennung zwischen dem »Materiellen« und dem »Geistigen« akzeptieren, die aber ebenfalls überzeugt sind, daß die Repräsentanten der Naturwissenschaften nicht geblieben sind, wohin sie gehören, sondern in der wirklichen Praxis – und oft in der Theorie – das Recht usurpiert haben, die Haltungen und die Verfahrensweisen, die eigentlich der »höheren« Autorität zustehen, zu bestimmen. Von daher rührt, ihrer Ansicht nach, das gegenwärtige Bild der Unordnung, Unsicherheit und Ungewißheit, samt dem Streit und der Angst, die sich unvermeidlich daraus ergeben.

Ich beabsichtige an dieser Stelle nicht, direkt gegen diese Auffassung zu argumentieren. Tatsächlich kann man sie vielleicht sogar begrüßen – vorausgesetzt, sie wird als Hinweis darauf gewertet, wo die Streitfragen hinsichtlich der Erneuerung der Philosophie ihren Mittelpunkt haben. Denn sie zeigt im Kontrast die einzige Richtung, die unter den gegenwärtigen Bedingungen intellektuell und moralisch offensteht. Wer die Naturwissenschaft für die *fons et origo* der unleugbar ernsten Übel der Gegenwart hält, kann nur zu dem Schluß kommen, die Wissenschaft müsse irgendeiner besonderen institutionellen »Autorität« unterworfen werden. Die Alternative dazu ist eine generalisierte, derart fundamentale Erneuerung, daß sie auf der Basis der Erkenntnis entwickelt werden muß, daß die Übel, die gegenwärtig aus dem Auftreten der Wissenschaft in unseren gewöhnlichen Lebensumständen entstehen, zwar unbezweifelbar sind, jedoch aus der Tatsache herrühren, daß bisher keine systematischen Anstrengungen unternommen worden sind, die »Moral«, die alten institutionellen Gewohnheiten zugrundeliegt, wissenschaftlicher Forschung und Kritik auszusetzen. Hier also liegt die rekonstruktive Aufgabe, die die Philosophie zu leisten hat. Sie muß sich daranmachen, für die Entwicklung der Erforschung der menschlichen Lebenspraxis und von daher der Moral das zu leisten, was die Philosophen der letzten Jahrhunderte für die Förderung der wissenschaftlichen Erforschung der physikalischen und physiologischen Bedingungen und Aspekte des menschlichen Lebens geleistet haben.

Diese Auffassung davon, was der Philosophie not tut, um für die gegenwärtige menschliche Lebenspraxis relevant zu sein und die Vitalität zurückzugewinnen, die sie im Begriff steht zu verlieren, leugnet nicht, daß das Eindringen der Wissenschaft in menschliche Aktivitäten und Interessen seine destruktive Phase hat. Ja, Ausgangspunkt für die hier vorgetragene Ansicht hinsichtlich der in der Philosophie geforderten Erneuerung ist gerade, daß dieses Vordringen, das auf einen feindseligen Angriff gegen das Alte hinausläuft, der Hauptfaktor ist, der dabei wirksam war, den gegenwärtigen Zustand der Menschheit hervorzurufen. Und obwohl der Angriff auf die Wissenschaft als verantwortliche und schuldige Partei schrecklich einseitig ist in ihrer Betonung der damit verbundenen Destruktion und der Vernachlässigung der vielen und großen Wohltaten, die aus ihr erwachsen sind, bin ich der Auffassung, daß man sich der Streitfrage nicht einfach dadurch entledigen kann, daß man eine Bilanzierung von menschlichem Verlust und Gewinn mit der Absicht vornimmt zu zeigen, daß der Gewinn überwiegt.

Der Fall ist in der Tat viel simpler. Der gegenwärtige

Angriff auf die Wissenschaft beruht auf der Prämisse, daß alte institutionelle Bräuche, einschließlich institutioneller Glaubensüberzeugungen, ein adäquates, ja endgültiges Kriterium bilden, nach dem der Wert der Folgen zu beurteilen sei, die von dem verwirrenden Auftreten der Wissenschaft hervorgebracht werden. Wer diese Prämisse vertritt, sträubt sich systematisch, zur Kenntnis zu nehmen, daß die »Wissenschaft« bei der Erzeugung unserer kritischen Lage einen Partner hat. Es bedarf nur eines Blicks auf die Tatsachen, um zu bemerken, daß die Wissenschaft, statt allein im leeren Raum zu wirken, im Rahmen eines institutionellen Zustandes wirkt, der sich in vorwissenschaftlichen Tagen herausgebildet hat, ein Zustand, der nicht durch die wissenschaftliche Erforschung der moralischen Prinzipien modifiziert worden ist, die damals entstanden und ihm vermutlich angemessen waren.

Ein einfaches Beispiel zeigt den Fehler und die Verzerrung, die daher rühren, daß man die Wissenschaft isoliert betrachtet. Der destruktive Gebrauch, der von der Kernspaltung des Atoms gemacht worden ist, ist zum festen Bestand des Angriffs auf die Wissenschaft geworden. Auf diese Weise wird bis zur Leugnung ignoriert, daß diese destruktive Konsequenz nicht nur in einem Krieg erfolgte, sondern aufgrund der Existenz von Krieg, und daß Krieg als eine Institution um unbekannte Jahrtausende dem Erscheinen von irgendetwas auch nur entfernt der wissenschaftlichen Forschung Ähnlichem auf dem menschlichen Schauplatz voranging. Daß *in diesem Falle* destruktive Konsequenzen direkt den vorherbestehenden institutionellen Bedingungen entstammen, ist allzu offensichtlich, als daß es einer Begründung bedürfte. Es beweist nicht, daß dies immer und überall der

Fall ist; aber es macht uns vorsichtig gegen den unverantwortlichen und zu Unterscheidungen unfähigen Dogmatismus, der jetzt gang und gäbe ist. Es gibt uns den unzweideutigen Ratschlag, uns die unwissenschaftlichen Bedingungen in Erinnerung zu rufen, unter denen Moral, im praktischen wie im theoretischen Sinne des Wortes, Form und Inhalt gewann. Das Ziel, das vorschwebt, wenn man die Aufmerksamkeit auf eine Tatsache lenkt, die nicht bestritten werden kann, aber systematisch ignoriert wird, ist nicht der vergebliche, weil total irrelevante Zweck, die Arbeit wissenschaftlicher Forscher im allgemeinen oder in besonderen Fällen zu rechtfertigen. Es ist dies, die Aufmerksamkeit auf eine Tatsache von außerordentlicher intellektueller Bedeutung zu lenken. Die Entwicklung wissenschaftlicher Forschung ist unreif; sie ist noch nicht über die physischen und physiologischen Aspekte der menschlichen Belange, Interessen und Gegenstände hinausgelangt. Infolgedessen hat sie partielle und übertriebene Wirkungen. *Die institutionellen Bedingungen, unter denen sie auftritt und die ihre menschlichen Folgen bestimmen, sind bisher noch keiner ernsthaften, systematischen Forschung unterworfen worden, die es verdiente, wissenschaftlich genannt zu werden.*

Die Auswirkung dieses Sachverhalts auf den gegenwärtigen Zustand der Philosophie und die erforderliche Erneuerung ist das Thema und die These dieser Einleitung. Bevor ich dieses Thema direkt aufnehme, werde ich etwas über den gegenwärtigen Zustand der Moral sagen: ein Wort, daran sei erinnert, das sowohl für die Moralität als praktische, sozio kulturelle *Tatsache* steht, die sich auf die Fragen von richtig und falsch, gut und böse, bezieht, wie auch für Theorien über die Ziele, Maßstäbe, Prinzipien, nach denen der tatsächliche Sachverhalt überblickt und beurteilt werden soll. Die ganz einfache Tatsache ist nun, daß jede Untersuchung des in einem tiefen und umfassenden Sinne Menschlichen notwendig in das spezifische Gebiet der Moral gehört. Und das ist so, gleichgültig, ob sie dies beabsichtigt oder sogar, ob sie sich dessen bewußt ist oder nicht. Wenn sich die »soziologische« Theorie von der Betrachtung der grundlegenden Interessen, Sorgen, der aktiv bewegenden Ziele einer menschlichen Kultur aus dem Grunde zurückzieht, weil hier »Werte« involviert seien und Forschung als wissenschaftliche mit Werten nichts zu tun habe, dann ist die unvermeidliche Konsequenz, daß Forschung auf menschlichem Gebiet auf das beschränkt ist, was oberflächlich und vergleichsweise trivial ist, gleichgültig, mit welchen technischen Fertigkeiten sie glänzt. Aber auf der anderen Seite, falls und sobald die Forschung versucht, sich kritisch mit dem zu befassen, was im vollsten Sinne das Menschliche ist, trifft sie auf ein System von Vorurteilen, Traditionen und institutionellen Gewohnheiten, die sich in einem vorwissenschaftlichen Zeitalter konsolidiert und verhärtet haben. Denn es ist eine Tautologie, nicht die Verkündung einer Entdeckung oder einer Schlußfolgerung, zu behaupten, daß Moral, in beiden Bedeutungen des Wortes, vorwissenschaftlich sei, wenn sie sich zu einer Zeit gebildet hat, die dem Aufstieg der Wissenschaft, wie sie heute verstanden und praktiziert wird, voranging. Und unwissenschaftlich zu sein, nachdem sich die menschliche Lebenspraxis im Konkreten immens geändert hat, bedeutet im Ergebnis, sich der Bildung von Methoden zur Erforschung der Moral in einer Weise zu widersetzen, die die bestehende Moral – wieder in beiden Bedeutungen – antiwissenschaftlich macht.

Der Fall wäre vergleichsweise einfach, wenn schon der intellektuelle Standpunkt, Ausblick, oder das, was die Philosophie »Kategorien« genannt hat, vorhanden wäre, um als Hilfsmittel der Forschung zu dienen. Aber anzunehmen, daß sie vorhanden seien, hieße anzunehmen, daß intellektuelle Erzeugnisse, die einen vorwissenschaftlichen Zustand der menschlichen Angelegenheiten, Sorgen, Interessen und Ziele widerspiegeln, angemessen auf eine menschliche Situation reagieren können, die in hohem und zunehmendem Maße das Ergebnis der neuen Wissenschaft sind. Mit einem Wort, es hieße, sich dafür zu entscheiden, den gegenwärtigen Zustand des Sich-Treiben-lassens, der Unstabilität und der Ungewißheit fortzusetzen. Wenn die voraufgehenden Feststellungen in dem Sinne verstanden werden, in dem sie gemeint sind, wird sich die Ansicht, die hier im Hinblick auf die Erneuerung der Philosophie vorgeschlagen wird, deutlich zeigen. Aus der hier eingenommenen Position kann die Erneuerung in nichts weniger bestehen als in der Arbeit, die intellektuellen Instrumente zu entwickeln, zu formen, zu produzieren (im wörtlichen Sinne), die die Forschung fortschreitend in die in einem tiefen und umfassenden Sinne menschlichen – d.h. moralischen – Tatsachen der gegenwärtigen Welt und Situation führen.

Der erste Schritt, eine Vorbedingung weiterer Schritte in dieselbe allgemeine Richtung, besteht darin anzuerkennen, daß faktisch der gegenwärtige menschliche Schauplatz, sei es zum Wohl oder Wehe, zum Nutzen oder Schaden, das ist, was er ist, weil die Folgen der *physikalischen* Forschung in die Formen des alltäglichen, gewöhnlichen und gemeinsamen Lebens ihren Einzug gehalten haben. Die Methoden und Schlußfolgerungen der »Wissenschaft« bleiben nicht auf die »Wissenschaft« beschränkt. Selbst jene, die die Wissenschaft für eine in sich geschlossene, selbstgesteuerte, unabhängige und isolierte Entität halten, können nicht leugnen, daß sie in der Praxis so nicht verbleibt. Es ist ein Stück theoretischer animistischer Mythologie, sie als eine Entität anzusehen, wie es diejenigen tun, die sie für die *fons et origo* der gegenwärtigen menschlichen Leiden ansehen. Die Wissenschaft, die bislang ihren Weg tief und weit in die wirklichen Probleme des menschlichen Lebens gefunden hat, ist nur eine partielle und unvollständige Wissenschaft: kompetent im Hinblick auf physikalische und jetzt zunehmend auf physiologische Bedingungen (wie man in den neueren Entwicklungen in der Medizin und der öffentlichen Gesundheitsfürsorge sieht), aber geradezu nicht-existent im Hinblick auf Fragen, die für die Menschen von höchster Bedeutung sind – die Fragen nämlich, die zu stellen und denen sich auszusetzen für den Menschen charakteristisch ist. Jede intelligente Beobachtung und Untersuchung der gegenwärtigen Lage des Menschen wird den außergewöhnlichen Riß im Leben bemerken, der auf der Unmöglichkeit beruht, Verfahrensweisen, die die Moral eines vorwissenschaftlichen Zeitalters widerspiegeln und verewigen, mit den Verfahrensweisen einer Welt zu vereinbaren, die sich plötzlich mit immenser Beschleunigung und durchgreifend von einer Wissenschaft bestimmt findet, die erst partiell, unvollständig und notwendig einseitig wirkt.

IV.

Im Vorausgegangenen wurde mehrfach auf die Errungenschaften bestimmter Menschen im 17., 18. und 19. Jahrhundert, die als Philosophen klassifiziert wurden, angespielt, denen es gelang, den kosmologischen und ontologischen Schutt beiseite zu räumen, der emotional und intellektuell in die Struktur und Wirkungsweise der westlichen Kultur eingegangen war. Es sollte damit nicht behauptet werden, daß der Kredit für die spezifischen Forschungen, die fortschreitend die Astronomie, die Physik (einschließlich der Chemie) und die Physiologie revolutionierten, den Philosophen zukommt. Es wurde als historische Tatsache vermerkt, daß letztere eine Rolle spielten, die, in dem gegebenen kulturellen Klima und unter dem Gewicht der akzeptierten Gewohnheiten, eine unverzichtbare Vorbedingung für die Leistungen der Wissenschaft war. Dieser Feststellung ist jetzt im Zusammenhang mit ihrer Auswirkung auf die Erneuerung der Philosophie hinzuzufügen, daß die Wissenschaftler in der Durchführung ihrer spezifischen Aufgaben eine so weitreichende und durchdringende, so umfassende und universale Forschungsmethode entwickelten, daß sie das Muster und Vorbild bereitstellte, das die Art von Formulierung erlaubt, herausfordert und geradezu verlangt, die in den Aufgabenbereich der Philosophie fällt. Es ist eine Methode der Erkenntnis, die in ihrem Wirken sich selbst korrigiert, die aus Fehlschlägen ebenso wie aus Erfolgen lernt. Das Herz der Methode ist die Entdeckung der Identität von Forschung und Entdeckung. Innerhalb der spezialisierten, der relativ technischen Aktivitäten der Naturwissenschaft wird diese Aufgabe der Entdeckung, des Aufdeckens des Neuen und des Zurücklassens des Alten, als selbstverständlich hingenommen. Ihre ähnlich wichtige Stellung in jeder Form intellektueller Aktivität ist freilich so weit davon entfernt, sich allgemeiner Anerkennung zu erfreuen, daß die bloße Vorstellung ihrer Anwendung in Bereichen, die als »geistig« und »ideell« und spezifisch moralisch ausgegrenzt werden, viele schockiert, die sie im Gange ihrer eigenen, spezialisierten Arbeit als selbstverständlich empfinden. Es ist eine vertraute Tatsache, daß das praktische Korrelat der Entdeckung, wenn sie wissenschaftlich und theoretisch ist, die *Erfindung* ist, und daß in vielen der physischen Aspekte der menschlichen Lebenspraxis es jetzt sogar eine generalisierte Methode der Erfindung von Erfindungen gibt. In dem charakteristisch Menschlichen kommen Erfindungen selten vor und dann nur unter dem Druck eines Notstandes. In Fragen, die das menschliche Leben betreffen, und im Falle von Beziehungen, die weit reichen und tief dringen, erweckt die bloße Idee einer Erfindung Furcht und Schrecken, da sie als gefährlich und destruktiv angesehen wird. Diese Tatsache, die, so wichtig sie ist, selten Aufmerksamkeit erweckt, wird der Natur und dem Wesen der Moral als Moral zugeschrieben. Diese Tatsache bestätigt die Notwendigkeit einer Erneuerung und bezeugt die extreme Schwierigkeit jedes Versuchs, sie herbeizuführen.

Die Beilegung dieses Streites, die die frühere Spaltung zwischen Wissenschaft und überlieferten institutionellen Gewohnheiten milderte, ohne sie freilich vollständig zu bannen, ähnelte eher einem Waffenstillstand als auch nur im entferntesten einer Integration. Tatsächlich bestand sie aus einem Hilfsmittel, welches das genaue Gegenteil einer Integration war. Sie operierte auf der Grundlage einer scharfen Trennung der Interessen, Angelegenheiten und Absichten der menschlichen Aktivität in zwei »Bereiche« oder, mit einem seltsamen Sprachgebrauch, in zwei »Sphären« – nicht Hemisphären. Eine galt als »hoch« und sollte deshalb die höchste Rechtsprechung über die andere ausüben, die als inhärent »niedrig« angesehen wurde. Der höheren Sphäre wurde der Name »geistig«, ideal verliehen, und sie wurde mit der Moral identifiziert. Die andere war das Physische, wie es von den Verfahren der neuen Wissenschaft von der Natur bestimmt wurde. Als niedrig war sie materiell; ihre Methoden paßten nur auf das Materialistische und die Welt der Sinneswahrnehmung, nicht auf die der Vernunft und der Offenbarung. Der neuen Naturwissenschaft wurde widerwillig eine Erlaubnis erteilt, unter der Bedingung zu arbeiten, daß sie in ihrem eigenen Bereich bleibe und sich um ihre eigenen Angelegenheiten kümmere, für die sie bestimmt sei. Daß sich die Philosophie damit das Nest samt der Brut an Dualismen einhandelte, die alles in allem die Probleme der »modernen« Philosophie bildeten, ist ein Reflex der kulturellen Bedingungen, die für die grundlegende Spaltung, die zwischen dem Moralischen und dem Physischen gemacht wird, verantwortlich sind. Diese Begriffe (natürlich, moralisch) stehen tatsächlich für den Versuch, die praktischen Vorteile der Bequemlichkeit, des Komforts, der Zuträglichkeit und der Macht zu erlangen, die das Ergebnis der »Anwendung« der neuen Wissenschaft auf das Alltagsleben waren, und gleichzeitig die höchste Autorität der alten Wissenschaft in den Fragen der »geistig« genannten höheren Moral unangetastet zu lassen. Die materiellen und nutzbringenden Vorteile der neuen Wissenschaft stellten sich als der verläßlichste Verbündete all der Menschen heraus, die die neue Methode hervorbrachten, alles über den Haufen zu werfen, was als wissenschaftliche Auffassung von der Natur als Kosmos gegolten hatte; es gelang ihnen aber nicht, der intellektuellen – ganz zu schweigen der moralischen –

Bedeutsamkeit der neuen Methode zur Anerkennung zu verhelfen.

Der Waffenstillstand währte eine Weile, aber das so erzielte Gleichgewicht war deutlich unbehaglich. Hier paßte durchaus die Redewendung vom Kuchen, den man aufbewahren und zur gleichen Zeit essen will. Der Waffenstillstand stellte die Anstrengung dar, die materiellen und praktischen oder utilitären Vorteile der neuen Wissenschaft zu genießen, während man gleichzeitig ihre ernsthafte Auswirkung auf alte institutionelle Gewohnheiten – einschließlich derer des Glaubens –, die als die Grundlage der Normen und moralischen Prinzipien galten, verhinderte. Infolgedessen wollte die Trennung nicht endgültig bleiben. Im ganzen gesehen, bestürmten die Konsequenzen, die sich aus der Nutzbarmachung der neuen Wissenschaften ergaben, ohne bewußte Absicht (obgleich mit beträchtlicher absichtlicher Ermutigung von seiten einer Gruppe »fortschrittlicher« philosophischer Denker) die Aktivitäten und Werte, die nominell dem »Geistigen« vorbehalten waren. Die Auswirkung dieses Übergreifens macht das aus, was Säkularisierung genannt wird, eine Bewegung, die zunächst als eine entwürdigende Profanierung der Heiligkeit des Geistigen angesehen wurde. Selbst heute sprechen viele Menschen, die in keiner Weise praktisch mit den alten kirchlichen Institutionen oder der damit verbundenen Metaphysik übereinstimmen, mit Bedauern und im besten Falle apologetisch von dieser Säkularisierung. Trotzdem liegt die Chance für jede echte Universalisierung der Methode – und des Geistes – der Wissenschaft als Forschung, die unvermeidlich Entdeckung ist, in der alte intellektuelle Haltungen und Schlußfolgerungen unaufhörlich den veränderten und neuen Platz machen, genau darin, zu entdecken, wie man den Faktoren dieser Säkularisierung die Form, den Inhalt und die Autorität verleihen kann, die nominell der Moral zugeteilt werden, jetzt aber nicht tatsächlich von jener Moral wahrgenommen werden, die uns aus einer vorwissenschaftlichen Zeit überliefert ist. Die Aktualität dieses Verlustes an Autorität wird in der modischen Wiederbelebung der alten Lehre von der inhärenten Verderbtheit der menschlichen Natur anerkannt, die diesen Verlust erklären soll, wie sie sich auch in einem weitverbreiteten Pessimismus hinsichtlich der Zukunft des Menschen zeigt. Diese Klagen und Zweifel sind unvermeidlich, solange man die institutionellen Gewohnheiten und Überzeugungen einer vorwissenschaftlichen Zeit als endgültig und unwandelbar ansieht. Aber sie stellen, richtig verwendet, auch eine Herausforderung dar, eine Theorie der Moral zu entwickeln, die den Menschen bei der Entwicklung der praktischen – d.h. wirklich effektiven – Moral eine positive intellektuelle Anleitung gibt, einer Moral, die die uns jetzt zur Verfügung stehenden Ressourcen nutzt, um in die Aktivitäten und Interessen des menschlichen Lebens Ordnung und Sicherheit zu bringen, nicht nur an Stelle der Konfusion, sondern in größerem Rahmen als jemals zuvor in der Vergangenheit.

Drei Dinge sind in den Klagen und öffentlichen Verkündigungen, die einstweilen am stimmgewaltigsten sind, aufs innigste miteinander verbunden. Es sind 1) der Angriff auf die Naturwissenschaften; 2) die Lehre, daß die Menschen innerlich so verderbt seien, daß es unmöglich sei, eine Moral zu entwickeln, die in die Richtung der Stabilität, der Billigkeit und (wahren) Freiheit wirke, ohne Zuflucht bei einer außermenschlichen und außernatürlichen Autorität zu suchen; und 3) der Anspruch, der von den Repräsentanten einer bestimmten Art institutioneller Organisation erhoben wird, daß sie allein leisten könnten, was nötig sei. Ich erwähne diese Angelegenheit hier nicht, um sie direkter Kritik zu unterziehen. Ich erwähne sie, weil sie eine so allgemeine Position darstellt, daß sie deutlich eine Richtung anzeigt, in die sich die Philosophie bewegen könnte, um aus der Apathie der Irrelevanz herauszugelangen. In diesem scharfen Kontrast weist sie auf die entgegengesetzte Richtung hin, in die sich Philosophie bewegen könnte: die des systematischen Bestrebens, die konstruktive Bedeutung, die von der primär durch die neue Wissenschaft ausgelösten Revolution ausgeht, für die Zukunft des Menschen zu sehen und festzuhalten; vorausgesetzt, wir lassen eine entschlossene Weisheit bei der Entwicklung eines Systems von auf Überzeugungen gegründeten Haltungen walten, einer Philosophie, die auf der Grundlage der uns jetzt zur Verfügung stehenden Ressourcen gebildet wird.

Die wirkliche Streitfrage, die durch den Angriff auf die neue Wissenschaft und ihre Sprößlinge durch die pauschale Verdammung der menschlichen Natur und durch das Plädoyer für eine völlige Wiederherstellung der Autorität antiquierter mittelalterlicher Institutionen aufgeworfen worden ist, besteht einfach darin, ob wir uns in eine Richtung vorwärts bewegen sollen, die durch diese neuen Ressourcen ermöglicht worden ist, oder ob letztere inhärent so unzuverlässig sind, daß wir sie dadurch unter Kontrolle bringen müssen, daß wir sie einer Autorität unterwerfen, die beansprucht, außer-menschlich und außer-natürlich zu sein — soweit die Bedeutung von »natürlich« durch die wissenschaftliche Forschung bestimmt wird. Die systematische

Wahrnehmung dieser Richtungsspaltung erzeugt in der Philosophie die Einsicht, daß die »Moderne« noch ungeformt, noch unfertig ist. Ihr konfuser Kampf und ihre unsteten Ungewißheiten reflektieren die Mischung eines miteinander unverträglichen Alten und Neuen. Das echt Moderne muß noch hervorgebracht werden. Die Arbeit der wirklichen Produktion ist nicht die Aufgabe oder Verantwortlichkeit der Philosophie. Diese Arbeit kann nur, in einer unendlich langen Zeitspanne, durch die entschlossene, geduldige Zusammenarbeit von Männern und Frauen »guten Willens« geleistet werden, die aus jeder nutzbringenden Tätigkeit herkommen. Es wird nicht der absurde Anspruch erhoben, daß Philosophen, Wissenschaftler oder irgendeine andere Gruppe eine heilige Bruderschaft bildeten, der dieses Werk anvertraut sei. Aber wie Philosophen in den letzten Jahrhunderten eine nützliche und notwendige Arbeit bei der Förderung der naturwissenschaftlichen Forschung geleistet haben, so besteht für ihre Nachfolger jetzt die Gelegenheit und die Aufforderung, eine ähnliche Arbeit bei der Förderung moralischer Forschung zu leisten. Die Schlußfolgerungen jener Erforschung würden an und für sich um nichts mehr eine vollständige Moraltheorie und eine funktionierende Wissenschaft von entschieden menschlichem Stoffgehalt ausmachen, als die Aktivitäten ihrer Vorgänger die physikalischen und physiologischen Bedingungen der menschlichen Existenz direkt und vollentwickelt ins Dasein gerufen haben. Aber sie würden einen aktiven Anteil an der Arbeit der *Kon*struktion einer moralischen menschlichen Wissenschaft haben, die als notwendiger Vorläufer der *Re*konstruktion des wirklichen Zustandes des menschlichen Lebens dienen würde, in Richtung auf Ordnung und auf andere Bedingungen eines erfüllteren Lebens, als die Menschen es bisher hatten.

Eine systematische Darlegung, wie, wo und warum Philosophen, die antiken und mittelalterlichen Bedingungen und denen der wenigen Jahrhunderte angemessen waren, die seit dem Erscheinen der Naturwissenschaften auf der menschlichen Bühne verstrichen, so irrelevant sind, daß sie für eine intellektuelle Auseinandersetzung mit der gegenwärtigen Szene geradezu obstruktiv sind, ist selbst eine herausfordernde intellektuelle Aufgabe. Wie früher schon angedeutet ist die Erneuerung nicht dadurch zu leisten, daß man Fehler sucht oder bemängelt. Es ist im strengen Sinne eine intellektuelle Aufgabe, die die größtmögliche Gelehrsamkeit verlangt, was die Verbindungen vergangener Systeme mit den kulturellen Bedingungen betrifft, die ihnen das Problem vorgaben, und eine Kenntnis der gegenwärtigen Wissenschaft, die sich von den »populären« Darstellungen grundlegend unterscheidet. Und dieser negative Aspekt der zu leistenden intellektuellen Aktivität bringt notwendig eine systematische Erforschung der Werte mit sich, die zu dem gehören, was wirklich neu ist in den wissenschaftlichen, technologischen und politischen Bewegungen der unmittelbaren Vergangenheit und der Gegenwart, wenn sie von dem Alptraum befreit sind, der ihnen durch Gewohnheiten auferlegt ist, die sich in einer vorwissenschaftlichen, vortechnologisch-industriellen und vor-demokratischen politischen Periode gebildet haben.

Man begegnet jetzt recht häufig Zeichen einer wachsenden Tendenz, gegen die Ansicht zu rebellieren, die die Wissenschaft und die neue Technologie für die gegenwärtigen Übel tadeln zu müssen glaubt. Es wird anerkannt, daß sie als Mittel so mächtig sind, daß sie uns wertvolle neue Ressourcen verschaffen. Alles, was man braucht, so meint man, ist eine gleichermaßen wirksame moralische Erneuerung, die diese Mittel für wahrhaft menschliche Ziele einsetzt. Diese Position stellt gewiß eine merkliche Verbesserung gegenüber einem bloßen Angriff auf Wissenschaft und Technologie mit dem Ziel einer spezifischen institutionellen Kontrolle über sie dar. Sie ist zu begrüßen, soweit sie wahrnimmt, daß die Sache, um die es geht, menschlich oder moralisch ist. Aber sie leidet – zumindest in den Fällen, in denen ich ihr begegnet bin – an einem ernstlichen Mangel. Sie scheint anzunehmen, daß wir die Moral, die die Ziele bestimmt, für die der enorm vergrößerte Vorrat an Mitteln genutzt werden sollte, sich schon fertig in unserem Besitz befindet. Die *praktische* Schwierigkeit, die darin liegt, radikal neue »Mittel« Zielen dienstbar zu machen, die ins Auge gefaßt wurden, als die uns zur Verfügung stehenden Mittel von ganz verschiedener Art waren, wird dabei ignoriert. Aber viel wichtiger im Hinblick auf die Theorie oder die Philosophie als dies ist die Tatsache, daß diese Position die Scheidung zwischen einigen Dingen als Mitteln und bloßen Mitteln und anderen Dingen als Zielen und bloßen Zielen aufgrund ihres eigenen Wesens oder ihrer inhärenten Natur unangetastet läßt. Auf diese Weise wird im Endeffekt, wenn auch nicht absichtlich, ein Problem, das ernsthaft genug ist, daß man es als *moralisches* Problem bezeichnen muß, verhängnisvoll umgangen.

Gerade so wie diese Trennung von einigen Dingen als Zielen an sich selbst von anderen Dingen als Mitteln an sich selbst und zwar durch ihre eigene Natur Erbe einer Zeit ist, in der nur jene Aktivitäten »nützlich« genannt wurden, die eher dazu dienten, physiologisch als moralisch zu leben, und die von Sklaven oder Dienern im Dienste von Männern verrichtet wurden, die in dem Grade *frei* waren, wie sie von der Notwendigkeit der niedrigen und materiellen Arbeit befreit waren, so ist das vorrangige Bedürfnis des neuen Zustandes, in dem uns qualitativ und quantitativ gewaltig veränderte Ressourcen zur Verfügung stehen, die Bildung neuer Ziele, Ideale und Maßstäbe, an die wir unsere neuen Mittel binden können. Es ist moralisch wie logisch unmöglich, daß eine gründlich veränderte Art von Mitteln an Ziele angeschirrt bleibt, die sich höchstens in dem Punkt geändert haben sollen, daß sie leichter zu erreichen seien. Die durchgängige Säkularisierung der Mittel und Gelegenheiten, die sich ergeben hat, hat die Lebenspraxis so weit revolutioniert, daß der alte Schauplatz zertrümmert ist. Nichts ist intellektuell vergeblicher (ebenso wie es praktisch unmöglich ist) als anzunehmen, Harmonie und Ordnung könnten erreicht werden außer in dem Maße, wie zuerst neue Ziele und Maßstäbe, neue moralische Prinzipien mit einem beträchtlichen Grad an Klarheit und System entwickelt werden.

Kurzum, das Problem der Erneuerung in der Philosophie nimmt, wie sich herausstellt, von welchem Blickwinkel man sich ihm auch nähert, seinen Anfang in dem Bestreben, zu entdecken, wie die neuen Bewegungen in der Wissenschaft und in den industriellen und politischen menschlichen Bedingungen, die daraus hervorgegangen sind, die bis jetzt nur unfertig und verworren sind, zur Vollendung gebracht werden können. Denn eine Vollendung, die mit deren eigener, eigentlicher Richtung und Bewegungswucht übereinstimmt, kann nur im begrifflichen Rahmen von Zielen und Maßstäben erreicht werden, die so spezifisch menschlich sind, daß sie eine neue moralische Ordnung bilden.

Es ist Aufgabe der Zukunft, die spezifischen Erneuerungen, selbst in ihrem philosophischen Aspekt, vorzunehmen, die in der Vollendung des bisher nur teilweise von uns Erreichten inbegriffen sind. Selbst eine befriedigende Aufstellung der Probleme, die im Hinblick auf die Philosophie dabei betroffen sind, muß im großen und ganzen warten, bis die philosophische Bewegung in diese Richtung über jeden bisher erreichten Punkt hinausgelangt ist. Aber *ein* bemerkenswertes Mitglied einer solchen Liste hat eben eine beiläufige Aufmerksamkeit gefunden: nämlich die Scheidung, die zwischen bloßen Mitteln und Zielen an sich selbst vorgenommen worden ist, die das theoretische Korrelat der scharfen Trennung der Menschen in Freie und Sklaven, in Höhere und Niedere ist. Der Wissenschaftsbetrieb, die Wissenschaft in der Praxis hat diese Trennungen und Isolierungen vollständig verworfen. Die wissenschaftliche Forschung hat Aktivitäten, Materialien, Werkzeuge des Typs, der einmal als praktisch (in einem niederen, utilitären Sinne) angesehen wurde, in sich aufgenommen; sie hat sie in ihr eigenes Dasein inkorporiert. Die Art und Weise, wie die Arbeit in jedem beliebigen astronomischen Observatorium wie auch in jedem physikalischen Laboratorium durchgeführt wird, ist dafür Beweis. Die Theorie in ihrer Formulierung ist ebenfalls bisher weit hinter der Theorie in der wissenschaftlichen Praxis zurückgeblieben. Die Theorie als Tatsache – d.h. in der Durchführung der wissenschaftlichen Forschung – hat ihre Endgültigkeit verloren. Theorien sind in Hypothesen übergegangen. Der Philosophie bleibt die Aufgabe, im einzelnen und im allgemeinen, die unermeßliche Bedeutsamkeit dieser Tatsache für die Moral zu erläutern. Denn in dem, was heute als Moral gilt, herrscht immer noch das Fixierte, das Unwandelbare, obgleich Moral-Theoretiker und institutionelle

Moral-Dogmatisten völlig uneinig hinsichtlich der Frage sind, *welches* die Ziele, Maßstäbe und Prinzipien sind, die unwandelbar, ewig und universell anwendbar seien. In der Wissenschaft ist die Ordnung der festen Größen unwiderruflich in eine Ordnung der sich *im Prozeß* befindlichen Verknüpfungen übergegangen. Eine der unmittelbarsten Pflichten der philosophischen Erneuerung im Hinblick auf die Entwicklung lebensfähiger Instrumente für die Erforschung menschlicher oder moralischer Tatsachen besteht darin, sich systematisch mit *menschlichen* Prozessen zu befassen.

Es ist oben flüchtig einiger gängiger Mißverständnisse der Position gedacht worden, die im folgenden Text dargelegt wird. Ich schließe mit einem ausdrücklichen Hinweis auf einen Punkt, der in dieser Einleitung schon wiederholt Erwähnung gefunden hat. Es ist ihr zur Last gelegt worden, daß die hier vertretene Ansicht von der Arbeit und dem Stoff der Philosophie diejenigen, die sie gutheißen, auf eine Identifikation der Philosophie mit der Arbeit der »Reformer« festlegt – ob mit Billigung oder Mißbilligung. In einem verbalen Sinne sind Reform und Rekonstruktion eng miteinander verwandt. Aber die Re-konstruktion oder Reform, die hier dargestellt ist, ist strikt eine Erneuerung der Theorie und zwar von so umfassender Art, daß sie die Philosophie ausmacht. Eine der in einer rekonstruierten Philosophie vorzunehmenden Tätigkeiten besteht darin, Gründe zu sammeln und zu präsentieren, warum die einstmals eingeführte Trennung zwischen Theorie und Praxis nicht länger existiert, so daß ein Mann wie Richter Holmes sagen kann, daß Theorie das praktischste Ding auf der Welt sei, im Guten wie im Schlechten. Man darf gewiß hoffen, daß das theoretische Unternehmen, das hier vorgestellt ist, praktische Konsequenzen haben wird, und das zum Guten. Aber dieses Ziel werden Menschen als Menschen, nicht in irgendeiner besonderen professionellen Eigenschaft erreichen.

(1948)

Vorbemerkung

Anläßlich einer Einladung, an der Kaiserlichen Universität Japans in Tokio im Februar und März dieses Jahres Vorlesungen zu halten, habe ich den Versuch unternommen, eine Interpretation der Neugestaltung von Ideen und Methoden des Denkens zu geben, die gegenwärtig in der Philosophie stattfindet. Obwohl die Vorlesungen nicht umhin können, Spuren des besondern Standpunkts ihres Verfassers zu zeigen, ist das Ziel eher gewesen, die allgemeinen Gegensätze zwischen älteren und neueren Arten philosophischer Probleme darzulegen, als ein einseitiges Plädoyer zugunsten einer spezifischen Lösung dieser Probleme zu geben. Zum größten Teil habe ich versucht, auf die Kräfte hinzuweisen, die eine intellektuelle Neugestaltung unvermeidlich machen, und einige der Linien vorzuzeichnen, auf denen sie sich voranbewegen muß.

Jeder, der die einzigartige Gastfreundschaft Japans erfahren hat, wird bei dem Versuch, seiner Dankbarkeit in einer Weise Ausdruck zu verleihen, die der empfangenen Freundlichkeit auch nur einigermaßen entspricht, in äußerste Verlegenheit geraten. So kann ich meine dankbare Wertschätzung hier nur in matten Worten zum Ausdruck bringen; besonders möchte ich meine unauslöschlichen Eindrücke von der Zuvorkommenheit und Hilfsbereitschaft der Mitglieder der

Abteilung für Philosophie an der Universität von Tokio sowie meiner lieben Freunde Dr. Ono und Dr. Nitobe erwähnen.

(1920)

1. Sich wandelnde Auffassungen von der Philosophie

Der Mensch unterscheidet sich deshalb von den niederen Lebewesen, weil er seine vergangenen Erfahrungen aufbewahrt. Was in der Vergangenheit geschah, wird in der Erinnerung noch einmal erlebt. Das gegenwärtige Geschehen ist von einer Wolke von Gedanken umgeben, die ähnliche Ereignisse der Vergangenheit betreffen. Bei den Tieren vergeht eine Erfahrung, sowie sie gemacht wird, und jedes neue Tun oder Leiden steht für sich allein. Aber der Mensch lebt in einer Welt, wo jedes Ereignis mit Wider- und Anklängen an das Vorangegangene befrachtet ist, wo jedes Geschehnis an andere Dinge erinnert. Von daher lebt er nicht, wie die Tiere auf dem Felde, in einer Welt bloß physischer Gegenstände, sondern in einer Welt der Zeichen und Symbole. Ein Stein ist nicht lediglich hart, ein Ding, gegen das man stößt; sondern er ist ein Monument eines dahingeschiedenen Vorfahren. Eine Flamme ist nicht lediglich etwas, das wärmt oder versengt, sondern ein Symbol des fortdauernden Lebens des Haushalts, der dauernden Quelle der Ermunterung, der Nahrung und des Schutzes, wohin der Mensch nach seinen Streifzügen zurückkehrt. Sie ist nicht einfach das züngelnde Feuer, das stechen und verletzen kann, sie ist der Herd, an dem man die Gottheit verehrt und für den man kämpft.

Und all dieses, das den Unterschied zwischen Tierheit und Menschheit ausmacht, zwischen Kultur und bloß physischer Natur, besteht nur aus dem Grunde, weil der Mensch sich erinnert, indem er seine Erfahrungen aufbewahrt und aufzeichnet.

Freilich sind die Wiedererinnerungen selten buchstabengetreu. Natürlicherweise erinnern wir uns an das, was uns interessiert und zwar, weil es uns interessiert. Die Vergangenheit wird nicht um ihrer selbst willen wiedererweckt, sondern um dessentwillen, was sie der Gegenwart hinzufügt. Folglich ist das primäre Leben des Gedächtnisses eher emotional als intellektuell und praktisch. Der Urmensch erinnerte sich an den gestrigen Kampf mit einem Tier nicht, um auf wissenschaftliche Art und Weise die Eigenschaften des Tieres zu studieren oder um zu berechnen, wie er morgen einen besseren Kampf führen könnte, sondern um der Langeweile von heute zu entgehen, indem er die Aufregung von gestern zurückgewann. Die Erinnerung enthält die ganze Aufregung des Kampfes ohne seine Gefahr und seinen Schrecken. Diese Aufregung wiederzubeleben und zu genießen bedeutet, den gegenwärtigen Augenblick durch eine neue Bedeutung zu erhöhen, eine Bedeutung, die sich von der unterscheidet, die ihm oder der Vergangenheit tatsächlich zukommt. Die Erinnerung ist eine Ersatzerfahrung, in der alle Gefühlswerte der wirklichen Erfahrung vorhanden sind ohne deren Belastungen, Wechselfälle und Schwierigkeiten. Der Triumph eines Kampfes ist sogar aufwühlender im Kriegstanz, der zu seiner Erinnerung aufgeführt wird, als im Augenblick des Sieges selbst; die bewußte und wahrhaft menschliche Erfahrung der Jagd wird dann gemacht, wenn am Lagerfeuer über sie geredet und sie noch einmal inszeniert wird. Während sie stattfand, war die Aufmerksamkeit von praktischen Einzelheiten und dem Druck der Unsicherheit in Anspruch genommen. Erst später fügen sich die Einzelheiten zu einer Geschichte zusammen und verbinden sich zu einem Bedeutungsganzen. Zur Zeit der praktischen Erfahrung lebt der Mensch von Augenblick zu Augenblick und ist mit der Aufgabe des Augenblicks beschäftigt. Wenn er in der Rückschau alle Augenblicke in Gedanken überblickt, erscheint ein Drama mit einem Anfang, einer Mitte und einer Bewegung zur Klimax des Erfolgs oder der Niederlage hin.

Da der Mensch seine vergangenen Erfahrungen um des Interesses willen wiedererweckt, das sie dem verleihen, was sonst nur die Leere der gegenwärtigen Muße wäre, ist das ursprüngliche Leben des Gedächtnisses eher eines der Phantasie und der Imagination als eines der genauen Erinnerung. Denn, was schließlich zählt, ist die Geschichte, das Drama. Nur die Zwischenfälle werden ausgewählt, die einen gegenwärtigen emotionalen Wert haben, um die gegenwärtige Erzählung zu intensivieren,wenn sie sich in der Imagination noch einmal abspielt oder einem bewundernden Zuhörer erzählt wird. Alles, was nicht die Aufregung des Kampfes erhöht oder zu dem Ergebnis, sei es Erfolg oder Niederlage, beiträgt, wird fallengelassen. Zwischenfälle werden neu angeordnet, bis sie in die Stimmung der Erzählung passen. Auf diese Weise lebte der Urmensch, wenn er sich selbst überlassen war, wenn er nicht wirklich in seinen Daseinskampf verwickelt war, in einer Welt der Erinnerungen, die eine Welt der Gedankenanklänge *(suggestions)* war. Ein Gedankenanklang unterscheidet sich von einer Erinnerung dadurch, daß kein Versuch gemacht wird, seine Korrektheit zu überprüfen. Seine Korrektheit ist eine Angelegenheit von relativer Gleichgültigkeit. Die Wolke erweckt den Gedanken an ein Kamel oder ein menschliches Gesicht. Sie könnte diese Dinge nicht suggerieren, wenn es nicht irgendwann einmal eine tatsächliche, buchstäbliche Erfahrung eines Kamels und eines Gesichts gegeben hätte. Aber die wirkliche Ähnlichkeit ist ohne Bedeutung. Die Hauptsache ist das emotionale Interesse beim Nachzeichnen des Kamels oder wenn man den Schicksalen des Gesichts folgt, während es sich bildet und wiederauflöst.

Die Vor- und Frühgeschichtler berichten von der außerordentlichen Rolle, die Tiererzählungen, Mythen und Kulte spielten. Manchmal wird aus dieser historischen Tatsache ein Geheimnis gemacht, als wenn sie anzeigte, daß der primitive Mensch von anderen seelischen Kräften bewegt worden sei als die heutige Menschheit. Aber die Erklärung ist, denke ich, einfach. Bis der Ackerbau und die höheren industriellen Techniken entwickelt wurden, wechselten lange Perioden leerer Mußezeit mit relativ kurzen Perioden ab, in denen alle Energie aufgewendet wurde, um Nahrung oder Sicherheit vor Angriffen zu schaffen. Aufgrund unserer eigenen Gewohnheiten neigen wir dazu, uns Menschen als geschäftig oder beschäftigt zu denken, wenn nicht mit der Ausführung von Handlungen, so zumindest mit dem Nachdenken darüber oder dem Planen. Aber zu jener Zeit waren die Menschen nur dann geschäftig, wenn sie sich auf der Jagd befanden oder beim Fischfang oder auf einer kriegerischen Expedition. Doch sobald der Geist erwacht ist, muß er mit etwas erfüllt sein; er kann nicht buchstäblich leer sein, weil der Körper träge ist. Und welche Gedanken sollten sich dem menschlichen Geist aufdrängen, wenn nicht Erfahrungen mit

Tieren, Erfahrungen, die unter dem Einfluß des dramatischen Interesses, die jagdtypischen Ereignisse lebendiger und kohärenter zu machen, umgeformt wurden? Als Menschen die sie interessierenden Teile ihres wirklichen Lebens in der Phantasie dramatisch noch einmal wiederholten, wurden Tiere unvermeidlich selber dramatisiert.

Sie waren wahre *dramatis personae* und nahmen als solche die Züge von Personen an. Auch sie hatten Wünsche, Hoffnungen und Ängste, ein Leben der Affekte, der Liebe und des Hasses, der Triumphe und der Niederlagen. Obendrein, da sie für das Bestehen der Gemeinschaft wesentlich waren, machten ihre Taten und Leiden sie in der Imagination, die die Vergangenheit auf dramatische Weise zu neuem Leben erweckte, zu wahrhaften Teilnehmern am Leben der Gemeinschaft. Obwohl sie gejagt wurden, gestatteten sie es schließlich, daß man sie fing, und also waren sie Freunde und Verbündete. Sie gaben sich ganz wörtlich dem Bestehen und Wohlergehen der Gruppe preis, zu der sie gehörten. So entstanden nicht nur die vielen Erzählungen und Legenden, die zärtlich bei den Aktivitäten und Eigenschaften der Tiere verweilten, sondern auch jene komplizierten Riten und Kulte, die die Tiere zu Ahnen, Helfern, Stammeswahrzeichen und Gottheiten machten.

Ich hoffe, daß ich nicht den Anschein erwecke, mich zu weit von meinem Thema, dem Ursprung der Philosophien, entfernt zu haben. Denn es scheint mir, daß der geschichtliche Ursprung der Philosophien nicht verstanden werden kann, wenn wir nicht noch ausführlicher und noch detaillierter bei Erörterungen wie diesen verweilen. Wir müssen erkennen, daß das gewöhnliche Bewußtsein des gewöhnlichen Menschen, der sich selbst überlassen ist, eher ein

Geschöpf der Wünsche als eines der theoretischen Untersuchung, Forschung oder Spekulation ist. Der Mensch hört erst dann auf, primär von Hoffnungen und Ängsten, Liebe und Haß angetrieben zu werden, wenn er einer Disziplin unterworfen wird, die der menschlichen Natur fremd ist, die, vom Standpunkt des natürlichen Menschen aus, künstlich ist. Normalerweise werden unsere Bücher, unsere wissenschaftlichen und philosophischen Bücher, von Leuten geschrieben, die sich selbst in hohem Maße intellektueller Disziplin und Kultur unterworfen haben. Ihre Gedanken sind gewohnheitsmäßig vernünftig. Sie haben gelernt, ihre Phantasien durch Tatsachen zu kontrollieren und ihre Ideen eher logisch als emotional und dramatisch zu organisieren. Wenn sie sich Träumereien und Phantasien überlassen – was wahrscheinlich häufiger geschieht, als gewöhnlich zugegeben wird –, dann sind sie sich dessen bewußt, was sie tun. Sie geben diesen Exkursionen die richtigen Namen und verwechseln ihre Resultate nicht mit objektiven Erfahrungen. Wir neigen dazu, andere an uns selbst zu messen, und weil wissenschaftliche und philosophische Bücher von Menschen verfaßt werden, in denen die vernünftige, logische und objektive Geisteshaltung vorherrscht, wird von ihnen dem durchschnittlichen und gewöhnlichen Menschen eine ähnliche Rationalität zugeschrieben. Es wird dabei übersehen, daß beides, Rationalität wie Irrationalität, in der undisziplinierten menschlichen Natur weitgehend irrelevant und episodisch ist; daß Menschen viel eher von der Erinnerung als vom Denken gelenkt werden, und daß das Gedächtnis nicht aus der Erinnerung an wirkliche Tatsachen besteht, sondern aus Assoziation, Gedankenanklang, dramatischer Phantasie. Der Maßstab, der den Wert von Gedankenanklängen mißt, die im

Geist entstehen, ist nicht die Übereinstimmung mit den Tatsachen, sondern emotionale Stimmigkeit. Stimulieren und verstärken sie das Gefühl und passen sie in die dramatische Erzählung? Sind sie im Einklang mit der herrschenden Stimmung und können sie in die traditionellen Hoffnungen und Ängste der Gemeinschaft übersetzt werden? Wenn wir bereit sind, das Wort Träume mit einer gewissen Liberalität zu nehmen, ist es kaum zu viel gesagt, daß der Mensch, abgesehen von den gelegentlichen Zeiten der wirklichen Arbeit und des wirklichen Kampfes, in einer Welt der Träume und nicht in einer der Tatsachen lebt und zwar in einer Welt der Träume, die um Wünsche herum organisiert sind, deren Erfolg und Mißerfolg den Inhalt dieser Welt bilden.

Die frühen Überzeugungen und Traditionen der Menschheit zu behandeln, als seien sie Versuche einer wissenschaftlichen Erklärung der Welt, nur eben irrtümliche und absurde Versuche, heißt also, sich eines groben Fehlers schuldig zu machen. Das Material, aus dem sich schließlich die Philosophie herausbildet, ist irrelevant für Wissenschaft und Erklärung. Es ist bildlich, Symbol von Hoffnungen und Befürchtungen, gestaltet aus Imaginationen und Gedankenanklängen, nicht Zeichen einer Welt der objektiven Tatsachen, die intellektuell erfaßt werden. Es ist viel mehr Dichtung und Drama als Wissenschaft und von wissenschaftlicher Wahrheit und Falschheit, Rationalität oder Absurdität der Tatsachen in der gleichen Weise getrennt, wie Dichtung von diesen Dingen unabhängig ist.

Dieses ursprüngliche Material hat freilich durch mindestens zwei Stufen hindurchzugehen, bevor es eigentliche Philosophie wird. Eine ist die Stufe, auf der Erzählungen und Legenden sowie ihre sie begleitenden Dramatisierungen erstarren. Zunächst sind die emotionalisierten Erfahrungsberichte weitgehend zufällig und flüchtig. Ereignisse, die die Emotionen eines Einzelnen aufrühren, werden aufgegriffen und in Erzählung und Pantomime von neuem erlebt. Aber einige Erfahrungen sind so häufig und wiederkehrend, daß sie die Gruppe als ganze betreffen. Sie werden gesellschaftlich verallgemeinert. Das bruchstückhafte Abenteuer des einzelnen Individuums wird ausgebaut, bis es für das emotionale Leben des Stammes repräsentativ und typisch wird. Bestimmte Ereignisse wirken sich auf das Wohl und Wehe der Gruppe in ihrer Gesamtheit aus und bekommen dadurch eine außergewöhnliche Emphase und Erhöhung. Ein gewisses Traditionsgewebe entsteht; die Erzählung wird zum gesellschaftlichen Erbe und Besitz; die Pantomime entwikkelt sich zum festen Ritus. Tradition, die auf diese Weise gebildet worden ist, wird zu einer Art Norm, der sich individuelle Phantasie und Vorstellungskraft fügen. Ein bleibendes Gerüst der Einbildungskraft wird errichtet. Eine gemeinschaftliche Art, das Leben aufzufassen, entsteht, in die die Individuen durch Erziehung eingeführt werden. Sowohl unbewußt als auch durch bestimmte gesellschaftliche Forderungen werden die individuellen Erinnerungen dem Gruppengedächtnis oder der Gruppentradition angeglichen und individuelle Phantasien werden dem Bestand an Überzeugungen angepaßt, das für eine Gemeinschaft charakteristisch ist. Dichtung wird fixiert und systematisiert. Die Erzählung wird zu einer gesellschaftlichen Norm. Das ursprüngliche Drama, das eine emotional wichtige Erfahrung von neuem in Szene setzt, wird zu einem Kult institutionalisiert. Ehemals freie Vorstellungen verhärten sich zu Doktrinen.

Die systematische und verpflichtende Natur derartiger

Doktrinen wird durch Eroberungen und politische Konsolidierung beschleunigt und bestätigt. Sowie sich das Herrschaftsgebiet einer Regierung ausdehnt, gibt es ein definites Motiv dafür, ehemals freie und fließende Vorstellungen zu systematisieren und zu vereinheitlichen. Abgesehen von natürlicher Anpassung und Angleichung, die sich aus der Tatsache des Verkehrs und den Bedürfnissen der gemeinsamen Verständigung ergeben, besteht oft eine politische Notwendigkeit, die den Herrscher dazu veranlaßt, Traditionen und Glaubensüberzeugungen zu zentralisieren, um sein Prestige und seine Autorität zu erweitern und zu stärken. Israel, Griechenland, Rom und, wie ich annehme, alle anderen Länder, die eine lange Geschichte haben, bieten Zeugnisse einer ständigen Überarbeitung früherer lokaler Riten und Doktrinen im Interesse einer umfassenderen gesellschaftlichen Einheit und einer extensiveren politischen Macht. Lassen Sie uns annehmen, daß auf diese Weise die größeren Kosmogonien und Kosmologien der Menschheit wie auch die größeren ethischen Traditionen entstanden sind. Ob dies wortwörtlich der Fall ist oder nicht, braucht man nicht zu untersuchen, viel weniger zu beweisen. Für unsere Zwecke ist es genug, daß unter gesellschaftlichem Einfluß eine Fixierung und Organisierung von Doktrinen und Kulten stattfand, die der Imagination allgemeine Züge und dem Verhalten allgemeine Regeln gab, und daß eine solche Konsolidierung eine notwendige Vorbedingung für das Entstehen jeder Philosophie in dem Sinne war, in dem wir diesen Ausdruck verstehen.

Diese Organisation und Verallgemeinerung von Ideen und Überzeugungsprinzipien ist, wenngleich eine notwendige Bedingung, nicht der einzige und hinreichende Entstehungsgrund der Philosophie. Noch fehlt das Motiv für das logische System und den intellektuellen Beweis. Wir dürfen annehmen, daß dies aus der Notwendigkeit erwächst, die moralischen Regeln und Ideale, die im traditionellen Kodex verkörpert sind, mit dem positivistischen Tatsachenwissen, das allmählich entsteht, zu versöhnen. Denn der Mensch kann niemals vollständig das Geschöpf von Suggestion und Phantasie sein. Die Erfordernisse einer kontinuierlichen Existenz machen eine gewisse Aufmerksamkeit auf die wirklichen Tatsachen der Welt unverzichtbar. Obwohl es überraschend ist, wie wenig Zwang die Umwelt tatsächlich auf die Bildung von Ideen ausübt, da kein Begriff zu absurd ist, als daß er nicht von irgendwelchen Leuten akzeptiert worden wäre, erzwingt die Umwelt gleichwohl ein gewisses Minimum an Richtigkeit, bei Strafe des Untergangs. Daß gewisse Dinge Nahrung sind, daß sie an gewissen Stellen gefunden werden, daß man im Wasser ertrinken, sich am Feuer verbrennen kann, daß scharfe Spitzen bohren und schneiden, daß schwere Dinge fallen, wenn sie nicht gehalten werden, daß es eine bestimmte Regelmäßigkeit in dem Wechsel von Tag und Nacht und der Abwechslung von heiß und kalt, naß und trocken gibt – dergleichen prosaische Tatsachen zwingen sich selbst primitiver Aufmerksamkeit auf. Einige von ihnen sind so offensichtlich und so wichtig, daß sie so gut wie keinen Spielraum für die Phantasie lassen. Auguste Comte sagt irgendwo, daß er von keinem wilden Volk wisse, das einen Gott des Gewichtes habe, obgleich so gut wie jede andere natürliche Eigenschaft oder Kraft vergöttlicht worden sei. Allmählich entwickelt sich ein System von vertrauten Verallgemeinerungen, das die Weisheit der Menschheit hinsichtlich beobachtbarer Tatsachen und Abläufe der Natur aufbewahrt und weitergibt. Dies Wissen ist besonders verknüpft mit Gewerben, Künsten und Handwerken, wo Beobachtung von Materialien und Prozessen für erfolgreiches Handeln erforderlich ist und wo die Tätigkeit so kontinuierlich und regelhaft ist, daß unregelmäßige Magie nicht genügt. Außergewöhnlich phantastische Begriffe werden eliminiert, weil sie mit dem, was wirklich geschieht, konfrontiert werden.

Der Seemann wird sich wahrscheinlich leichter – wie wir es jetzt nennen – abergläubischen Vorstellungen überlassen als etwa der Weber, weil seine Tätigkeit eher plötzlichen Wechseln und unvorhergesehenen Ereignissen ausgeliefert ist. Aber selbst der Seemann, mag er den Wind auch als den unkontrollierbaren Ausdruck der Launen eines großen Geistes auffassen, muß immer noch mit einigen rein mechanischen Prinzipien der Anpassung von Boot, Segeln und Ruder an den Wind vertraut werden. Feuer mag als übernatürlicher Drache aufgefaßt werden, weil irgendwann einmal eine flinke, helle und verzehrende Flamme die sich schnell bewegende und gefährliche Schlange ins Gedächtnis rief. Aber die Hausfrau, die für das Feuer und die Töpfe Sorge trägt, in denen die Nahrung kocht, wird gleichwohl gezwungen sein, bestimmte mechanische Tatsachen des Luftzugs und des Nachlegens sowie den Übergang von Holz zu Asche zu beobachten. In noch höherem Maße wird, wer mit Metallen arbeitet, verifizierbares Wissen über die Bedingungen und Konsequenzen des Wirkens der Hitze anhäufen. Er mag für besondere und zeremonielle Anlässe traditionelle Vorstellungen beibehalten, aber der alltägliche vertraute Umgang wird diese Vorstellungen den größten Teil der Zeit über zurückdrängen, wo das Feuer für ihn ein uniformes und prosaisches Verhalten zeigt, das durch praktische Beziehungen von Ursache und Wirkung kontrollierbar ist. Sowie die Künste und Handwerke sich entwickeln und zunehmend verfeinert werden, vergrößert sich die Gesamtheit des positiven und überprüften Wissens, und die beobachteten Sequenzen werden komplexer und umfassender. Technologien dieser Art liefern jenes *common-sense*-Wissen über die Natur, aus dem die Wissenschaft erwächst. Sie stellen nicht nur eine Sammlung von positiven Tatsachen dar, sie verschaffen auch die Erfahrung, mit Materialien und Werkzeugen umzugehen, und fördern die Entwicklung der experimentellen Geisteshaltung, sobald eine Kunst der Herrschaft der bloßen Gewohnheit entzogen werden kann.

Lange Zeit besteht das auf Imagination beruhende System von Glaubensüberzeugungen, das eng mit den moralischen Gewohnheiten sowie den emotionalen Bedürfnissen und Befriedigungen einer Gemeinschaft verknüpft ist, in enger Verbindung mit dem wachsenden System des Tatsachenwissens. Wo immer nur möglich, sind sie miteinander verknüpft. An anderen Punkten verbieten ihre Inkonsistenzen eine engere Verzahnung, diese beiden Dinge werden vielmehr auseinandergehalten, als ob sie zu verschiedenen Abteilungen gehörten. Da das eine mit dem anderen nur lose verbunden ist, wird ihre Unvereinbarkeit nicht empfunden, und es besteht kein Bedürfnis, sie zu versöhnen. In den meisten Fällen werden die beiden Arten geistiger Erzeugnisse auseinandergehalten, weil sie zum Eigentum verschiedener sozialer Klassen werden. Die religiösen und dichterischen Vorstellungen, die einen definiten sozialen und politischen Wert und eine dementsprechende Funktion erhalten haben, sind, als Besitz einer höheren Klasse, direkt mit den herrschenden Elementen in der Gesellschaft verknüpft. Die

Arbeiter und Handwerker, die das prosaische Tatsachenwissen besitzen, nehmen eher einen niedrigen sozialen Status ein, und ihre Art des Wissens wird von der sozialen Mißachtung affiziert, die für den Handwerker empfunden wird, der sich mit Tätigkeiten befaßt, die für den Körper nützlich sind. Es war zweifellos diese Tatsache, die in Griechenland trotz der Schärfe der Beobachtung, der außergewöhnlichen Kraft des logischen Schließens und der großen Freiheit der Spekulation, die von den Athenern erreicht worden waren, die allgemeine und systematische Entfaltung der experimentellen Methode verhinderte. Da der gewerbsmäßige Handwerker in seinem sozialen Rang nur wenig über dem Sklaven stand, fehlte es seiner Art des Wissens und der Methode, auf der es beruhte, an Prestige und Autorität.

Nichtsdestoweniger kam die Zeit, wo das Tatsachenwissen zu einer solchen Größe und einem derartigen Umfang anwuchs, daß es nicht nur mit den Details, sondern auch mit dem Geist und dem Charakter traditioneller und imaginativer Überzeugungen in Konflikt geriet. Ohne uns auf die umstrittene Frage nach dem Wie und Warum einzulassen, haben wir doch keinen Grund zu bezweifeln, daß genau dies in der von uns »sophistisch« genannten Bewegung in Griechenland stattfand, in der die eigentliche Philosophie in dem Sinn, in dem die westliche Welt diesen Ausdruck versteht, ihren Ursprung hatte. Die Tatsache, daß die Sophisten einen schlechten Ruf hatten, der bis auf Plato und Aristoteles zurückgeht, einen Ruf, den sie seither niemals abzuschütteln vermochten, ist ein Zeugnis dafür, daß bei den Sophisten der Kampf zwischen den beiden Arten der Überzeugung im Vordergrund stand und daß der Konflikt eine beunruhigende Auswirkung auf das traditionelle System religiöser Überzeugungen und den damit verbundenen moralischen Verhaltenskodex hatte. Obgleich Sokrates zweifellos aufrichtig an der Versöhnung der beiden Seiten interessiert war, genügte die Tatsache, daß er die Angelegenheit von der Seite der Tatsachen-Methode aus anging, deren Maßstäben und Kriterien er den Vorrang verlieh, um ihm das Todesurteil als Verächter der Götter und Verderber der Jugend einzubringen.

Sokrates' Schicksal und der schlechte Ruf der Sophisten mögen dazu dienen, einige der ins Auge fallenden Gegensätze zwischen traditionellem emotionalisiertem Glauben einerseits und prosaischem Tatsachenwissen andererseits bewußt zu machen – wobei das Ziel des Vergleichs ist, deutlich zu machen, daß alle Vorteile dessen, was wir Wissenschaft nennen, auf seiten des letzteren lagen, wohingegen die Vorteile der gesellschaftlichen Achtung und Autorität und des innigen Kontaktes mit dem, was dem Leben seine tieferliegenden Werte verleiht, auf seiten der traditionellen Glaubensvorstellungen lagen. Allem Anschein nach hatte das spezifische und verifizierte Wissen von der Umwelt nur eine technische und beschränkte Absicht. Es hatte mit den Künsten zu tun, und der Zweck und Nutzen des Handwerks erstreckte sich schließlich nicht allzu weit. Sie waren untergeordnet und beinahe sklavisch. Wer würde die Kunst des Schuhmachers auf dieselbe Ebene stellen wie die Kunst, einen Staat zu lenken? Wer würde selbst die höhere Kunst des Arztes, einen Körper zu heilen, auf eine Ebene mit der Kunst des Priesters stellen, die Seele zu heilen? Auf diese Weise stellt Platon den Kontrast ständig in seinen Dialogen dar. Der Schuster urteilt über ein gutes Paar Schuhe, aber er urteilt nicht im geringsten in der viel wichtigeren Frage, ob und wann es gut ist, Schuhe zu tragen; der Arzt ist ein guter

Beurteiler der Gesundheit; aber ob es eine gute Sache ist oder nicht, gesund zu sein oder lieber zu sterben, weiß er nicht. Während der Handwerker Experte ist, soweit sich rein technische Fragen stellen, ist er hilflos, wenn es zu den einzig wirklich wichtigen Fragen kommt, den moralischen Fragen, die sich auf die Werte beziehen. Folglich ist seine Art des Wissens inhärent von niedrigerer Art und muß von einer höheren Art von Wissen kontrolliert werden, das letzte Ziele und Zwecke enthüllt und demgemäß technisches und mechanisches Wissen auf den ihm angemessenen Platz verweist und dort hält. Obendrein finden wir in Platons Schriften dank Platons vollendeter dramatischer Begabung eine lebendige Schilderung der Auswirkung des Konflikts zwischen der Tradition und den neuen Ansprüchen rein intellektuellen Wissens auf bestimmte Menschen. Der Konservative ist grenzenlos schockiert von der Vorstellung, man könne die Kriegskunst mit Hilfe abstrakter Regeln, der Wissenschaft lehren. Man kämpft nicht einfach, man kämpft für sein Land. Abstrakte Wissenschaft kann nicht Liebe und Loyalität vermitteln noch kann sie, selbst auf der mehr technischen Seite, einen Ersatz für diejenigen Arten und Mittel des Kampfes bieten, in denen sich die Hingabe an das Vaterland traditionellerweise verkörpert hat.

Die einzig richtige Art, die Kriegskunst zu erlernen, besteht darin, sich denen anzuschließen, die selbst gelernt haben, das Heimatland zu verteidigen; sich von dessen Idealen und Bräuchen durchdringen zu lassen; kurz gesagt, die Praxis der traditionellen griechischen Kampfesweise zu erlernen. Der Versuch, abstrakte Regeln aus einem Vergleich einheimischer Kampfesarten mit denen der Feinde zu ziehen, bedeutet, zu den Traditionen und Göttern der Feinde überzulaufen; es bedeutet, seinem eigenen Land gegenüber falsch zu werden.

Ein solcher Standpunkt, stellt man ihn sich lebendig genug vor, befähigt uns, den Antagonismus zu würdigen, der durch den positivistischen Gesichtspunkt entstand, als er mit dem traditionellen in Konflikt geriet. Letzterer war tief in sozialen Gewohnheiten und Loyalitäten verwurzelt; er war überfrachtet mit den moralischen Zielen, für die die Menschen lebten, und den moralischen Regeln, nach denen sie lebten. Folglich war er so grundlegend und so umfassend wie das Leben selbst und pulsierte mit den warmen glühenden Farben des Gemeinschaftslebens, in dem die Menschen ihr eigenes Dasein verwirklichten. Im Gegensatz dazu befaßte sich das positivistische Wissen mit lediglich physischen Nützlichkeiten und ermangelte der feurigen Assoziationen der Glaubensvorstellungen, die durch Opfer der Vorfahren und kultische Verehrung der Zeitgenossen geheiligt waren. Aufgrund seines beschränkten und konkreten Charakters war es trocken, hart und kalt.

Trotzdem konnten die schärferen und lebendigeren Köpfe, wie Platon selbst, sich nicht länger damit zufrieden geben, im Einklang mit dem konservativen Bürger der Zeit an den alten Glaubensvorstellungen auf die alte Weise festzuhalten. Das Anwachsen des positiven Wissens und des kritischen forschenden Geistes untergrub sie in ihrer alten Gestalt. Die Vorzüge an Definitheit, Genauigkeit, Verifizierbarkeit waren sämtlich auf seiten des neuen Wissens. Die Tradition war edel im Hinblick auf Ziel und Absicht, aber unsicher in ihren Grundlagen. Ein Leben ohne Selbsterforschung, sagte Sokrates, sei nicht verdient, gelebt zu werden*,

* Platon, Apol. 38a; A. d. Ü.

denn der Mensch ist ein fragendes Wesen, weil er ein rationales ist. Also muß er die Gründe der Dinge herausfinden und sie nicht von der Gewohnheit und der politischen Autorität übernehmen. Was war zu tun? Es war eine Methode der rationalen Untersuchung und des Beweises zu entwickeln, die die wesentlichen Elemente des traditionellen Glaubens auf eine unerschütterliche Grundlage stellen sollte; es war eine Methode des Denkens und Erkennens zu entwickeln, die die Tradition reinigte, während sie gleichzeitig ihre moralischen und sozialen Werte unvermindert wahrte; ja indem sie sie reinigte, deren Macht und Autorität vermehrte. Um es mit einem Wort zu sagen: das, was auf Brauch beruhte, sollte so wiederhergestellt werden, daß es nicht länger auf den Gewohnheiten der Vergangenheit beruhte, sondern auf der Metaphysik des Seins und des Universums. Metaphysik ist ein Substitut des Brauchs als der Quelle und des Garanten höherer moralischer und sozialer Werte — das ist das leitende Thema der klassischen Philosophie Europas, wie sie von Platon und Aristoteles entwickelt wurde, eine Philosophie, das sollte man immer im Gedächtnis haben, die von der christlichen Philosophie des mittelalterlichen Europa wieder aufgenommen und weiterentwickelt wurde.

Aus dieser Situation entstand, wenn ich nicht irre, die gesamte Tradition hinsichtlich der Funktion und Aufgabe der Philosophie, die bis in die jüngste Zeit hinein die systematischen und konstruktiven Philosophien der westlichen Welt beherrscht hat. Wenn ich mit meiner Hauptthese recht habe, daß der Ursprung der Philosophie in dem Versuch lag, die beiden verschiedenen Arten geistiger Erzeugnisse zu versöhnen, dann liegt der Schlüssel zu den Haupteigenschaften der nachfolgenden Philosophie in unserer Hand, sofern sie nicht von negativer und heterodoxer Art war. An erster Stelle entwickelte sich Philosophie nicht in unvoreingenommener Weise aus einem offenen und vorurteilsfreien Ursprung. Ihr war ihre Aufgabe von Beginn an vorgeschrieben. Sie hatte eine Mission zu erfüllen, und sie war von vornherein auf jene Mission eingeschworen worden. Sie hatte den wesentlichen moralischen Kern aus den bedrohten traditonellen Glaubensvorstellungen der Vergangenheit zu extrahieren. So weit, so gut. Die Arbeit war kritisch und im Interesse des einzig wahren Konservativismus – dessen, der die Werte, die sich die Menschheit errungen hat, bewahren und nicht vergeuden will. Aber sie war auch von vornherein darauf festgelegt, diese moralische Essenz in einem Geiste zu extrahieren, der dem Geist vergangener Glaubensüberzeugungen artverwandt war. Die Verbindung mit Imagination und sozialer Autorität war zu innig, als daß sie hätte tief gestört werden können. Es war nicht möglich, den Inhalt sozialer Institutionen in einer Form zu denken, die radikal verschieden gewesen wäre von der, in der sie in der Vergangenheit bestanden hatten. Es wurde die Aufgabe der Philosophie, aus rationalen Gründen den Geist, wenn auch nicht die Form, überlieferter Überzeugungen und traditioneller Bräuche zu rechtfertigen.

Die so entstandene Philosophie erschien dem durchschnittlichen Athener radikal genug und sogar, wegen des Unterschieds in Form und Methode, gefährlich. In dem Sinne, daß sie Auswüchse beschnitt und Faktoren eliminierte, die in den Augen des durchschnittlichen Bürgers mit den grundlegenden Überzeugungen vollkommen eins waren, war sie radikal. Aber aus der Perspektive der Geschichte betrachtet und im Kontrast zu verschiedenen Arten des Denkens, die sich später in verschiedenen gesellschaftlichen Umgebungen entwickelten, ist heute leicht zu sehen, wie gründlich Platon und Aristoteles trotz allem den Sinn der griechischen Überlieferung und Gewohnheit widerspiegelten, so daß ihre Schriften, zusammen mit den Werken der großen Dramatiker, für den Historiker die beste Einführung in die innersten Ideale und Bestrebungen des charakteristisch griechischen Lebens darstellen. Ohne die griechische Religion, die griechische Kunst, das griechische bürgerliche Leben wäre ihre Philosophie unmöglich gewesen; während die Wirkung jener Wissenschaft, auf die die Philosophen am meisten stolz waren, sich als oberflächlich und vernachlässigbar herausstellt. Dieser apologetische Geist der Philosophie wird noch spürbarer, als das mittelalterliche Christentum um das 12. Jahrhundert nach einer systematischen rationalen Darstellung seiner selbst suchte und von der klassischen Philosophie, besonders der des Aristoteles, Gebrauch machte, um sich selbst vor der Vernunft zu rechtfertigen. Ein nicht unähnlicher Vorgang charakterisiert die hauptsächlichen philosophischen Systeme in Deutschland im frühen 19. Jahrhundert, als Hegel die Aufgabe übernahm, im Namen eines rationalen Idealismus die Lehren und Institutionen zu rechtfertigen, die von dem neuen Geist der Wissenschaft und der Volksherrschaft bedroht waren. Das Ergebnis war, daß die großen Systeme nicht frei waren vom Geist der Parteilichkeit zugunsten vorgefaßter Überzeugungen. Da sie gleichzeitig vollständige intellektuelle Unabhängigkeit und Rationalität für sich in Anspruch nahmen, ist das Ergebnis nur allzu oft gewesen, der Philosophie ein Element der Unaufrichtigkeit beizufügen, das umso gefährlicher war, als es auf seiten derer, die die Philosophie fortentwickelten, völlig unbewußt war.

Und dies bringt uns zu einem zweiten Merkmal der Philosophie, das von ihrem Ursprung herrührt. Da sie eine rationale Rechtfertigung von Dingen anstrebte, die vorher ihrer emotionalen Kongenialität und ihres sozialen Prestiges wegen akzeptiert worden waren, mußte sie viel Wert auf den vom Apparat des Schließens und Beweisens legen. Gerade wegen des Mangels an innerer Vernünftigkeit in den Materien, mit denen sie sich abgab, mußte sie sich alle erdenkliche Mühe geben bei der Zurschaustellung der logischen Form. Wenn man es mit Tatsachen zu tun hat, kann man auf einfachere und rohere Arten des Beweises zurückgreifen. Es ist genug, die fragliche Tatsache sozusagen vor Augen zu stellen und darauf hinzuweisen – die grundlegende Form alles Beweisens. Aber wenn es darum geht, Menschen von der Wahrheit von Lehren zu überzeugen, die nicht länger auf das Geheiß von Brauch und sozialer Autorität hin akzeptiert werden sollen, die aber auch keiner empirischen Verifikation fähig sind, dann gibt es kein anderes Mittel, als die Zeichen rigorosen Denkens und strengen Beweisens zu übertreiben. Auf diese Weise entsteht der Anschein abstrakter Definitionen und ultrawissenschaftlicher Argumentation, die so viele Menschen von der Philosophie abstößt, die aber eine der Hauptattraktionen für ihre Anhänger darstellte.

Im schlimmsten Falle ist die Philosophie dadurch auf das Vorführen einer elaborierten Terminologie reduziert worden, auf eine haarspalterische Logik und eine Scheinhingabe an die lediglich äußerlichen Formen umfassender und minutiöser Beweise. Selbst im besten Falle hat sie dazu tendiert, eine überentwickelte Anbindung an ein System um seiner selbst willen und einen überprätentiösen Anspruch auf Gewißheit hervorzubringen. Bischof Butler hat erklärt, daß die Wahrscheinlichkeit die Führerin des Lebens sei; aber nur wenige Philosophen sind couragiert genug gewesen zuzugestehen, daß Philosophie zufrieden sein könne mit etwas, das lediglich wahrscheinlich ist. Die von der Tradition wie vom Wunsch diktierten Gewohnheiten hatten Endgültigkeit und Unveränderlichkeit beansprucht. Sie hatten beansprucht, sichere und unveränderliche Gesetze des Verhaltens zu geben. Sehr früh in ihrer Geschichte erhob die Philosophie Ansprüche auf eine ähnliche Schlüssigkeit, und etwas von diesem Geist hat seitdem den klassischen Philosophien immer angehangen. Sie haben darauf bestanden, daß sie wissenschaftlicher seien als die Wissenschaften, ja, daß Philosophie gerade deshalb notwendig sei, weil die Einzelwissenschaften letztlich dabei scheitern, endgültige und vollständige Wahrheit zu erreichen. Es hat nur wenige Nonkonformisten gegeben, die gewagt haben zu behaupten, wie etwa William James, daß »Philosophie Vision« sei und ihre Hauptaufgabe darin bestehe, den menschlichen Geist von Voreingenommenheit und Vorurteil zu befreien und seine Wahrnehmung der ihn umgebenden Welt zu erweitern. Aber in der Hauptsache hat die Philosophie weit ehrgeizigere Ansprüche erhoben. Offen einzugestehen, daß Philosophie nichts als Hypothesen anbieten kann, und daß diese Hypothesen nur von Wert sind, soweit sie den menschlichen Geist dem ihn umgebenden Leben gegenüber empfindlicher machen, würde wie eine Negation der Philosophie selbst erscheinen.

Drittens war das System der Glaubensüberzeugungen, das vom Wunsch und der Imagination diktiert war und sich unter dem Einfluß der Autorität der Gemeinschaft zu einer autoritativen Überlieferung entwickelte, durchdringend und umfassend. Es war sozusagen in den Details des Gruppenlebens allgegenwärtig. Sein Druck war unnachgiebig und sein Einfluß universal. Unter diesen Umständen war es vermutlich unausbleiblich, daß das rivalisierende Prinzip, das reflexive Denken, auf eine ähnliche Universalität und Vollständigkeit abzielte. Es wollte metaphysisch so umfassend und weitreichend sein, wie es die Tradition sozial gewesen war. In diesem Falle gab es nur einen einzigen Weg, auf dem dieser Anspruch in Verbindung mit einem Anspruch auf ein vollständiges logisches System und eine vollständige logische Gewißheit erreicht werden konnte.

Alle Philosophien des klassischen Typs haben eine feste und grundsätzliche Unterscheidung zwischen zwei Bereichen der Existenz getroffen. Einer davon entspricht der religiösen und übernatürlichen Welt der Volksüberlieferung, die in ihrer metaphysischen Version zur Welt der höchsten und letzten Realität wurde. Da die letzte Quelle und Sanktionierung aller wichtigen Wahrheiten und Verhaltensregeln im Gemeinschaftsleben in höchsten und fraglos geltenden religiösen Überzeugungen gefunden worden war, gewährte die absolute und höchste Realität der Philosophie die einzig sichere Garantie der Wahrheit in empirischen Angelegenheiten und die einzig rationale Führung zu den richtigen sozialen Institutionen und zum richtigen individuellen Verhalten. Dieser absoluten und noumenalen Realität, die nur durch die systematische Disziplin der Philosophie selbst erreicht werden konnte, stand die gewöhnliche empirische, nur relativ wirkliche phänomenale Welt der alltäglichen Erfahrung gegenüber. Mit dieser Welt waren die praktischen Angelegenheiten und nützlichen Einrichtungen der Menschen verknüpft. Und auf diese unvollkommene und vergängliche

Welt bezog sich die positivistische Tatsachen-Wissenschaft.

Dies ist der Charakterzug, der meiner Meinung nach den klassischen Begriff von der Natur der Philosophie am tiefsten bestimmt hat. Die Philosophie hat für sich selbst die Aufgabe beansprucht, die Existenz einer transzendenten, absoluten oder inneren Realität zu beweisen und den Menschen die Natur und die wesentlichen Eigenschaften dieser letzten und höheren Realität zu enthüllen. Sie hat deshalb beansprucht, im Besitze eines höheren Organs des Wissens zu sein, als von der positivistischen Wissenschaft und der gewöhnlichen praktischen Erfahrung angewendet wird, und durch eine höhere Würde und Wichtigkeit ausgezeichnet zu sein – ein Anspruch, der unleugbar ist, *wenn* die Philosophie den Menschen zum Beweise und zur Anschauung einer Realität jenseits derer führt, die dem alltäglichen Leben und den Einzelwissenschaften offensteht.

Dieser Anspruch ist selbstverständlich von Zeit zu Zeit von verschiedenen Philosophen abgelehnt worden. Aber zum größten Teil waren diese Ablehnungen agnostisch und skeptisch. Sie haben sich damit begnügt zu behaupten, daß eine absolute und letzte Realität jenseits der menschlichen Erkenntnis liege, doch sie haben nicht gewagt zu bestreiten, daß eine derartige Realität die angemessene Sphäre philosophischer Erkenntnisbemühungen wäre, vorausgesetzt nur, sie läge in der Reichweite menschlicher Intelligenz. Erst in vergleichsweise jüngster Zeit ist eine andere Auffassung von der eigentlichen Aufgabe der Philosophie entstanden. Diese Vorlesungsreihe hat sich vorgenommen, diese andere Auffassung von Philosophie in einigen ihrer Hauptunterschiede zu dem, was diese erste Vorlesung die »klassische« Auffassung genannt hat, darzustellen. An diesem Punkt kann darauf nur antizipatorisch und kursorisch verwiesen werden. Sie ist implizit in der Darstellung enthalten, die von der Entstehung der Philosophie auf dem Boden einer autoritativen Überlieferung gegeben worden ist, einer Überlieferung, die ursprünglich durch die menschliche Imagination diktiert worden ist, die unter dem Einfluß von Liebe und Haß und im Interesse emotionaler Erregung und Befriedigung wirkte. Der Ehrlichkeit halber will ich zugeben, daß diese Darstellung vom Ursprung der Philosophien, die behaupten, in systematischer Weise vom absoluten Sein zu handeln, in böswilliger Absicht gegeben worden ist. Es scheint mir, daß diese genetische Herangehensweise eine wirksamere Weise darstellt, diesen Typ philosophischer Theoriebildung zu unterminieren, als jeder Versuch einer logischen Widerlegung.

Wenn es dieser Vorlesung gelingt, Ihnen die Idee als eine vernünftige Hypothese darzustellen, daß Philosophie ihren Ursprung nicht in intellektuellem, sondern in sozialem und emotionalem Material hatte, dann wird es ihr auch gelingen, bei Ihnen eine Einstellungsänderung gegenüber den traditionellen Philosophien zu bewirken. Sie werden unter einem neuen Blickwinkel angeschaut werden und in einem neuen Licht erscheinen. Neue Frage über sie werden sich ergeben und neue Maßstäbe ihrer Beurteilung werden nahegelegt.

Wer ohne geistige Vorbehalte anfängt, die Geschichte der Philosophie nicht isoliert, sondern als ein Kapitel in der Entwicklung der Zivilisation und Kultur zu erforschen; wer die Geschichte der Philosophie mit einem Studium der Anthropologie, des primitiven Lebens, der Geschichte der Religion, Literatur und der sozialen Institutionen verknüpft, der wird, wie ich zuversichtlich behaupten möchte, sein eigenes unabhängiges Urteil über den Wert der Darstellung erreichen, die heute vorgetragen worden ist. Auf diese Weise betrachtet, nimmt die Geschichte der Philosophie eine neue Bedeutung an. Was unter dem Gesichtspunkt einer Möchtegern-Wissenschaft verlorengeht, wird vom Standpunkt der Menschheit aus wiedergewonnen. Statt rivalisierender Dispute über die Natur der Realität haben wir die Szene des menschlichen Zusammenpralls von sozialen Absichten und Bestrebungen. Statt unmöglicher Versuche, die Erfahrung zu überschreiten, haben wir die bedeutsamen Aufzeichnungen der Anstrengungen der Menschen, die Gegenstände der Erfahrung zu formulieren, denen sie sich am tiefsten und leidenschaftlichsten verbunden fühlen. Statt unpersönlicher und rein spekulativer Bestrebungen, als entfernter Betrachter die Natur der absoluten Dinge-an-sich anzuschauen, haben wir ein lebendiges Bild von der Wahl nachdenkender Menschen hinsichtlich dessen, wie sie sich das Leben wünschen und hinsichtlich derZwecke, um derentwillen die intelligenten Tätigkeiten der Menschen ausgeübt werden sollten.

Jeder von Ihnen, der eine solche Ansicht von der vergangenen Philosophie gewinnt, wird notwendigerweise dazu veranlaßt, eine ganz bestimmte Auffassung vom Zweck und Ziel des künftigen Philosophierens zu hegen. Er wird unvermeidlich zu der Überzeugung gelangen, daß die Philosophie das, was sie unbewußt, ohne es zu begreifen oder zu beabsichtigen und sozusagen unter einem Deckmantel gewesen ist, in Zukunft offen und bewußt sein sollte. Wenn einmal erkannt ist, daß Philosophie unter dem Anschein, sich mit der letzten Realität zu befassen, in Wirklichkeit mit den kostbaren Werten beschäftigt ist, die in die sozialen Traditionen eingebettet waren, daß sie aus einem Zusammenprall sozialer Ziele und einem Konflikt ererbter Institutionen mit damit unvereinbaren zeitgenössischen Tendenzen entstanden ist, dann wird man sehen, daß die Aufgabe zukünftiger Philosophie darin besteht, die Vorstellungen der Menschen über die sozialen und moralischen Konflikte ihrer eigenen Tage zu klären. Ihr Ziel ist es, soweit wie es menschenmöglich ist, ein Organ für die Bewältigung dieser Konflikte zu werden. Was auf prätentiöse Weise irreal sein mag, wenn es in metaphysischen Unterscheidungen formuliert wird, wird intensiv bedeutsam, wenn es mit dem Drama des Kampfes sozialer Überzeugungen und Ideale verknüpft wird. Philosophie, die ihr etwas unfruchtbares Monopol aufgibt, sich mit der letzten und absoluten Realität zu befassen, wird eine Kompensation darin finden, daß sie die moralischen Kräfte ins Licht rückt, die die Menschheit bewegen, und zu den Bemühungen der Menschen beiträgt, ein geordneteres und intelligenteres Glück zu erlangen.

2. Einige geschichtliche Faktoren in der Neugestaltung der Philosophie

Francis Bacon aus dem elisabethanischen Zeitalter ist der große Vorläufer des Geistes der Neuzeit. Obwohl er selbst nur wenig zur Verwirklichung der neuen Tendenzen beitrug, so ist er doch als ihr Prophet eine herausragende Gestalt des intellektuellen Lebens der Welt. Wie viele andere Propheten leidet er an einer verworrenen Vermischung von Altem und Neuem. Was an ihm am bezeichnendsten ist, ist durch den späteren Gang der Ereignisse mehr oder weniger vertraut geworden. Dagegen ist Seite über Seite mit Material angefüllt, das der Vergangenheit angehört, der Bacon doch entkommen zu sein glaubte. Gefangen zwischen diesen beiden Quellen einer bequemen Geringschätzung, findet Bacon kaum die ihm gebührende Anerkennung als der wirkliche Begründer des modernen Denkens, während er für Verdienste gelobt wird, die kaum die seinen sind, etwa für eine angebliche Urheberschaft der spezifischen Methoden der Induktion, die von der Wissenschaft verwandt werden. Was Bacon so erinnerungswürdig macht, ist die Tatsache, daß Brisen, die aus einer neuen Welt wehten, seine Segel blähten und ihn veranlaßten, sich auf neue Meere zu wagen. Er selbst hat das verheißene Land nie erblickt, aber er verkündete das neue Ziel und entdeckte allein durch den Glauben dessen Eigenschaften aus der Ferne.

Die wesentlichen Eigenschaften seines Denkens stellen uns die Umrisse eines neuen Geistes vor Augen, der daran arbeitete, eine intellektuelle Neugestaltung zu bewirken. Sie mögen die sozialen und historischen Kräfte in Erinnerung rufen, aus denen der neue Geist erwachsen ist. Der bekannteste Aphorismus Bacons lautet: »Wissen ist Macht«. Nach diesem pragmatischen Kriterium verdammte er den größten Teil des Lernstoffes der damaligen Zeit als *Nicht*-Wissen als Pseudo- und vorgebliches Wissen. Denn es gewährte keine Macht. Es war müßig, nicht wirksam. In seiner ausführlichsten Diskussion klassifizierte er den Lernstoff seiner Zeit unter drei Titeln, als delikat, phantastisch und streitsüchtig. Unter »delikatem« Lernstoff verstand er die literarische Gelehrsamkeit, die unter dem Einfluß der Wiederbelebung der alten Sprachen und Literaturen einen so wichtigen Platz im intellektuellen Leben der Renaissance einnahm. Bacons Verdammung ist um so wirkungsvoller, als er selbst ein Meister auf dem Gebiet der Klassik und all der Zierden und Verfeinerungen war, die dieses literarische Studium gewähren sollte. Der Sache nach antizipierte er die meisten Angriffe, die die Erziehungsreformer seit seiner Zeit gegen die einseitige literarische Kultur vorgebracht haben. Sie trage nicht zur Macht, sondern zum Schmuck und zur Dekoration bei. Sie sei prahlerisch und luxuriös. Mit »phantastischem« Lernstoff meinte er die quasi-magische Wissenschaft, die in ganz Europa in der Mitte des 16. Jahrhunderts so verbreitet war — wilde Entwicklungen der Alchimie, der Astrologie usf. Darüber schüttete er die größten Schalen seines Zorns aus, weil die Verderbnis des Guten das Schlimmste aller Übel sei. Delikater Lernstoff war müßig und nichtig, aber phantastischer Lernstoff äffte die Form wahren Wissens nach. Er bemächtigte sich des wahren Prinzips und Ziels des Wissens – der Kontrolle der Naturkräfte. Aber er ließ die Bedingungen und Methoden unberücksichtigt, durch die allein ein derartiges Wissen erlangt werden konnte, und führte auf diese Weise die Menschen absichtlich in die Irre.

Für unsere Zwecke ist freilich das, was er über »streitsüchtige« Gelehrsamkeit sagt, am wichtigsten. Denn damit meint er die traditionelle Wissenschaft, die, auf dem Weg über die Scholastik, von der Antike bis auf seine Zeit gekommen war, wenn auch gewiß in kärglicher und verzerrter Form. Sie wird streitsüchtig genannt sowohl wegen der verwendeten logischen Methode als auch wegen der Ziele, denen sie diente. In einem gewissen Sinne zielte sie auf Macht ab, aber auf Macht über andere Menschen im Interesse einer Klasse oder Sekte oder Person, nicht auf Macht über Naturkräfte im gemeinsamen Interesse aller. Bacons Auffassung von dem streitsüchtigen, sich selbst zur Schau stellenden Charakter der Gelehrsamkeit, die aus der Antike überliefert war, ging natürlich nicht so sehr auf die griechische Wissenschaft selbst zurück als vielmehr auf die degenerierte Erbschaft der Scholastik im 14. Jahrhundert, als die Philosophie in die Hände streitsüchtiger Theologen gefallen war und voll steckte von haarspalterischen Argumentationsketten, Spitzfindigkeiten und Trugschlüssen, mit deren Hilfe man über jemand anders den Sieg davontragen konnte.

Aber Bacon klagte auch die aristotelische Methode selbst an. In ihrer strengen Form zielte sie auf Beweise ab, und in ihrer milderen Form auf Überredung. Aber Beweise wie Überredung zielen auf die Beherrschung des Geistes statt auf die Beherrschung der Natur. Außerdem nehmen beide an, daß irgendjemand schon im Besitze einer Wahrheit oder einer Überzeugung sei, und daß das einzige Problem darin bestehe, jemand anders zu überzeugen oder zu belehren. Im Gegensatz dazu hatte seine neue Methode eine äußerst geringschätzige Meinung von dem Ausmaß schon bestehender Wahrheit und ein lebhaftes Empfinden für das Ausmaß und die Bedeutung der noch zu erlangenden Wahrheiten. Sie würde eine Logik der Entdeckung sein, nicht eine Logik der Argumentation, des Beweises und der Überredung. In den Augen Bacons war die alte Logik selbst im besten Falle nur eine Logik, das schon Bekannte zu lehren, und Lehren bedeutete Indoktrination, Bekehrung. Für Aristoteles war es ein Axiom, daß nur das schon Bekannte gelernt werden konnte, daß ein Anwachsen des Wissens einfach darin bestehe, eine allgemeine Vernunftwahrheit mit einer partikulären Sinneswahrheit zusammenzubringen, die vorher für sich erfaßt worden war. In jedem Falle bedeutete Lernen *Wachstum* des Wissens, und Wachstum gehört in den Bereich des Werdens, des Wechsels, und ist deshalb dem *Besitz* des Wissens bei der syllogistischen, um-sich-selbst-kreisenden Manipulation des schon Gewußten, dem Beweis, unterlegen.

Im Unterschied zu dieser Ansicht verkündete Bacon beredt die Überlegenheit der Entdeckung neuer Tatsachen und Wahrheiten über den Beweis der alten. Nun gibt es aber nur einen einzigen Weg zur Entdeckung und das ist die eindringliche Erforschung der Geheimnisse der Natur. Wissenschaftliche Prinzipien und Gesetze liegen nicht an der Oberfläche der Natur. Sie sind verborgen und müssen der Natur durch eine aktive und elaborierte Technik der Forschung entrungen werden. Weder logisches Folgern noch die passive Anhäufung einer beliebigen Zahl von Beobachtungen – was die Alten Erfahrung nannten – genügt, um sich ihrer zu bemächtigen. Aktives Experimentieren muß die offenbaren Tatsachen der Natur in Formen zwingen, die sich von denen unterscheiden, in denen sie sich vertrauterweise darstellen, und sie auf diese Weise dazu bringen, die Wahrheit über sich zu sagen, wie die Folter einen widerspenstigen Zeugen dazu bringt, zu enthüllen, was er verheimlicht hat. Reines Argumentieren als ein Mittel, zur Wahrheit zu gelangen, ist wie eine Spinne, die ein Netz aus sich herausspinnt. Das Netz ist ordentlich und wohlausgearbeitet, aber es ist nur eine Falle. Die passive Anhäufung von Erfahrungen – die traditionelle empirische Methode – ist wie die Ameise, die eifrig hin und her rennt und Haufen von Rohmaterial sammelt und aufschichtet. Die wahre Methode, die, welche Bacon einführen möchte, ist vergleichbar den Operationen der Biene, die wie die Ameise Material aus der äußeren Welt sammelt, aber anders als jenes fleißige Geschöpf den gesammelten Stoff attackiert und modifiziert, um ihm seinen verborgenen Schatz abzugewinnen.

Ineins mit diesem Gegensatz zwischen der Unterjochung der Natur und der Unterwerfung des Bewußtseins anderer sowie der Erhebung einer Methode der Entdeckung über eine Methode des Beweises ging Bacons Vorstellung vom Fortschritt als dem Ziel und Prüfstein echten Wissens. Entsprechend seiner Kritik spielte die klassische Logik, selbst in ihrer aristotelischen Form, dem trägen Konservativismus unvermeidlich in die Hände. Denn dadurch, daß sie den Geist daran gewöhnte, die Wahrheit als schon bekannt aufzufassen, gewöhnte sie die Menschen daran, auf die intellektuellen Errungenschaften der Vergangenheit zurückzufallen und sie ohne kritische Überprüfung zu übernehmen. Nicht nur das mittelalterliche, sondern auch das Renaissancedenken neigte dazu, auf die Antike als auf ein goldenes Zeitalter des Wissens zurückzublicken, wobei sich ersteres auf heilige Schriften, letzteres auf säkulare Literatur stützte. Und während diese Haltung fairerweise nicht der klassischen Logik zur Last gelegt werden konnte, glaubte Bacon dennoch, und mit Recht, daß jede Logik, die die Technik des Erkennens mit dem Beweis von schon besessenen Wahrheiten identifizierte, den Geist der Untersuchung abstumpft und das Bewußtsein auf den Kreis des traditionellen Lernstoffes einschränkt.

Es mußte demnach für eine solche Logik charakteristisch sein, das, was schon bekannt war (oder für bekannt gehalten wurde), zu definieren sowie im Rahmen anerkannter Regeln der Orthodoxie zu systematisieren. Eine Logik der Entdekkung andrerseits blickt in die Zukunft. Überlieferte Wahrheit betrachtet sie kritisch als etwas, das durch neue Erfahrungen überprüft, und nicht als etwas, das dogmatisch gelehrt und gehorsam gelernt werden muß. Ihr Hauptinteresse selbst an dem am sorgfältigsten überprüften fertigen Wissen ist der Gebrauch, der bei weiteren Forschungen und Entdeckungen davon gemacht werden kann. Alte Wahrheit hat ihren Hauptwert darin, bei der Entdeckung neuer Wahrheit zu helfen. Bacons eigene Einschätzung der Natur der Induktion war in hohem Maße mangelhaft. Aber sein lebhaftes Bewußsein davon, daß Wissenschaft eher Eroberung des Unbekannten als Wiederholung des schon Bekannten in logischer Form ist, macht ihn gleichwohl zum Vater der Induktion. Nichtendendes und beharrliches Aufdecken unbekannter Tatsachen und Prinzipien — das ist der wahre Geist der Induktion. Kontinuierlicher Fortschritt der Erkenntnis ist der einzig sichere Weg, altes Wissen vor dem Verfall in dogmatische, auf Autorität hin übernommene Lehren oder vor einem unmerklichen Abgleiten in Aberglauben und Alt-Weiber-Geschichten zu sichern.

Ständig erneuerter Fortschritt ist für Bacon der Prüfstein wie das Ziel echter Logik. Wo, fragt Bacon fortwährend, wo sind die Werke, die Früchte der älteren Logik? Was hat sie dazu beigetragen, die Übel des Lebens zu beseitigen, Fehler zu berichtigen, die Lebensbedingungen zu verbessern? Wo sind die Erfindungen, die ihren Anspruch rechtfertigen, im Besitze der Wahrheit zu sein? Abgesehen vom Sieg von Mensch über Mensch in Gerichtshöfen, in der Diplomatie und der politischen Verwaltung sind sie nichts. Man mußte sich von den bewunderten »Wissenschaften« weg- und den verachteten Künsten zuwenden, um Werke, Früchte, Konsequenzen von Wert für die Menschheit durch Macht über Naturkräfte zu finden. Und der Fortschritt in den Künsten war bislang stockend, launisch und zufällig. Eine wahre Logik oder Technik der Forschung würde den Fortschritt in den handwerklichen, agrikulturellen und medizinischen Künsten kontinuierlich, kumulativ und bewußt systematisch machen.

Wenn wir das angebliche Korpus fertigen Wissens überprüfen, auf dem sich die Gelehrten in lässiger Haltung ausruhten und das sie in papageienhaftem Chor rezitierten, finden wir, daß es aus zwei Teilen besteht. Einer dieser Teile ist entstanden aus den Irrtümern unserer Vorfahren, modrig vor Alter und durch den Gebrauch der klassischen Logik in eine Pseudowissenschaft organisiert. Dergleichen »Wahrheiten« sind tatsächlich nur die systematisierten Fehler und Vorurteile unserer Vorfahren. Viele von ihnen beruhten auf einem

Zufall; viele auf Klasseninteresse und Voreingenommenheit und wurden aus genau diesem Grunde durch Autorität perpetuiert – eine Erwägung, die später Lockes Angriff auf die Lehre von den angeborenen Ideen anregte. Der andere Teil der akzeptierten Überzeugungen stammt aus instinktiven Tendenzen des menschlichen Geistes, die ihm eine gefährliche Voreingenommenheit verleihen, bis ihr durch eine bewußte und kritische Logik entgegengewirkt wird.

Der menschliche Geist vermutet spontan eine größere Einfachheit, Einförmigkeit und Einheit unter den Phänomenen als tatsächlich besteht. Er folgt oberflächlichen Analogien und zieht voreilige Schlüsse; er übersieht die Vielheit der Details und das Bestehen von Ausnahmen. Auf diese Weise webt er ein Gewebe von rein innerlichem Ursprung, das er der Natur überstülpt. Was in der Vergangenheit Wissenschaft genannt worden war, bestand aus diesem menschlich konstruierten und übergestülpten Gewebe. Die Menschen schauten auf das Werk ihres eigenen Geistes und glaubten, sie sähen Realitäten in der Natur. Sie beteten unter dem Namen »Wissenschaft« Idole an, die sie selbst verfertigt hatten. Die sogenannte »Wissenschaft« und Philosophie bestanden aus diesen »Antizipationen« der Natur. Und das Schlimmste, was man über die traditionelle Logik sagen konnte, war, daß sie, statt die Menschen vor dieser natürlichen Quelle des Irrtums zu bewahren, diese Quellen der Täuschung sanktioniert hatte, indem sie der Natur eine falsche Rationalität der Einheit, Einfachheit und Allgemeinheit beilegte. Die Aufgabe der neuen Logik würde darin bestehen, den Geist vor sich selbst zu schützen: ihn zu lehren, eine geduldige und verlängerte Lehrzeit bei den Tatsachen in ihrer unendlichen Vielheit und Partikularität auf sich zu nehmen, der Natur intellektuell zu gehorchen, um sie praktisch zu beherrschen. Derart war die Bedeutung der neuen Logik – des neuen Werkzeugs oder Organon des Lernens, sogenannt in ausdrücklicher Opposition zum Organon des Aristoteles.

Bestimmte andere wichtige Gegensätze sind darin implizit enthalten. Aristoteles hielt die Vernunft für fähig, einsam Umgang mit der rationalen Wahrheit zu haben. Das Gegenstück zu seiner berühmten Bestimmung des Menschen als eines politischen (der Gemeinschaft fähigen) Lebewesens ist, daß Intelligenz, *nus*, weder tierisch noch menschlich noch politisch ist. Der *nus* ist auf göttliche Weise einzigartig und in sich selbst eingeschlossen. Nach Bacon ist der Irrtum durch soziale Einflüsse hervorgebracht und perpetuiert worden, und die Wahrheit muß durch soziale Instanzen, die genau zu diesem Zweck organisiert werden, entdeckt werden. Sich selbst überlassen, kann das Individuum wenig oder nichts tun; höchstwahrscheinlich verstrickt es sich in sein eigenes, selbstgesponnenes Gewebe aus Irrtümern. Was man braucht, ist die Organisation kooperativer Forschung, mit deren Hilfe die Menschen sich der Natur kollektiv bemächtigen und die Forschungsarbeit von Generation zu Generation kontinuierlich weitergegeben wird. Bacon strebte sogar den ziemlich absurden Begriff einer so perfekten Methode an, daß die Unterschiede natürlicher menschlicher Fähigkeiten vernachlässigt und alle bei der Hervorbringung neuer Tatsachen und neuer Wahrheiten auf dieselbe Ebene gestellt werden könnten. Gleichwohl war diese Absurdität nur die negative Seite seiner großen positiven Prophezeiung eines kombinierten und kooperativen Wissenschaftsbetriebs, wie er für die heutige Zeit charakteristisch ist. Angesichts des Bildes, das er in seinem »Neuen Atlantis« von einem Staat entwirft, der zugunsten einer kollektiven Forschung organisiert ist, werden wir seine Übertreibungen bereitwillig entschuldigen.

Macht über die Natur sollte nicht individuell, sondern kollektiv sein, die Herrschaft, wie er sagt, des Menschen über die Natur an die Stelle der Herrschaft des Menschen über den Menschen treten. Zitieren wir Bacons eigene Worte mit ihrer Vielfalt pittoresker Metaphern:

»Die Menschen haben den Wunsch zu lernen und zu wissen ... selten, um aufrichtig wahre Rechenschaft von ihrer Vernunftbegabtheit zu geben, zu Nutz und Frommen der Menschen, sondern als ob sie in der Erkenntnis ein Ruhebett suchten, auf dem sich ein suchender und wandernder Geist ausruhen kann; oder eine Terrasse für einen wandernden und vielfältigen Geist, auf der er bei hübscher Aussicht auf- und abwandern kann; oder einen Turm für einen stolzen Geist, um sich darauf zu erheben; oder ein Fort oder einen Exerzierplatz für Kampf und Streit; oder ein Geschäft für Gewinn und Handel; und nicht ein reiches Warenhaus zum Ruhme des Schöpfers und zur Erleichterung der Lage des Menschen.«

Ich weiß nicht, ob William James, als er den Pragmatismus einen »neuen Namen für eine alte Methode des Denkens« nannte, ausdrücklich an Francis Bacon gedacht hat, aber soweit es den Geist und die Atmosphäre des Wissenserwerbs anbelangt, kann Bacon als der Prophet einer pragmatischen Auffassung von Erkenntnis angesehen werden. Viele Mißverständnisse von deren Geist würden vermieden werden, wenn seine Betonung des sozialen Faktors sowohl bei der Verfolgung wie im Ziel der Erkenntnis sorgfältig beachtet würde.

Dieses etwas zu lang geratene Resumé von Bacons Ideen ist nicht im Sinne einer nur historischen Retrospektive gegeben worden. Die Zusammenfassung sollte uns ein authentisches Dokument der neueren Philosophie vor Augen führen, das die sozialen Ursachen einer intellektuellen Revolution verdeutlichen mag. Hier kann nur eine skizzenhafte Darstellung versucht werden, aber es ist vielleicht schon hilfreich, Sie einfach nur an die Richtung jener industriellen, politischen und religiösen Veränderung zu erinnern, die in Europa vor sich ging.

Auf der industriellen Seite ist, denke ich, der Einfluß des Reisens, der Erforschung fremder Länder und des neuen Handelsverkehrs kaum zu überschätzen, der einen romantischen Abenteuersinn in Mode brachte; die Bindung traditioneller Überlieferungen lockerte; einen lebendigen Sinn für neue Welten schuf, die es zu untersuchen und zu unterwerfen galt; neue Methoden der Manufaktur, des Handelsverkehrs, des Bank- und Finanzwesens hervorbrachte; und dann überall zurückwirkte, um Erfindungen zu stimulieren und positive Beobachtung und aktives Experimentieren in die Wissenschaft einzuführen. Die Kreuzzüge, die Wiederbelebung des weltlichen Wissens der Antike und, vielleicht noch stärker, der Kontakt mit der fortgeschrittenen Gelehrsamkeit der Mohammedaner, das Anwachsen des Handelsverkehrs mit Asien und Afrika, die Einführung der optischen Linse, des Kompasses und des Gewehrpulvers, das Entdekken und Öffnen Nord- und Südamerikas – die höchst bezeichnend die Neue Welt genannt wurden – dies sind einige der offensichtlichen äußeren Tatsachen. Das Aufeinandertreffen von Völkern und Rassen, die vorher voneinander isoliert waren, ist immer, glaube ich, höchst fruchtbar und von großem Einfluß auf eine Veränderung, wenn psychologische und industrielle Veränderungen damit übereingehen und einander verstärken. Manchmal erleben Völker durch Verkehrsbeziehungen eine emotionale Veränderung, die fast eine metaphysische Veränderung genannt werden könnte. Der innere Geisteszustand, besonders in religiösen Angelegenheiten, verändert sich. Zu anderer Zeit besteht ein lebhafter Güterverkehr, eine Übernahme fremder Werkzeuge und Hilfsmittel, eine Nachahmung fremder Gewohnheiten der Kleidung, des Wohnens und der Warenproduktion. Die eine dieser Veränderungen ist sozusagen zu innerlich und die andere zu äußerlich, als daß sie eine grundlegende intellektuelle Entwicklung hervorbringen könnte. Aber wenn die Entstehung einer neuen geistigen Haltung mit extensiven materiellen und ökonomischen Veränderungen einhergeht, dann geschieht etwas Bedeutsames.

Dieses Zusammentreffen von zwei Arten der Veränderung war meiner Auffassung nach charakteristisch für die neuen Kontakte des 16. und 17. Jahrhunderts. Der Zusammenprall von Bräuchen und traditionellen Überzeugungen vertrieb die geistige Trägheit und Nachlässigkeit; er weckte eine lebhafte Neugier nach fremden und neuen Ideen. Das wirkliche Abenteuer des Reisens und der Entdeckungen fremder Länder befreite den Geist von Furcht vor dem Fremden und Unbekannten: in dem Maße, wie neue Territorien geographisch und kommerziell erschlossen wurden, wurde auch der Geist aufgeschlossen. Neue Kontakte förderten den Wunsch nach weiteren Kontakten, der Appetit auf Neuheit und Entdeckung wuchs durch die Nahrung, mit der er gestillt werden sollte. Das konservative Festhalten an alten Überzeugungen und Methoden wurde mit jeder neuen

Reise in neue Erdteile und mit jedem neuen Bericht über fremde Lebensformen einem ständigen Zermürbungsprozeß ausgesetzt. Der Geist gewöhnte sich an Erforschungen und Entdeckungen. Er fand eine Freude und ein Interesse an den Enthüllungen des Neuen und Ungewöhnlichen, die er nicht länger am Alten und Gewohnten fand. Obendrein verschaffte gerade der Akt der Erforschung, der Expedition, der Prozeß, ein Abenteuer in die Ferne zu unternehmen, eine eigentümliche Freude und Aufregung.

Dieser psychologische Wandel war für das Entstehen des neuen Standpunktes in Wissenschaft und Philosophie wesentlich. Freilich hätte er allein die neue Methode des Erkennens kaum hervorbringen können. Aber positive Veränderungen in den Gewohnheiten und Zielen des Lebens gaben dem geistigen Wandel objektive Gültigkeit und Unterstützung. Sie bestimmten auch die Kanäle, in denen der neue Geist sich auswirken konnte. Neubegründeter Reichtum, das Gold aus den beiden Amerika und neue Konsum- und Genußartikel trugen dazu bei, die Menschen mit der Zeit der vorherrschenden Beschäftigung mit Metaphysik und Theologie zu entwöhnen und brachten sie dazu, ihre Gedanken mit neu erwachtem Interesse den Freuden der Natur und des diesseitigen Lebens zuzuwenden. Neue materielle Ressourcen und neue Märkte in Amerika und Indien untergruben die alte Abhängigkeit vom Haushalt und der manuellen Produktion für einen örtlichen und beschränkten Markt und erzeugten massenhafte Produktion in großem Maßstab mit Hilfe der Dampfkraft für fremde und expandierende Märkte. Kapitalismus, schneller Warenumschlag und Produktion für den Tausch gegen Geld und für den Gewinn statt gegen andere Güter und für die Konsumtion folgten.

Diese kursorische und oberflächliche Erinnerung an ungeheure und komplizierte Ereignisse mag an die wechselseitige Abhängigkeit der wissenschaftlichen und der industriellen Revolution erinnern. Auf der einen Seite *ist* die moderne Industrie nichts anderes als angewandte Wissenschaft. Kein noch so großer Wunsch, Geld zu verdienen oder neue Waren zu genießen, keine noch so große, lediglich praktische Energie und Unternehmung hätte die ökonomische Transformation der letzten paar Jahrhunderte und Generationen bewirken können. Fortschritte auf dem Gebiet der mathematischen, physikalischen, chemischen und biologischen Wissenschaften waren die Voraussetzung. Unternehmer haben sich, durch die Vermittlung von Ingenieuren verschiedener Art, der neuen, von Wissenschaftlern gewonnenen Einsichten in die verborgenen Energien der Natur bemächtigt und zu ihrem Nutzen verwendet. Der moderne Bergbau, die Fabrik, Eisenbahn, Dampfschiffahrt, Telegraphie, alle Hilfsmittel und Ausrüstungsgegenstände der Produktion und des Transports drücken wissenschaftliche Erkenntnis aus. Sie würden unvermindert fortdauern, selbst wenn die gewöhnlichen monetären Begleiterscheinungen der ökonomischen Tätigkeit radikal geändert würden. Kurzum, durch das Medium der Erfindungen ist Bacons Losung »Wissen ist Macht« und sein Traum von einer fortschreitenden Herrschaft über die Naturkräfte mit Hilfe der Naturwissenschaften verwirklicht worden. Die industrielle Revolution durch Dampf und Elektrizität ist die Antwort auf Bacons Prophezeiung.

Auf der anderen Seite trifft gleichermaßen zu, daß die Bedürfnisse der modernen Industrie gewaltige Anreize für die wissenschaftliche Forschung gewesen sind. Die Erfordernisse einer fortschreitenden Produktion und des sich ausweitenden Verkehrs haben der Forschung neue Probleme beschert; die in der Industrie genutzten Prozesse haben neue experimentelle Hilfsmittel und Verfahren in den Wissenschaften angeregt; der im Geschäftsleben angesammelte Reichtum ist bis zu einem gewissen Ausmaß in Stiftungen für Forschungen gegangen. Die ununterbrochene und durchdringende Interaktion von wissenschaftlicher Entdeckung und industrieller Anwendung hat beide, Wissenschaft und Industrie, befruchtet und dem zeitgenössischen Denken die Tatsache vertraut gemacht, daß der Kern wissenschaftlicher Erkenntnis die Kontrolle natürlicher Energien ist. Diese vier Tatsachen, Naturwissenschaft, Experiment, Kontrolle und Fortschritt, sind unauflöslich miteinander verknüpft. Daß bis zur Gegenwart die Anwendung der neueren Methoden und Resultate eher die Mittel des Lebens als seine Ziele bestimmt hat; oder besser gesagt, daß die menschlichen Ziele bislang eher in einer akzidentellen als in einer intelligent gelenkten Weise davon affiziert worden sind, zeigt an, daß die Veränderung bislang eher technisch als menschlich und moralisch gewesen ist, daß sie eher ökonomisch als angemessen sozial war. In der Sprache Bacons ausgedrückt bedeutet dies, daß unsere Wissenschaft, wenngleich wir relativ erfolgreich dabei gewesen sind, mit ihrer Hilfe die Herrschaft über die Natur zu erlangen, nicht soweit ist, daß diese Herrschaft systematisch und vorrangig auf die Erleichterung der menschlichen Lage angewendet wird. Solche Anwendungen kommen vor, sogar in großer Zahl, aber sie sind zufällig, sporadisch und äußerlich. Und diese Beschränkung definiert das spezifische Problem der philosophischen Neugestaltung im gegenwärtigen Augenblick. Denn sie unterstreicht die größeren sozialen

Unzulänglichkeiten, die einer intelligenten Diagnose und einer Projektierung von Zielen und Methoden bedürfen.

Es ist freilich kaum nötig, Sie daran zu erinnern, daß schon markante politische Veränderungen auf die neue Wissenschaft und ihre industrielle Anwendung gefolgt sind, und daß insofern einige Richtungen der sozialen Entwicklung zumindest bezeichnet sind. Das Wachstum der neuen industriellen Technik ist überall von dem Zusammenbruch feudaler Institutionen begleitet gewesen, in denen das soziale Gefüge in agrikulturellen Tätigkeiten und militärischen Bestrebungen entstanden war. Wohin immer das Geschäftsleben im modernen Sinn des Wortes gelangt ist, war die Tendenz, Macht vom Landbesitz auf das Industriekapital zu verlagern, vom Land zur Stadt, von der Farm zur Fabrik, von sozialen Titeln, die auf persönlicher Treuepflicht, Dienst und Schutz beruhten, auf die, welche sich auf die Kontrolle der Arbeit und des Güteraustausches stützen. Der Wandel im politischen Schwerpunkt hat im Resultat die Emanzipation des Individuums von den Fesseln der Klasse und des Brauchs zur Folge gehabt und eine politische Organisation hervorgebracht, die weniger auf höherer Autorität als vielmehr auf freiwilliger Wahl beruht. Mit anderen Worten, moderne Staaten werden weniger als göttliche und mehr als menschliche Werke als früher angesehen, weniger als notwendige Manifestationen höherer und übermächtiger Prinzipien und mehr als die Erfindungen von Männern und Frauen, um ihre eigenen Wünsche zu realisieren.

Die Vertragstheorie vom Ursprung des Staates ist eine Theorie, deren Falschheit sowohl philosophisch wie historisch leicht dargetan werden kann. Gleichwohl hatte diese Theorie eine weite Verbreitung und großen Einfluß. Sie besagt, daß zu einem bestimmten Zeitpunkt in der Vergangenheit die Menschen sich freiwillig zusammentaten und einen Vertrag miteinander schlossen, bestimmte Gesetze zu beachten und sich einer bestimmten Autorität zu unterwerfen, und auf diese Weise den Staat und das Verhältnis von Herrscher und Untertan erzeugten. Wie viele Dinge in der Philosophie ist diese Theorie, wenngleich wertlos als Tatsachenbericht, von großem Wert als Symptom der Richtung menschlicher Wünsche. Sie bezeugte einen wachsenden Glauben, daß der Staat existiere, um menschliche Bedürfnisse zu befriedigen, und von menschlicher Absicht und von menschlichem Willen geformt werden könne. Aristoteles' Theorie, daß der Staat von Natur aus existiere, konnte das Denken des 17. Jahrhunderts nicht befriedigen, weil sie dadurch, daß sie den Staat zu einem Naturprodukt machte, seine Verfassung außerhalb der menschlichen Wahl zu setzen schien. Gleich bedeutsam war die Annahme der Vertragstheorie, daß Individuen durch ihre persönlichen Entscheidungen, die ihre persönlichen Wünsche ausdrückten, den Staat ins Leben rufen. Die Schnelligkeit, mit der sich diese Theorie in ganz Westeuropa durchsetzte, zeigte, bis zu welchem Ausmaß die Fesseln der herkömmlichen Institutionen gelockert waren. Sie bewies, daß sich die Menschen so aus ihrer Einbindung in große Gruppen befreit hatten, daß sie sich ihrer selbst als Individuen bewußt wurden, die Rechte und Ansprüche um ihrer selbst willen besaßen, nicht einfach als Angehörige einer Klasse, Zunft oder eines Standes.

Hand in Hand mit diesem politischen Individualismus ging ein religiöser und moralischer Individualismus. Die metaphysische Lehre von der Überlegenheit der Art über das Individuum, des dauerhaften Allgemeinen gegenüber dem sich wandelnden Individuellen, war die philosophische Unterstützung eines politischen und ekklesiastischen Institutionalismus. Die allgemeine Kirche war der Boden, das Ziel und die Grenze der Überzeugungen und Handlungen des einzelnen in geistlichen Fragen, gerade so, wie die feudale hierarchische Organisation die Basis, das Gesetz und die feste Grenze seines Verhaltens in weltlichen Dingen war. Die nördlichen Barbaren waren niemals vollständig unter den Einfluß klassisscher Ideen und Sitten geraten. Was dort einheimisch war, wo sich das Leben hauptsächlich aus lateinischen Ursprüngen herleitete, war im germanischen Europa geliehen und mehr oder weniger äußerlich auferlegt. Der Protestantismus bezeichnete den formalen Bruch mit der Herrschaft römischer Ideen. Er bewirkte eine Befreiung des individuellen Gewissens und des Bekenntnisses von der Kontrolle einer organisierten Institution, die sich selbst als permanent und universal ansah. Zwar kann nicht behauptet werden, daß die neue religiöse Bewegung gleich zu Anfang sehr weit darin kam, die Freiheit des Denkens und der Kritik zu fördern, oder in der Verneinung des Begriffs einer höchsten Autorität, der die individuelle Intelligenz vollständig unterworfen war. Auch ging sie anfänglich nicht sehr weit darin, Toleranz oder Respekt gegenüber abweichenden moralischen und religiösen Überzeugungen zu fördern. Aber praktisch tendierte sie zur Desintegration bestehender Institutionen. Durch die Vermehrung der Sekten und Kirchen ermutigte sie zumindest eine negative Toleranz des Rechtes der Individuen, in letzten Fragen für sich selbst zu urteilen. Mit der Zeit entwickelte sich eine explizite Überzeugung von der Heiligkeit des individuellen Gewissens und von dem Recht auf Freiheit der Meinung, des Glaubens und des Bekenntnisses.

Es ist unnötig, näher auszuführen, wie die Verbreitung dieser Überzeugung den politischen Individualismus anwachsen ließ oder wie sie die Bereitschaft der Menschen beschleunigte, überkommene Ideen in Wissenschaft und Politik in Frage zu stellen — für sich selbst nachzudenken und zu beobachten und zu experimentieren. Religiöser Individualismus diente dazu, Initiative und Unabhängigkeit des Denkens in allen Bereichen zu rechtfertigen, selbst als religiöse Bewegungen offiziell solche Freiheit ablehnten, sobald sie einen bestimmten Punkt überschritt. Der größte Einfluß des Protestantismus bestand freilich in der Entfaltung der Idee der Persönlichkeit jedes Menschen als eines Zweckes an sich selbst. In dem Augenblick, wo menschliche Wesen als einer direkten Beziehung zu Gott fähig angesehen wurden, ohne die Vermittlung einer Organisation wie der Kirche, und wo das Drama von Sühne, Reue und Rettung etwas war, was sich im Innersten eines jeden einzelnen Menschen abspielte statt in der Spezies, von der das Individuum nur ein untergeordneter Teil war, wurde allen Doktrinen, die die Unterordnung der Persönlichkeit lehrten, ein tödlicher Schlag versetzt — ein Schlag, der viele politische Rückwirkungen zugunsten einer Förderung der Demokratie hatte. Denn als in der Religion die Idee des inneren Wertes jeder Seele als solcher verkündet wurde, war es schwer, diese Idee daran zu hindern, in säkulare Beziehungen gleichsam überzufließen.

Die Absurdität des Versuchs ist offensichtlich, in wenigen Absätzen Bewegungen in Industrie, Politik und Religion zusammenzufassen, deren Einfluß noch längst nicht erschöpft ist und über die Hunderte und Tausende von Büchern geschrieben worden sind. Aber ich zähle auf Ihre Nachsicht, um in Erinnerung zu rufen, daß auf diese Materien nur angespielt wird, um auf einige der Kräfte aufmerksam zu machen, die dabei wirksam waren, die Kanäle zu markieren, in denen die neuen Ideen strömten. An erster Stelle ist es die Verlagerung des Interesses vom Ewigen und Allgemeinen zum Veränderlichen und Besonderen, Konkreten — eine Bewegung, die sich praktisch darin zeigte, daß sie die Aufmerksamkeit und das Denken von einer anderen Welt auf diese verlagerte, vom Supranaturalismus, der für das Mittelalter charakteristisch war, zur Freude an den Naturwissenschaften, einer natürlichen Aktivität und einem natürlichen Umgang. Zweitens gibt es den allmählichen Verfall der Autorität fester Institutionen und Klassenunterschiede und —beziehungen und eine wachsende Überzeugung von der Macht individuellen Denkens, von Methoden der Beobachtung und des Experiments geleitet die Wahrheiten zu erlangen, die für die Lebensführung notwendig sind. Die Verfahren und Resultate der Naturforschung gewannen an Prestige und Macht auf Kosten von Prinzipien, die von einer höchsten Autorität diktiert worden waren.

Folglich werden Prinzipien und behauptete Wahrheiten mehr und mehr gemäß Kriterien ihres Ursprungs in der Erfahrung und ihrer Folgen für das Wohl und Wehe in der Erfahrung beurteilt und weniger nach Kriterien eines sublimen Ursprungs jenseits der Alltagserfahrung und unabhängig von den Früchten in der Erfahrung. Es ist für ein Prinzip nicht länger genug, erhaben, edel, universal und durch die Zeit ehrwürdig geworden zu sein. Es muß seine Geburtsurkunde vorweisen, es muß zeigen, unter genau welchen Bedingungen der menschlichen Erfahrung es entstanden ist, und es muß sich selbst durch seine Werke rechtfertigen, die gegenwärtigen wie die potentiellen. Das ist die innere Bedeutung der neuzeitlichen Berufung auf die Erfahrung als ein letztes Kriterium des Wertes und der Gültigkeit. An dritter Stelle wird großer Wert auf die Idee des Fortschritts gelegt. Die Zukunft beherrscht jetzt die Vorstellungen, nicht mehr die Vergangenheit. Das goldene Zeitalter liegt vor uns, nicht hinter uns. Überall winken neue Möglichkeiten, erwecken Mut und regen zu Anstrengungen an. Die großen französischen Denker des späten 18. Jahrhunderts entnahmen diese Idee Bacon und entwickelten sie zu der Idee von der unendlichen Perfektibilität des Menschengeschlechts auf Erden weiter. Der Mensch ist fähig, wenn er nur die erforderliche Courage, Intelligenz und Anstrengung aufbringt, sein eigenes Schicksal zu gestalten. Physische Bedingungen stellen kein unüberwindliches Hindernis dar. Viertens ist die geduldige und experimentelle Erforschung der Natur, die in Erfindungen Früchte trägt, die die Natur kontrollieren und ihre Kräfte gesellschaftlichen Zwecken unterwerfen, diejenige Methode, durch die der Fortschritt bewirkt wird. Wissen ist Macht, und Wissen wird dadurch erzielt, daß man das Denken zur Natur in die Schule schickt, um ihr die Prozesse der Wandlung abzulauschen.

Ich kann diese Vorlesung, wie die vorangegangene, kaum besser beenden als durch einen Hinweis auf die neuen Verantwortungen, die der Philosophie auferlegt, und auf die neuen Möglichkeiten, die ihr dadurch eröffent sind. Aufs Ganze gesehen, ist die größte Wirkung dieser Veränderung bislang die gewesen, an die Stelle eines Idealismus, der auf der Metaphysik der klassischen Antike beruhte, einen Idealismus zu setzen, der sich auf die Epistemologie oder die Erkenntnistheorie gründet.

Die frühere moderne Philosophie hatte (wenn es ihr

selbst auch nicht bewußt war) das Problem, die traditionelle Theorie des rationalen und idealen Grundes, Stoffes und Endzwecks des Universums mit dem neuen Interesse am individuellen Geist und dem neuen Vertrauen in seine Fähigkeiten zu versöhnen. Sie war in einem Dilemma. Einerseits hatte sie nicht die Absicht, sich selbst in einem Materialismus zu verlieren, der den Menschen der physischen Existenz und den Geist der Materie unterordnete – besonders in genau dem Augenblick, wo in der wirklichen Geschichte Mensch und Denken anfingen, echte Herrschaft über die Natur zu gewinnen. Andererseits sagte die Auffassung, daß die Welt, wie sie da war, die Verkörperung eines festen und umfassenden Geistes oder einer solchen Vernunft sei, gerade denen nicht zu, deren Hauptsorge den Unzulänglichkeiten der Welt galt und dem Versuch, sie zu beseitigen. Die Wirkung des objektiven theologischen Idealismus, der sich aus dem klassischen metaphysischen Idealismus entwickelt hatte, bestand darin, den Geist unterwürfig und fügsam zu machen. Der neue Individualismus scheuerte sich wund an den Restriktionen, die ihm durch den Begriff einer universalen Vernunft auferlegt waren, die die Natur und das Schicksal ein für alle Mal gestaltet hatte.

Mit der Befreiung vom antiken und mittelalterlichen Denken setzte das frühe moderne Denken dementsprechend die ältere Tradition einer Vernunft fort, die die Welt schafft und einrichtet, kombinierte sie aber mit dem Begriff, daß diese Vernunft durch den menschlichen Geist hindurch wirke, individuell oder kollektiv. Dieses ist der gemeinsame Ton des Idealismus, der von allen Philosophien des 17. und 18. Jahrhunderts angeschlagen wird, ob sie nun zu der britischen Schule von Locke, Berkeley und Hume gehören oder zu der kontinentalen Schule Descartes'. In Kant kamen diese beiden Stränge, wie man weiß, zusammen, und das Thema der Formung der erfahrbaren Welt mit Hilfe eines Denkens, das ausschließlich durch das menschliche Bewußtsein wirkte, wurde explizit. Der Idealismus hörte auf, metaphysisch und kosmisch zu sein, um epistemologisch und personal zu werden.

Es ist offensichtlich, daß diese Entwicklung lediglich eine Übergangsstufe darstellt. Sie versuchte, nimmt man alles in allem, neuen Wein in die alten Schläuche zu füllen. Sie erreichte keine freie und unvoreingenommene Formulierung der Bedeutung der Macht, die Kräfte der Natur durch das Wissen zu lenken, d.h. der absichtlichen, experimentellen Handlung, die darauf hinwirkt, Überzeugungen und Institutionen neu zu gestalten. Die alte Tradition war noch stark genug, sich selbst unbemerkt in die Denkweisen der Menschen einzuschleichen und den Ausdruck der wirklich modernen Kräfte und Ziele zu behindern und zu kompromittieren. Die wahrhafte philosophische Neugestaltung bedeutet den Versuch, diese Ursachen und Resultate in einer Weise darzustellen, die von unvereinbaren überlieferten Faktoren befreit ist. Sie betrachtet die Intelligenz nicht als den ursprünglichen Bildner und die Finalursache der Dinge, sondern als den absichtsvollen, energischen Neuformer derjenigen Phasen der Natur und des Lebens, die dem gesellschaftlichen Wohlergehen im Wege stehen. Sie achtet das Individuum nicht als ein übertrieben selbstgenügsames Ego, das durch irgendeine Zauberei die Welt erschafft, sondern als den Handelnden, der durch Initiative, Erfindungsreichtum und intelligent gelenkte Arbeit für die Neuerschaffung der Welt verantwortlich ist, indem er sie in ein Werkzeug und Besitztum der Intelligenz umwandelt.

Die Gedankenfolge, die durch das Baconsche »Wissen ist Macht« repräsentiert wird, fand also keinen emanzipierten und unabhängigen Ausdruck. Sie verfing sich hoffnungslos in Standpunkten und Vorurteilen, die eine soziale und politische und wissenschaftliche Tradition verkörperten, die mit ihr vollkommen unvereinbar waren. Die Obskurität, die Verworrenheit der modernen Philosophie ist das Produkt dieses Versuchs, zwei Dinge miteinander zu verbinden, die unmöglich, weder logisch noch moralisch, miteinander verknüpft werden können. Neugestaltung der Philosophie ist also einstweilen der Versuch, die Verwirrung aufzulösen und den Baconschen Bestrebungen zu gestatten, zu freiem und ungehindertem Ausdruck zu gelangen. In nachfolgenden Vorlesungen werden wir die notwendige Neugestaltung betrachten, soweit sie bestimmte klassische philosophische Antithesen berührt, wie etwa die von Erfahrung und Vernunft, dem Realen und dem Idealen. Aber zuerst müssen wir die modifizierende Wirkung betrachten, die auf die Philosophie durch die veränderte Auffassung von der Natur, sei sie belebt oder unbelebt, ausgeübt wurde, die wir dem Fortschritt der Wissenschaft verdanken.

3. Der wissenschaftliche Faktor in der Neugestaltung der Philosophie

Philosophie entsteht als eine tiefe und umfassende Art und Weise, auf die Schwierigkeiten, die das Leben bietet, zu antworten, aber sie wächst nur, wenn Material vorhanden ist, um diese praktische Antwort bewußt, artikuliert und mitteilbar zu machen. Parallel zu den ökonomischen, politischen und kirchlichen Veränderungen, auf die in einer früheren Vorlesung hingewiesen worden ist, fand eine wissenschaftliche Revolution statt, die von gewaltigem Ausmaß war und so gut wie kein einziges Detail der Auffassung von der Natur, der physischen wie der menschlichen, unerschüttert ließ. Zum Teil wurde diese wissenschaftliche Transformation durch eben jenen Wandel der praktischen Haltung und Einstellung hervorgerufen. Aber mit ihrem weiteren Fortschreiten verschaffte sie jenem Wandel ein angemessenes Vokabular, das seinem Bedürfnis entgegenkam, und machte ihn artikuliert. Der Fortschritt der Wissenschaft mit seinen zunehmenden Verallgemeinerungen und seinem spezifischen Faktenreichtum stellte genau jene intellektuelle Ausrüstung an Ideen und konkreten Fakten bereit, derer es bedurfte, um die neue Einstellung zu formulieren, zu beschleunigen, mitzuteilen und zu propagieren. Demgemäß werden wir uns heute mit jenen gegensätzlichen Auffassungen von der

Struktur und Konstitution der Natur befassen, die den intellektuellen Rahmen der Philosophie abgeben, wenn sie auf die Autorität der Wissenschaft hin (sei sie nur eingebildet oder wirklich) akzeptiert werden.

Es sind bewußt gegensätzliche Auffassungen der antiken und der modernen Wissenschaft ausgewählt worden. Denn ich sehe keine andere Möglichkeit, die wahrhaft philosophische Tragweite des Weltbildes, das von der modernen Wissenschaft gemalt wird, richtig zu würdigen, als es im Kontrast zu jenem früheren Bild darzustellen, das der klassischen Metaphysik ihre intellektuelle Grundlage und Bestätigung gab. Die Welt, in die die Philosophen einstmals ihr Vertrauen setzten, war eine geschlossene Welt, eine Welt, die innerlich aus einer begrenzten Anzahl von festen Formen bestand und äußerlich definite Grenzen besaß. Die Welt der modernen Wissenschaft ist eine offene Welt, eine Welt, die sich ohne die Möglichkeit einer angebbaren Grenze auf indefinite Weise in ihrem inneren Aufbau ändert, eine Welt, die sich über alle angebbaren Grenzen hinaus nach außen erstreckt. Wiederum: die Welt, in der selbst die intelligentesten Menschen der alten Zeit zu leben glaubten, war eine fixierte Welt, ein Reich, in dem Veränderungen nur innerhalb unwandelbarer Grenzen von Ruhe und Dauer stattfanden, und eine Welt, in der das Feste und Unwandelbare, wie wir schon angemerkt haben, an Qualität und Autorität höher stand als das Bewegliche und Wandelbare. Und an dritter Stelle: die Welt, die die Menschen einst mit ihren Augen sahen, in ihren Phantasien ausmalten und in ihren Verhaltensplänen wiederholten, war eine Welt mit einer beschränkten Zahl an Klassen, Arten, Formen, die sich der Qualität nach unterschieden (wie Gattungen und Arten voneinander unterschieden sein müssen) und ihren festen Platz in einer abgestuften Rangordnung hatten.

Es ist nicht einfach, das Bild des Universums, das in der traditionellen Auffassung von der Welt als selbstverständlich angesehen wurde, in Erinnerung zu rufen. Trotz seiner dramatischen Darstellung (etwa bei Dante), der dialektischen Ausarbeitungen bei Aristoteles und Thomas von Aquin, trotz der Tatsache, daß es seine Gewalt über das Denken der Menschen bis vor etwa dreihundert Jahren behielt, und daß sein Umsturz eine religiöse Umwälzung zur Folge hatte, ist es schon verschwommen, undeutlich und fern. Selbst als abgesonderter und abstrakter Gegenstand der Theorie läßt es sich nicht leicht zurückgewinnen.

Als etwas Durchdringendes, mit allen Details der Reflexion und Beobachtung, mit den Plänen und Regeln des Verhaltens Verwobenes läßt es sich unmöglich zurückrufen. Trotzdem müssen wir uns, so gut wir können, ein definit geschlossenes Universum vor Augen halten, etwas, das in einem wörtlichen und sichtbaren Sinn Universum genannt werden kann, mit der Erde als festem und unwandelbarem Mittelpunkt und umgeben von dem himmlischen Gewölbe der Fixsterne, die sich auf einer festen Umlaufbahn, in einem ewigen Rund von göttlichem Äther bewegen, alle Dinge einfassen und sie für immer zusammen und in Ordnung halten. Die Erde ist, obwohl sie im Mittelpunkt liegt, der roheste, gröbste, materiellste, am wenigsten bedeutungsvolle und gute (oder perfekte) Teil dieser geschlossenen Welt. Sie ist der Schauplatz der größtmöglichen Fluktuation und Veränderlichkeit. Sie ist am wenigsten rational und deshalb am wenigsten erkennbar und begreifbar; sie bietet am wenigsten, was die Betrachtung lohnen, Bewunderung hervorrufen und das Verhalten lenken würde. Zwischen diesem grob materiellen Mittelpunkt und dem immateriellen, geistigen und ewigen Himmel liegt eine definite Reihe von Bereichen des Mondes, der Planeten, der Sonne usf., von denen jeder an Rang, Wert, Rationalität und wahrem Sein zunimmt, je weiter er von der Erde entfernt und je näher er dem Himmel ist. Jede dieser Spären hat zu ihrer Materie ein spezifisches, nur ihr eigenes Mischungsverhältnis aus Feuer, Wasser, Luft und Erde, bis wir das himmlische Firmament erreichen, das alle diese Prinzipien überschreitet, da es, wie eben gesagt, aus jener immateriellen, unveränderlichen Energie namens Äther besteht.

Innerhalb dieses engen und eingepferchten Universums finden selbstverständlich Veränderungen statt. Aber es gibt sie nur in einer begrenzten Anzahl von betimmten Arten, und sie wirken nur innerhalb fester Grenzen. Jede Art von Materie hat ihre eigentümliche Bewegung. Es gehört zum Wesen irdischer Dinge, da sie grob sind, schwer zu sein und sich deshalb nach unten zu bewegen. Feuer und höherrangige Dinge sind leicht und beweglich und bewegen sich deshalb nach oben zu dem ihnen eigenen Platz. Luft steigt nur bis zur Höhe des Planeten, wo sie dann ihre vorwärts-rückwärts-Bewegung aufnimmt, die natürlicherweise zu ihr gehört, wie sich bei den Winden und der Atmung zeigt. Der Äther als das höchste aller physischen Dinge besitzt eine reine kreisförmige Bewegung. Die tägliche Wiederkehr der Fixsterne ist die nächst mögliche Annäherung an die Ewigkeit und an die in sich selbst befangene Drehung des Geistes um seine eigene ideale Achse der Vernunft. Die Erde ist, dank – oder besser undank – ihrer irdischen Natur ein Schauplatz reiner Veränderung. Bloßes Fließen, ziel- und bedeutungslos, beginnt und endet irgendwo, erreicht nichts. Bloße Veränderungen der Quantität, alle rein mechanischen Änderungen, sind von dieser Art. Sie sind wie die Verschiebungen des Sandes durch das Meer. Sie können gefühlt, aber sie können nicht begriffen oder verstanden werden; ihnen fehlen feste Grenzen, die sie beherrschten. Sie sind verachtenswürdig. Sie sind unberechenbar, der Spielball des Zufalls.

Nur Veränderungen, die zu einem definierten oder fixierten Ergebnis, also einer Form führen, sind bedeutsam und der Erklärung fähig – nur von ihnen kann es einen *logos* oder Vernunftgrund geben. Das Wachstum von Pflanzen und Tieren illustriert die höchste Art von Veränderung, die in der sublunaren oder irdischen Sphäre möglich ist. Sie gehen von einer definiten, festen Form zu einer anderen über. Eichen bringen nur Eichen hervor, Austern nur Austern, der Mensch nur den Menschen. Der materielle Faktor mechanischer Produktion kommt zwar hinzu, aber nur als Akzidenz, das die höchste Vollendung des Typus der Spezies verhindert und die bedeutungslosen Variationen hervorbringt, die die verschiedenen Eichen oder Austern voneinander unterscheiden; oder im Extremfall Ungeheuer, Abarten, Monster, dreihändige oder vierzehige Menschen hervorbringt. Abgesehen von akzidentellen und unerwünschten Variationen hat jedes Individuum einen festen Lebenslauf vor sich, eine feste Bahn zu verfolgen. Ausdrücke, die modern klingen, Worte wie Potentialität und Entwicklung, gibt es häufig genug im aristotelischen Denken, und sie haben so manchen dazu verführt, in sein Denken moderne Bedeutungen hineinzulesen. Aber die Bedeutung dieser Worte im klasssischen und mittelalterlichen Denken ist durch ihren Kontext streng festgelegt. Entwicklung gilt lediglich für die Abfolge von Veränderungen, die innerhalb eines bestimmten Gliedes einer Spezies stattfinden. Es ist nur ein Name für die vorherbestimmte Bewegung von der Eichel zum Eichbaum. Sie findet nicht in Dingen generell statt, sondern nur in irgendeinem der numerisch unbedeutenden Glieder der Spezies Eiche. Entwicklung, Evolution, bedeutet niemals, wie in der modernen Wissenschaft, Entstehen neuer Formen, eine Mutation, die von einer alten Spezies wegführt, sondern nur das monotone Durchlaufen eines vorherbestimmten Zyklus von Veränderungen. Also bedeutet Potenitalität niemals, wie im modernen Leben, die Möglichkeit der Neuheit, der Erfindung, der radikalen Abweichung, sondern nur das Prinzip, dank dessen die Eichel zur Eiche wird. Technisch gesprochen, ist sie die Möglichkeit der Bewegung zwischen zwei Entgegengesetzten. Nur das Kalte kann warm werden; nur das Trockene kann feucht werden; nur der Säugling kann zum Erwachsenen werden, nur die Saat zum Weizen usf. Potentialität bedeutet nicht das Auftauchen des Neuen, sondern lediglich die Leichtigkeit, mit der ein bestimmtes Ding die wiederkehrenden Prozesse seiner Art wiederholt und so ein spezifischer Fall der ewigen Formen wird, in denen und durch die alle Dinge konstituiert sind.

Trotz der beinahe unendlichen numerischen Verschiedenheit von Individuen gibt es nur eine begrenzte Zahl von Spezies, Arten oder Sorten. Und die Welt ist im wesentlichen eine Welt, die in Arten zerfällt. Sie ist von vorneherein in bestimmten Klassen angeordnet. Obendrein ist gerade so, wie wir natürlicherweise Pflanzen und Tiere in Reihen, Rängen und Stufen anordnen, von den niederen zu den höchsten, dies der Fall mit allen Dingen im Universum. Die verschiedenen Klassen, zu denen die Dinge aufgrund ihrer eigenen

Natur gehören, bilden eine hierarchische Ordnung. Sie sind Kasten in der Natur. Das Universum ist nach einem aristokratischen, man kann wahrhaftig sagen: feudalen, Plan konstituiert. Spezies, Klassen vermischen oder überlappen sich nicht – außer zufällig und dann mit chaotischen Folgen. Im übrigen gehört alles von vorneherein in eine bestimmte Klasse, und diese Klasse hat ihre eigene feste Stelle in der Hierarchie des Seins. Das Universum ist wahrhaftig ein sauberer Ort, in dessen Reinheit nur durch jene unregelmäßigen Veränderungen in Individuen eingegriffen wird, die auf die Anwesenheit einer widerständigen Materie zurückzuführen sind, die sich einer gänzlichen Unterordnung unter Regel und Form widersetzt. Im übrigen ist es ein Universum mit einer festen Stelle für alles und wo alles seinen Ort, seine Station und seine Klasse kennt und einnimmt. Von daher sind die technisch als final und formal bezeichneten Ursachen von höchstem Rang, während Wirkursachen auf einen niedrigeren Rang verwiesen werden. Die sogenannte finale Ursache ist nur ein Name für die Tatsache, daß es eine für eine Klasse oder Art von Dingen charakteristische feste Form gibt, die die vor sich gehenden Veränderungen steuert, so daß sie zu ihr als zu ihrem Zweck und Ziel neigen, als der Erfüllung ihrer wahren Natur. Die supralunare Sphäre ist das Ziel oder die finale Ursache der wahren Bewegungen von Luft und Feuer; die Erde der Bewegungen der groben, schweren Dinge; die Eiche das der Eichel; die reife Form überhaupt die des Keims.

Die »Wirkursache«, das, was eine Bewegung hervorruft und anregt, ist nur eine äußerliche Veränderung insofern, als sie einem unreifen und unvollkommenen Wesen zufälligerweise eine Art Anstoß gibt und es dadurch in Richtung auf seine vollendete oder erfüllte Form in Gang setzt. Die finale Ursache ist die vollkommene Form, die als *die Erklärung oder der Vernunftgrund (reason)* vorangehender Veränderungen angesehen wird. Wenn sie nicht mit Bezug auf die Veränderungen aufgefaßt wird, die in ihr vollendet und zum Stillstand gebracht werden, sondern an sich selbst, ist sie die »formale Ursache«: die inhärente *Natur* oder der innere Charakter, der ein Ding zu dem »macht«, *was es ist*, soweit es wahrhaft *ist*, nämlich was es ist, solange es sich nicht verändert. Logisch und praktisch hängen alle diese Eigenschaften, die wir aufgezählt haben, zusammen. Greift man eine an, greift man alle an. Wird eine untergraben, fallen alle. Das ist der Grund, weshalb der intellektuelle Wandel der letzten Jahrhunderte mit Recht eine Revolution genannt werden kann. Er hat an die Stelle der alten Auffassung von der Welt eine gesetzt, die in jedem einzelnen Punkt abweicht. Es ist ganz gleichgültig, an welchem Punkt man anfängt, die Unterschiede zu verfolgen, man wird sich zu allen anderen Punkten weitergetragen finden.

An die Stelle eines geschlossenen Universums hat die Wissenschaft heute eines gesetzt, das unendlich in Raum und Zeit ist, das keine Grenzen hier und dort hat, sozusagen an diesem oder jenem Ende, und ebenso unendlich komplex in seiner inneren Struktur, wie es an Ausdehnung unendlich ist. Von daher ist es ebenso eine offene Welt, eine unendlich vielfältige Welt, eine Welt, die kaum noch im alten Sinne überhaupt ein Universum genannt werden kann; so vielfältig und weitreichend, daß sie nicht in einer einheitlichen Formel zusammengefaßt und begriffen werden kann. Und Veränderung an Stelle von Unwandelbarkeit ist jetzt ein Maß der »Wirklichkeit« oder Energie des Seins; Veränderung ist allgegenwärtig. Die Gesetze, für die sich der moderne Wissenschaftler interessiert, sind Gesetze der Bewegung, der Erzeugung und der Abfolge. Er spricht von Gesetz, wo die Alten von Art und Wesen sprachen, weil das, was er anstrebt, eine Korrelation von Veränderungen ist, eine Fähigkeit, eine Veränderung in Korrespondenz mit einer anderen eintreten zu sehen. Er versucht nicht, irgendetwas, das *im* Wechsel konstant bleibt, zu definieren und zu begrenzen. Er versucht eine konstante Ordnung *des* Wechsels *selbst* zu beschreiben. Und während das Wort »konstant« in beiden Aussagen erscheint, ist die Bedeutung des Wortes nicht dieselbe. Im einen Falle haben wir es mit etwas Konstantem in der *Existenz* zu tun, sei es nun physisch oder metaphysisch; im anderen Falle mit etwas Konstantem in *Funktion* und Arbeitsweise. Das eine Mal geht es um eine Form unabhängigen Seins; das andere Mal um eine Formel der Beschreibung und Berechnung interdependenter Veränderungen.

Kurzum, das klassische Denken akzptierte eine feudalistisch eingerichtete Ordnung von Klassen oder Arten, die jeweils von einer über ihr stehenden »belehnt« werden und ihrerseits die Verhaltens- und Dienstregel an eine unter ihr stehende weitergeben. Dieser Zug spiegelt exakt die soziale Situation wider, die wir in der letzten Vorlesung betrachtet haben. Wir haben eine einigermaßen bestimmte Vorstellung von einer Gesellschaft, die auf feudaler Basis organisiert ist. Das Familien-, das Verwandtschaftsprinzip ist stark und dies gilt umso mehr, je höher wir in der sozialen Skala aufsteigen. Am unteren Ende verlieren sich die Individuen mehr oder weniger in der Masse. Da sie alle Teile der allgemeinen Herde sind, gibt es nichts besonderes, das ihre Herkunft auszeichnet. Aber innerhalb der privilegierten und herrschenden

Klasse liegt der Fall ganz anders. Verwandtschaftsbindungen sondern eine Gruppe äußerlich ab und geben ihr ein Unterscheidungsmerkmal und halten zugleich innerlich alle Mitglieder zusammen. Verwandtschaft, Art, Klasse, Genus sind synonyme Ausdrücke, die ihren Ausgang bei sozialen und konkreten Tatsachen nehmen und auf technische und abstrakte übertragen werden. Denn Verwandtschaft ist das Zeichen einer gemeinsamen Natur, von etwas Universalem und Permanentem, das durch alle besonderen Individuen hindurchgeht und ihnen eine reale und objektive Einheit verleiht. Weil die und die Personen verwandt sind, sind sie *wirklich*, und nicht nur konventionell, als Mitglieder einer Klasse bezeichnet, die etwas einzigartiges an sich hat. Alle gleichzeitigen Mitglieder sind in eine objektive Einheit eingebunden, die Vor- und Nachfahren einschließt und alle ausschließt, die zu einer anderen Verwandtschaftsgruppe oder Art gehören. Gewiß kann diese Aufteilung der Welt in getrennte Arten, von denen jede ihre qualitativ verschiedene Natur im Unterschied zu anderen Spezies hat, die numerisch verschiedene Individuen zusammenbindet und verhindert, daß ihre Unterschiede feste Grenzen überschreiten, ohne Übertreibung eine Projektion des Familienprinzips auf die Welt im Großen genannt werden.

In einer feudalistisch organisierten Gesellschaft nimmt obendrein jede Verwandtschaftsgruppe oder Spezies einen ganz bestimmten Platz ein. Sie ist durch den Besitz eines ganz spezifischen *Ranges* gekennzeichnet, der im Hinblick auf andere Stufen höher oder niedriger ist. Diese Stellung verschafft ihr bestimmte Privilegien, die sie in den Stand setzt, bestimmte Ansprüche gegenüber Niederrangigen durchzusetzen, und die zur Folge hat, daß den Höherrangigen bestimmte Dienste und Lehenspflichten geleistet werden müssen. Die Verursachungsbeziehung geht gleichsam nach oben und nach unten. Einfluß, Macht, setzt sich von oben nach unten fort; die Aktivitäten der Unteren werden, ganz wörtlich, im Hinblick auf die Höheren verrichtet. Aktion und Reaktion sind weit davon entfernt, gleich zu sein und in entgegengesetzte Richtungen zu wirken. Jede Aktion ist von derselben Art, sie ist von der Natur der Herrschaft und geht von oben nach unten. Jede Reaktion ist von der Natur der Unterwerfung und Ehrerbietung und geht von unten nach oben. Die klassiche Theorie der Weltverfassung korrespondiert Punkt für Punkt dieser Anordnung der Klassen auf einer Skala der Würde und Macht.

Ein dritter Zug, den die Historiker dem Feudalismus zuschreiben, ist der, daß die Rangordnung sich um den Waffendienst und das Verhältnis von bewaffneter Verteidigung und Schutz zentriert. Ich fürchte, daß das, was schon über den Parallelismus von antiker Kosmologie mit der sozialen Organisation gesagt worden ist, als phantastische Analogie erscheint; und wenn nun auch in dieser letzten Hinsicht ein Vergleich angestellt wird, werden Sie wenig Zweifel haben, daß hier eine Metapher überanstrengt wird. Das ist auch wirklich der Fall, wenn wir den Vergleich zu wörtlich nehmen. Es gilt aber nicht, wenn wir unsere Aufmerksamkeit auf den Begriff der Herrschaft (*rule*)und des Befehls (*command*) lenken, der in beiden Fällen impliziert ist. Auf die Bedeutung, die heute dem Begriff des Gesetzes (*law*)gegeben wird, ist schon aufmerksam gemacht worden – eine konstante Beziehung zwischen Veränderungen. Gleichwohl hören wir oft von Gesetzen, die Ereignisse »regieren« (govern), und man scheint oft zu denken, daß Phänomene vollkommen ungeordnet wären, gäbe es keine Gesetze, die unter ihnen Ordnung hielten. Diese Denkweise ist ein Relikt des Hineinlesens sozialer Beziehungen in die Natur – nicht notwendig feudaler Beziehungen, aber der Beziehung von Herrscher und Beherrschtem, Souverän und Untertan. Das Gesetz wird einem Befehl oder einer Anordnung angeglichen. Wenn der Faktor eines persönlichen Willens eliminiert wird (wie es im besten griechischen Denken der Fall war), dann ist immer noch die Idee des Gesetzes oder des Universalen mit dem Sinn eines führenden und beherrschenden Einflusses durchtränkt, der von oben auf das ausgeübt wird, was ihm von Natur aus untergeordnet ist. Das Universale herrscht, wie das Ziel und Modell, das der Handwerker im Geiste vor sich sieht, seine Bewegungen »beherrscht«. Das Mittelalter fügte dieser griechischen Idee der Kontrolle die Idee des Befehls hinzu, der aus einem höheren Willen stammt; und man dachte sich deshalb das Wirken der Natur, als ob es sich um das Erfüllen einer Aufgabe handle, die von jemandem gestellt worden war, der die Befugnis hatte, das Handeln zu lenken.

Die Eigenschaften des Bildes der Natur, das die moderne Wissenschaft zeichnet, werden durch den Kontrast recht deutlich. Die moderne Wissenschaft machte ihren ersten Schritt, als mutige Astronomen die Unterscheidung zwischen hohen, sublimen und idealen Kräften, die im Himmel wirkten, und niederen und materiellen Kräften, die irdische Ereignisse lenkten, aufhoben. Die unterstellte Heterogenität zwischen Substanzen und Kräften im Himmel und auf der Erde wurde negiert. Es wurde behauptet, daß dieselben Gesetze überall gelten, daß überall in der Natur eine Homogenität von Materie und Prozeß herrsche. Das Entfernte und ästhetisch Sublime sollte in Begriffen schlicht vertrauter Ereignisse und Kräfte wissenschaftlich beschrieben und erklärt werden. Das Material des direkten Umgangs und der Beobachtung ist das, dessen wir uns am sichersten sind; es ist das besser Bekannte. Bis wir die gröberen und oberflächlicheren Beobachtungen entfernter Dinge am Himmel in Elemente transformieren können, die mit denen der direkt vorhandenen identisch sind, bleiben sie blind und unverstanden. Statt einen höheren Wert darzustellen, konfrontieren sie uns mit Problemen. Sie sind nicht Mittel der Aufklärung, sondern Herausforderungen. Die Erde ist der Sonne, dem Mond und den Sternen nicht an Rang unterlegen, sondern von gleicher Würde, und die Geschehnisse auf ihr sind der Schlüssel dazu, die Himmelskörper zu verstehen. Da sie in unseren Händen sind, können sie auch unter unsere Kontrolle gebracht werden: sie können beeinflußt, aufgebrochen, in Elemente aufgelöst werden, die man handhaben kann, die nach Belieben in alte und neue Formen kombiniert werden können. Das Netto-Resultat kann, denke ich, ohne große Gewaltsamkeit so ausgedrückt werden: das Feudalsystem einer Rangordnung von allgemeinen Klassen ungleichen Ranges wird durch eine Demokratie individueller Fakten gleichen Ranges ersetzt.

Ein wichtiges Nebenergebnis der neuen Wissenschaft war die Destruktion der Idee, daß die Erde der Mittelpunkt des Universums sei. Und mit der Vorstellung eines festen Zentrums schwand die Vorstellung von einem geschlossenen Universum und einer es umschließenden himmlischen Grenze. Für die griechische Anschauung war das Endliche das Vollkommene, gerade weil die Erkenntnistheorie von ästhetischen Erwägungen beherrscht wurde. Wortwörtlich war das Endliche das Be-endete, das Voll-endete, ohne zakkige Ränder und unberechenbare Operationen. Das Unendliche oder Grenzenlose war eben deshalb charakterlos, weil es unvollendet war. Weil es alles war, war es nichts. Es war ungeformt und chaotisch, unbeherrscht und regellos, die Quelle unberechenbarer Abweichungen und Zufälligkeiten. Unser heutiges Gefühl, das Unendlichkeit mit grenzenloser Macht assoziiert, mit der Fähigkeit zur Ausdehnung, die kein Ende kennt, mit der Lust an einem Fortschritt, der keine äußere Grenze hat, wäre unbegreiflich, hätte sich nicht das Interesse vom Ästhetischen zum Praktischen verlagert; wäre das Interesse, einen harmonischen und vollendeten Schauplatz zu erblicken, nicht einem Interesse gewichen, einen unharmonischen zu transformieren. Man muß nur die Autoren der Übergangsepoche lesen, etwa Giordano Bruno, um zu ermessen, welche Empfindung von Eingesperrtsein, Ersticktwerden sie mit einer geschlossenen, endlichen Welt assoziierten und welch ein Gefühl von Heiterkeit, Ausdehnung und grenzenloser Möglichkeit in ihnen durch den Gedanken an eine sich unendlich in Raum und Zeit erstreckende Welt, die innerlich aus infinitesimalen, unendlich zahlreichen Elementen bestand, erweckt wurde. Das, wovor die Griechen mit Widerwillen zurückschreckten, begrüßten sie mit geradezu trunkenem Abenteuersinn. Das Unendliche bedeutete zwar etwas, das für immer, selbst in Gedanken, undurchdrungen und deshalb ewig unbekannt bleiben würde, gleichgültig, welche Fortschritte in der Erkenntnis man machen würde. Aber dieses »ewig unbekannt« war jetzt nicht mehr erkältend und abstoßend, sondern eine inspirierende Herausforderung zu einer immer erneuten Forschung und die Gewißheit unerschöpflicher Möglichkeiten des Fortschritts.

Der Historiker weiß sehr wohl, daß die Griechen in der Wissenschaft der Mechanik wie in der Geometrie große Fortschritte gemacht haben. Auf den ersten Blick erscheint es merkwürdig, daß mit diesem Fortschritt in der Mechanik so wenig Fortschritte in Richtung auf die neue Wissenschaft verbunden waren. Die scheinbare Paradoxie zwingt uns zu fragen, aus welchem Grunde die Mechanik eine abgesonderte Wissenschaft blieb, warum sie nicht bei der Beschreibung und Erklärung natürlicher Phänomene in der Weise Galileos oder Newtons benutzt wurde. Die Antwort liegt in der schon erwähnten sozialen Parallele. Sozial gesprochen, waren Maschinen oder Werkzeuge Hilfsmittel, die von Handwerkern verwendet wurden. Die Wissenschaft der Mechanik hatte mit der Art von Dingen zu tun, die von menschlichen Mechanikern angewendet wurden, und Mechaniker waren niedrige Leute. Sie standen am unteren Ende der sozialen Leiter, und wie konnte ausgerechnet von ihnen Aufklärung über das Höchste, den Himmel, erwartet werden? Die Anwendung von Erwägungen der Mechanik auf Naturerscheinungen hätte obendrein ein Interesse an der praktischen Kontrolle und Nutzbarmachung von Erscheinungen vorausgesetzt, das völlig unvereinbar war mit der Wichtigkeit, die finalen Ursachen als bestimmten Determinanten der Natur beigelegt wurde. Alle wissenschaftlichen Reformer des 16. und 17. Jahrhunderts stimmen auffällig darin überein, daß sie die Lehre von den Finalursachen als *die* Ursache des Versagens der Wissenschaft ansehen. Warum? Weil diese Lehre beinhaltete, daß die Naturprozesse an bestimmte feste Ziele gebunden seien, zu deren Verwirklichung sie tendieren müssen. Die Natur wurde am Gängelband geführt; sie war festgelegt auf die Produktion einer beschränkten Anzahl stereotyper Resultate. Nur eine vergleichsweise geringe Zahl von Dingen konnte neu erzeugt werden, und diese wenigen mußten den Endergebnissen ähnlich sein, die ähnliche Zyklen der Veränderung in der Vergangenheit bewirkt hatten. Der Bereich des Forschens und des Verstehens war auf den engen Kreis der Prozesse eingeschränkt, die in den unwandelbaren Zielen endeten, die die beobachtete Welt dem Auge darbot. Im besten Falle mußte die Erfindung und Produktion neuer Resultate mit Hilfe von Maschinen und Werkzeugen auf Gegenstände von vergänglicher Würde und körperlichem, nicht intellektuellem Gebrauch beschränkt werden.

Erst als die Natur von der starren Klammer der festen Ziele befreit war, wurden Beobachtung und Imagination freigesetzt, und die experimentelle Kontrolle für wissenschaftliche und praktische Zwecke nahm einen außergewöhnlichen Aufschwung. Weil Naturprozesse nicht länger auf eine feste Anzahl unveränderlicher Ziele oder Resultate beschränkt waren, konnte alles nur Denkbare passieren. Es hing alles nur davon ab, welche Elemente miteinander in Verbindung gebracht werden konnten, so daß sie aufeinander einwirken würden. Unverzüglich hörte die Mechanik auf, eine abgesonderte Wissenschaft zu sein, und wurde zum Werkzeug, um die Natur anzugreifen. Die Mechanik des Hebels, des Rades, des Flaschenzugs und der schiefen Ebene sagten genau voraus, was geschieht, wenn Dinge im Raum dazu benutzt werden, sich gegenseitig während eines bestimmten Zeitraumes in Bewegung zu versetzen. Das Ganze der Natur wurde ein Schauplatz von Stoß und Zug, von Zahnrädern und Hebeln, von Bewegungen von Teilen oder Elementen, auf die direkt die Formeln von Bewegungen anwendbar waren, die von gut bekannten Maschinen hervorgebracht wurden.

Die Verbannung von Endzwecken und Formen aus dem Universum ist vielen als ideelle und spirituelle Verarmung erschienen. Als die Natur als ein Apparat mechanischer Wechselwirkungen angesehen wurde, verlor sie offenbar alle Bedeutung und allen Zweck. Ihre Herrlichkeit war dahin. Die Eliminierung von Qualitätsunterschieden beraubte sie ihrer Schönheit. Daß der Natur alle ihr innewohnende Sehnsucht und strebende Tendenz auf ideale Ziele hin bestritten wurde, entfernte die Natur und die Naturwissenschaft von der Berührung mit Poesie, Religion und göttlichen Dingen. Übrig zu bleiben schien nur eine harte, brutale, entgeistigte Darstellung mechanischer Kräfte. Infolgedessen erschien es vielen Philosophen als eines ihrer Hauptprobleme, die Existenz dieser rein mechanischen Welt mit dem Glauben an objektive Rationalität und Absicht zu versöhnen — das Leben vor einem herabwürdigenden Materialismus zu retten. Deshalb versuchten viele, jenen Glauben an die Überlegenheit des idealen Seins, der in der Antike auf der Basis der Kosmologie gegolten hatte, mit Hilfe einer Analyse des Erkenntnisprozesses oder der Epistemologie wiederzugewinnen. Aber wenn man erst einmal erkennt, daß der mechanische Standpunkt durch die Erfordernisse einer experimentellen Kontrolle natürlicher Energien bestimmt wird, kann uns dieses Problem der Versöhnung nicht länger quälen. Feste Formen und Ziele bedeuten, woran man denken sollte, feste Schranken der Veränderung. Deshalb vereiteln sie alle menschlichen Anstrengungen, Veränderungen hervorzurufen und zu regulieren außer innerhalb enger und unwichtiger Grenzen. Sie lähmen konstruktive menschliche Erfindungen durch eine Theorie, die sie von vorneherein zum Versagen verurteilt. Menschliche Tätigkeit kann sich nur Zielen anpassen, die schon von der Natur gesetzt sind. Erst als die Zwecke aus der Natur verbannt worden waren, wurden Absichten wichtig als Faktoren im menschlichen Geist, die der Umgestaltung des Daseins fähig waren. Eine natürliche Welt, die nicht um der Realisierung einer festen Anzahl von Zwecken willen existiert, ist relativ formbar und plastisch; sie kann für diesen *oder* jenen Zweck benutzt werden. Daß die Natur durch die Anwendung mechanischer Formeln erkannt werden kann, ist die Grundbedingung dafür, sie menschlichen Zwecken dienstbar zu machen. Werkzeuge, Maschinen sind Mittel, die genutzt werden sollen. Nur wenn die Natur als mechanisch aufgefaßt wird, ist systematische Erfindung und Konstruktion von Maschinen relevant für die Aktivitäten der Natur. Die Natur wird menschlichen Zwecken unterworfen, weil sie nicht länger Sklave metaphysischer und theologischer Zwecke ist.

Bergson hat ausgeführt, daß der Mensch sehr wohl als *homo faber* bezeichnet werden könne. Er ist als das Werkzeug-herstellende Lebewesen ausgezeichnet. Dies gilt, seit der Mensch Mensch ist; aber bis die Natur in mechanischen Begriffen konstruiert wurde, war die Herstellung von Werkzeugen zur Bearbeitung und Transformation der Natur sporadisch und zufällig. Unter solchen Umständen wäre es selbst einem Bergson nicht in den Sinn gekommen, daß die Fähigkeit des Menschen, Werkzeuge herzustellen, so wichtig und fundamental sei, daß sie dazu dienen könnte, ihn zu definieren. Genau die Dinge, die die Natur des mechanisch-physischen Wissenschaftlers ästhetisch blaß und matt machen, sind die Dinge, die die Natur menschlicher Kontrolle zugänglich machen. Als Qualitäten quantitativen und mathematischen Beziehungen untergeordnet wurden, verschwanden Farbe, Musik und Form aus dem Gegenstandsbereich der wissenschaftlichen Forschung als solcher. Aber die verbleibenden Eigenschaften wie Gewicht, Ausdehnung, meßbare Bewegungsgeschwindigkeit usf. waren genau jene Qualitäten, die sich für die Substitution einer Sache durch eine andere eigneten, für die Umwandlung einer Form von Energie in die andere; zur Herstellung von Transformationen. Wenn chemische Düngemittel anstelle tierischen Düngers verwendet werden können, wenn verbessertes Getreide und Vieh planmäßig aus minderwertigen Gräsern und Tieren gezüchtet werden können, wenn mechanische Energie in Wärme und Elektrizität in mechanische Energie umgewandelt werden kann, dann gewinnt der Mensch Macht, die Natur zu beeinflussen. Vor allem gewinnt er Macht, *neue* Ziele und Zwecke zu entwerfen und systematisch zu ihrer Verwirklichung zu schreiten. Nur indefinite Ersetzung und Konvertierbarkeit, unabhängig von der Qualität, macht die Natur beherrschbar. Die Mechanisierung der Natur ist die Bedingung eines praktischen und progressiven Idealismus im Handeln.

Auf diese Weise stellt sich heraus, daß die uralte Furcht und Abneigung gegen die Materie als etwas, das dem Geist entgegensteht und ihn bedroht; als etwas, das man in den engsten Schranken der Anerkennung halten muß; das man soweit wie möglich verneinen muß, damit es nicht auf ideale Absichten übergreift und sie schließlich aus der realen Welt verdrängt, ebenso praktisch absurd wie intellektuell unfruchtbar war. Vom einzig wissenschaftlichen Standpunkt aus danach beurteilt, was sie tut und wie sie funktioniert, bedeutet Materie Bedingungen. Die Materie zu respektieren bedeutet, die Bedingungen dessen zu respektieren, was man erreichen will, Bedingungen, die hindern und obstruieren und die geändert werden müssen, Bedingungen, die helfen und förderlich sind und die benutzt werden können, um Hindernisse zu modifizieren und Ziele zu erreichen. Erst als die Menschen gelernt haben, der Materie ausdauernd und aufrichtig ihre Aufmerksamkeit zuzuwenden, den Bedingungen, von denen negativ und positiv der Erfolg aller Bemühungen abhängt, haben sie aufrichtigen und fruchtbaren Respekt vor Zielen und Absichten gezeigt. Zu behaupten, man habe ein Ziel, und dann die Mittel zu seiner Verwirklichung zu vernachlässigen, ist Selbsttäuschung der gefährlichsten Art. Erziehung und Moral werden sich in dem Augenblick auf derselben Bahn des Fortschritts befinden, den etwa die chemische Industrie und Medizin für sich gefunden haben, wenn auch sie endgültig die Lehre gezogen haben, ihre Aufmerksamkeit unbedingt und unermüdlich den Mitteln und Bedingungen zuzuwenden – d.h. dem, was die Menschheit so lange als das Materielle und Mechanische verachtete. Wenn wir Mittel zu Zielen machen, fallen wir in der Tat in einen moralischen Materialismus. Aber wenn wir uns Ziele vornehmen ohne Rücksicht auf die Mittel, versinken wir in Sentimentalität. Im Namen des Ideellen verlassen wir uns auf Glück und Zufall und Zauberei oder Ermahnungen und Predigten; oder wir fallen einem Fanatismus zum Opfer, der die Realisierung vorhergefaßter Ziele um jeden Preis erzwingen will.

Ich habe in dieser Vorlesung viele Dinge in kursorischer Form berührt. Gleichwohl hatte ich nur ein Thema vor Augen. Die Revolution in unseren Auffassungen von der

Natur und in unseren Methoden, sie zu erkennen, hat der Phantasie und unseren Sehnsüchten einen neuen Charakter gegeben. Sie hat die neue Haltung, die durch ökonomische und politische Veränderungen entstanden ist, bestätigt. Sie hat dieser Haltung definites intellektuelles Material verschafft, um sich auszudrücken und zu rechtfertigen.

In der ersten Vorlesung wurde darauf hingewiesen, daß sich im Leben der Griechen prosaische Tatsachenkenntnis oder empirisches Wissen im Vergleich zu den imaginativen Überzeugungen, die mit besonderen Institutionen und moralischen Gewohnheiten verbunden waren, sehr im Nachteil befand. Jetzt ist dieses empirische Wissen angewachsen, bis es seine niedrige und begrenzte Sphäre der Anwendung und Anerkennung durchbrochen hat. Es ist selbst ein Mittel geworden, die Imagination dadurch zu beflügeln, daß es Vorstellungen von grenzenlosen Möglichkeiten, indefinitem Fortschritt, freier Bewegung, gleicher Gelegenheit ohne feste Grenzen eingeführt hat. Es hat soziale Institutionen neu geformt und insoweit eine neue Moral entwickelt. Es hat ideelle Werte verwirklicht. Es ist in eine kreative und konstruktive Philosophie konvertierbar.

Konvertierbar freilich und nicht schon darein konvertiert. Wenn wir uns vor Augen halten, wie tief sich die klassische Philosophie in Denkgewohnheiten wie in Handlungsmuster eingegraben hat und wie viel eher sie den spontaneren Überzeugungen der Menschen entspricht, darf man sich nicht über die Geburtswehen der neuen Philosophie wundern. Wir sollten uns viel eher darüber wundern, daß sich eine so umwälzende, so untergrabende Anschauung ohne noch mehr Anfeindungen, Märtyrertum und Aufregungen entwickeln konnte. Es ist keineswegs überraschend, daß ihre vollständige und konsistente Formulierung in der Philosophie lange verzögert worden ist. Die Hauptbemühungen der Denker waren unvermeidlich darauf gerichtet, den Schock der Veränderung gering zu halten, die Anstrengungen des Übergangs zu erleichtern, zu vermitteln und zu versöhnen. Wenn wir auf beinahe alle Denker des 17. und 18. Jahrhunderts zurückblicken, auf alle außer denen, die zugegebenermaßen skeptisch und revolutionär gewesen sind, ist das, was uns am meisten auffällt, das Ausmaß an traditionellem Stoff und traditionellen Methoden, das selbst bei denen zu finden ist, die als die Fortschrittlichsten angesehen wurden. Menschen können ihre alten Denkgewohnheiten nur sehr schwer und niemals alle zugleich ablegen. Bei der Entwicklung, Lehre und Aufnahme neuer Ideen sind wir gezwungen, einige der alten als Werkzeuge der Verständigung und Kommunikation zu verwenden. Nur stückweise, Schritt für Schritt, konnte die volle Reichweite der neuen Wissenschaft begriffen werden. Grob gesprochen, war das 17. Jahrhundert Zeuge ihrer Anwendung in Astronomie und allgemeiner Kosmologie; das 18. Jahrhundert in Physik und Chemie; das 19. Jahrhundert unternahm eine Anwendung in Geologie und den biologischen Wissenschaften.

Ich habe gesagt, daß es heute äußerst schwierig ist, die Sicht auf die Welt wiederzugewinnen, die in Europa bis zum 17. Jahrhundert allgemein vorherrschte. Allerdings brauchen wir nur auf die Wissenschaft von den Pflanzen und Tieren, wie sie vor Darwin herrschte, und auf die Ideen zurückzugehen, die selbst jetzt noch in moralischen und politischen Fragen herrschen, um zu sehen, daß die älteren Ordnungen und Auffassungen immer noch im öffentlichen Bewußtsein herrschen. Bis das Dogma der festen, unwandelbaren Typen und

Spezies, der Anordnung in Klassen von höher und niedriger, der Subordination des vergänglichen Individuums unter das Allgemeine oder die Art seinen Einfluß auf die Wissenschaft vom Leben verloren hatte, war es unmöglich, daß die neuen Ideen und Methoden im sozialen und moralischen Leben heimisch wurden. Scheint es nicht die intellektuelle Aufgabe des 20. Jahrhunderts zu sein, diesen letzten Schritt zu tun? Wenn dieser Schritt getan ist, ist der Kreis der wissenschaftlichen Entwicklung durchmessen und die Neugestaltung der Philosophie eine vollendete Tatsache.

4. Gewandelte Auffassungen von Erfahrung und Vernunft

Was ist Erfahrung und was ist Vernunft, Geist? Welches ist der Bereich der Erfahrung und wo liegen seine Grenzen? Wie weit ist sie ein sicherer Boden für Überzeugungen und ein verläßlicher Leitfaden für unsere Lebensführung? Können wir ihr in der Wissenschaft und im Verhalten trauen? Oder ist sie ein Sumpf, sobald wir über einige wenige niedere materielle Interessen hinausgehen? Ist sie so schwankend, veränderlich und seicht, daß sie uns, statt sicheren Halt, sichere Wege zu fruchtbaren Feldern zu bieten, in die Irre führt, täuscht und hinabzieht? Bedarf es einer Vernunft außerhalb und über der Erfahrung, um sichere Prinzipien für die Wissenschaft und für die Lebensführung zu gewähren? In einem gewissen Sinne erwecken diese Fragen die Vorstellung, es gehe um technische Probleme abstruser Philosophie; in einem anderen Sinne enthalten sie die denkbar tiefsten Probleme hinsichtlich des menschlichen Lebens. Sie betreffen die Kriterien, die der Mensch anwenden soll, wenn er sich seine Überzeugungen bildet; die Prinzipien, *mittels* derer er sein Leben führen, und die Endzwecke, *zu* denen er es hinleiten soll. Muß der Mensch die Erfahrung durch irgendein Organ von einzigartigem Charakter überschreiten, das ihn ins Über-empirische leitet? Muß er, in Ermangelung eines solchen, skeptisch und desillusioniert bleiben? Oder ist die menschliche Erfahrung in ihren Zwecken und Methoden der Lenkung selbst der Mühe wert? Kann sie sich selbst in festen Bahnen organisieren, oder muß sie von außen gestützt werden?

Wir kennen die Antworten der traditionellen Philosophie. Sie stimmen untereinander nicht völlig überein, aber sie stimmen darin überein, daß sich die Erfahrung niemals über das Niveau des Besonderen, des Kontingenten und des Wahrscheinlichen erhebt. Nur eine Macht, die aufgrund ihres Ursprungs und Inhalts jede nur denkbare Erfahrung überschreite, könne auf eine allgemeine, notwendige und gewisse Autorität und Lenkung Anspruch erheben. Die Empiristen selbst bestätigten die Richtigkeit dieser Behauptung. Nur sagten sie, daß, da die Menschheit die Fähigkeit der reinen Vernunft nicht besitze, wir mit dem zufrieden sein müßten, was wir haben, Erfahrung, und sie, so gut es gehe, ausnutzen müßten. Sie begnügten sich selbst mit skeptischen Angriffen auf die Transzendentalisten, mit Andeutungen der Methoden, mit denen wir am besten die Bedeutung und den Nutzen des vergehenden Augenblicks erfassen könnten; oder behaupteten, wie Locke, daß die Erfahrung, trotz ihrer Begrenztheit, das notwendige Licht gewähre, die Schritte der Menschen bescheiden in ihrer Lebensführung zu leiten. Sie bestätigten, daß die behauptete autoritative Lenkung durch ein höheres Vermögen praktisch die Menschen behindert habe.

Es ist die Aufgabe dieser Vorlesung zu zeigen, wie und warum es jetzt möglich ist, die Erfahrung als Leitfaden in der Wissenschaft und im moralischen Leben in Anspruch zu nehmen, was die älteren Empiristen weder taten noch tun konnten.

Merkwürdig genug kann der Schlüssel zu dieser Angelegenheit in der Tatsache gefunden werden, daß der alte Begriff der Erfahrung selber ein Produkt der Erfahrung war – der einzigen Art von Erfahrung, die den Menschen damals offenstand. Wenn heute eine andere Auffassung von Erfahrung möglich ist, dann deshalb, weil die Qualität der Erfahrung, wie sie heute erlebt werden kann, eine grundlegende soziale und intellektuelle Veränderung gegenüber früheren Zeiten durchgemacht hat. Die Beschreibung der Erfahrung, die wir bei Platon und Aristoteles finden, ist die Beschreibung dessen, was griechische Erfahrung tatsächlich war. Sie kommt dem sehr nahe, was die moderne Psychologie im Unterschied zur Methode des Lernens durch Begriffe als die Methode des Lernens durch *trial and error* (Versuch und Irrtum) kennt. Die Menschen versuchten verschiedene Handlungen, sie nahmen bestimmte Leiden und bestimmte Einwirkungen auf sich. Jedes einzelne Leiden, jede Einwirkung, ist zur Zeit ihres Auftretens isoliert, stellt einen Einzelfall dar – ihr Gegenstück ist das flüchtige Begehren und die flüchtige Empfindung. Aber die Erinnerung bewahrt und akkumuliert diese getrennten Ereignisse. Wenn sie sich anhäufen, werden unregelmäßige Variationen gestrichen, gemeinsame Züge werden ausgewählt, verstärkt und kombiniert. Allmählich wird eine Handlungsgewohnheit aufgebaut, und entsprechend dieser Gewohnheit bildet sich ein bestimmtes verallgemeinertes Bild eines Objekts oder einer Situation. Allmählich erkennen oder bemerken wir nicht nur dieses Einzelding, das als Einzelding genaugenommen gar nicht erkannt werden kann (denn insofern es nicht klassifiziert ist, kann es nicht charakterisiert oder identifiziert werden), sondern erkennen es als Mensch, Baum, Stein, Leder – ein Individuum von einer bestimmten Art, das durch eine bestimmte allgemeine Form gekennzeichnet ist, die für eine ganze Spezies von Dingen charakteristisch ist. Zusammen mit der Entwicklung dieses *common-sense*-Wissens erwächst eine bestimmte Verhaltensregularität. Die Einzelvorkommnisse verschmelzen miteinander, und es bildet sich eine *Art und Weise* zu handeln, die, so weit sie reicht, allgemein ist. Es entwickelt sich die Geschicklichkeit, die der Handwerker, der Schuster, der Zimmermann, der Sportler, der Arzt zeigen, die auf eine regelhafte Weise mit Fällen umgehen. Diese Regelmäßigkeit bedeutet selbstverständlich, daß der besondere Fall nicht als isolierte Besonderheit behandelt wird, sondern als einer aus einer Art, der deshalb eine *Art* von Handlung verlangt. Aus der Vielheit von besonderen Krankheiten, auf die er trifft, lernt der Arzt, der einige von ihnen als Verdauungsstörungen zu klassifizieren lernt, auch, die Fälle dieser Klasse auf eine gemeinsame oder allgemeine Weise zu behandeln. Er bildet die Regel aus, eine bestimmte Diät zu empfehlen und ein bestimmtes Heilmittel zu verschreiben. All dieses bildet das, was wir Erfahrung nennen. Sie resultiert, wie das Beispiel zeigt, in einer bestimmten allgemeinen Einsicht und einer bestimmten organisierten Fähigkeit im Handeln.

Aber es ist überflüssig zu betonen, daß die Allgemeinheit und die Organisation beschränkt und fehlbar sind. Sie gelten, worauf Aristoteles gerne hinwies, gewöhnlich, in den meisten Fällen, in der Regel, aber nicht universell, notwendig oder prinzipiell. Der Arzt muß Fehler machen, weil individuelle Fälle auf unberechenbare Weise variieren müssen: genau das ist ihr Wesen. Die Schwierigkeit ergibt sich nicht in *einer* mangelhaften Erfahrung, der in irgendeiner besseren

Erfahrung abgeholfen werden könnte. Die Erfahrung selbst, als solche, ist mangelhaft, und deshalb sind Fehler unvermeidlich und unbehebbar. Die einzige Universalität und Gewißheit liegt in einem Bereich oberhalb der Erfahrung, in dem des Rationalen und Begrifflichen. Wie das Besondere ein Sprungbrett zu Bild und Gewohnheit war, so ist letzteres eines zu Begriffen und Prinzipien. Aber Begriffe und Prinzipien lassen die Erfahrung unberührt hinter sich zurück; sie wirken nicht zurück, um sie zu korrigieren. Von der Art ist die Vorstellung, wie sie immer noch im Gegensatz von »empirisch« und »rational« steckt, wie z.B. wenn wir sagen, daß ein bestimmter Architekt oder Arzt empirisch, nicht wissenschaftlich verfährt. Aber der Unterschied zwischen dem klassischen und dem modernen Begriff der Erfahrung zeigt sich in der Tatsache, daß eine solche Aussage heute einen Vorwurf darstellt, eine abschätzige Anklage, die gegen *einen* bestimmten Architekten oder Arzt erhoben wird. Bei Platon, Aristoteles und den Scholastikern war sie ein Vorwurf gegen die Berufsstände, da sie Formen der Erfahrung waren. Sie war eine Verurteilung jeder praktischen Handlung im Gegensatz zu begrifflicher Kontemplation.

Der moderne Philosoph, der sich selbst als Empirist bezeichnete, verfolgte dabei gewöhnlich eine kritische Absicht. Wie Bacon, Locke, Condillac und Helvétius stand er einem System von Überzeugungen und einem Netz von Institutionen gegenüber, denen er von Grund auf mißtraute. Sein Problem war das Problem eines Angriffs auf so viel tote Last, die nutzlos von der Menschheit mit sich geschleppt wurde, von der sie zerdrückt und verformt wurde. Der nächstliegende Weg für ihn, diese Bürde zu untergraben und zu desintegrieren, war der Appell an die Erfahrung als endgültigen Prüfstein und letztes Kriterium. In jedem Falle waren aktive Reformer »Empiristen« im philosophischen Sinne. Sie machten es sich zur Aufgabe zu zeigen, daß irgendeine gängige Überzeugung oder Institution, die die Sanktion angeborener Ideen oder irgendwelcher Denknotwendigkeiten oder einen Ursprung in einer autoritativen Offenbarung der Vernunft für sich beanspruchte, in Wirklichkeit einen niedrigen Ursprung in der Erfahrung hatte und durch Zufall, durch Klasseninteresse oder eine voreingenommene Autorität bestärkt worden war.

Der philosophische Empirismus, der von Locke initiiert wurde, war auf diese Weise seiner Absicht nach desintegrativ. Er nahm es optimistischerweise als sicher an, daß sich in der Wissenschaft und in der sozialen Organisation spontan ein Fortschritt ergeben würde, sobald die Last blinden Brauchtums, auferlegter Autorität und zufälliger Assoziationen erst einmal abgeworfen wäre. Seine Aufgabe bestand darin, dabei zu helfen, diese Last zu entfernen. Der beste Weg, die Menschen von dieser Last zu befreien, war, eine Naturgeschichte des gedanklichen Ursprungs und der Entwicklung dieser Ideen zu geben, die mit zweifelhaften Überzeugungen und Bräuchen verknüpft waren. Mit Recht nennt Santayana die Psychologie dieser Schule »boshaft«. Sie neigte dazu, die Geschichte der Entstehung gewisser Ideen mit einer Beschreibung der Dinge zu identifizieren, auf die sich die Ideen beziehen – eine Identifikation, die natürlich eine höchst ungünstige Wirkung auf die Dinge hatte. Aber Santayana unterläßt es, auf den sozialen Impuls und Zweck hinzuweisen, der in dieser Boshaftigkeit steckte. Er weist nicht darauf hin, daß diese »Boshaftigkeit« auf Institutionen und Traditionen zielte, die ihre Nützlichkeit verloren hatten;

auch nicht darauf, daß es weitgehend zutraf, daß eine Analyse ihres psychologischen Ursprungs einer vernichtenden Beschreibung der Dinge selbst gleichkam. Aber nachdem Hume mit liebenswürdiger Klarheit aufgezeigt hatte, daß die Auflösung von Überzeugungen in Empfindungen und Assoziationen die »natürlichen« Ideen und Institutionen in derselben Position ließ, in welche die Reformer die »künstlichen« eingeordnet hatten, veränderte sich die Situation. Die Rationalisten wandten die Logik des sensualistischen Empirismus an, um zu zeigen, daß die Erfahrung, die nur einen Haufen chaotischer und isolierter Einzelheiten ergab, für die Wissenschaft und die moralischen Gesetze und Verpflichtungen genauso tödlich wie für schädliche Institutionen ist; und sie schlossen daraus, daß man auf die »Vernunft« zurückgreifen müsse, wenn die Erfahrung mit irgendwelchen bindenden und verknüpfenden Prinzipien versehen werden sollte. Der neue rationalistische Idealismus von Kant und seinen Nachfolgern schien durch die völlig destruktiven Ergebnisse der neuen empirischen Philosophie geradezu zwangsläufig hervorgebracht zu werden.

Zwei Dinge haben eine neue Auffassung von der Erfahrung und eine neue Auffassung von der Beziehung der Vernunft zur Erfahrung oder genauer von der Stelle der Vernunft *in der* Erfahrung möglich gemacht. Der primäre Faktor ist die Veränderung, die tatsächlich im Wesen der Erfahrung stattgefunden hat, ihre Inhalte und Methoden, wie sie tatsächlich erlebt wird. Der andere ist die Entwicklung einer auf der Biologie beruhenden Psychologie, die eine neue wissenschaftliche Formulierung der Natur der Erfahrung ermöglicht.

Lassen Sie uns mit der technischen Seite beginnen – der

Veränderung in der Psychologie. Wir beginnen gerade eben erst, recht zu würdigen, wie vollständig die Psychologie zerplatzt ist, die die Philosophie während des 18. und 19. Jahrhunderts beherrscht hat. Nach jener Theorie hatte das geistige Leben seinen Ursprung in Empfindungen, die einzeln und passiv rezipiert und durch Gesetze der Erinnerung und Assoziation in ein Mosaik von Bildern, Wahrnehmungen und Begriffen geformt wurden. Die Sinne wurden als die Einfallstore oder Zufahrtswege der Erkenntnis aufgefaßt. Der Geist war beim Erkennen, außer, daß er die atomaren Empfindungen kombinierte, völlig passiv und ruhig. Wollen, Handeln, Fühlen und Begehren folgen im Kielwasser der Empfindungen und Bilder. Der intellektuelle oder kognitive Faktor kommt an erster Stelle und das emotionale und wollende Leben ist nur eine daraus abgeleitete Verknüpfung von Ideen mit Empfindungen von Lust und Unlust.

Die Wirkung der Entwicklung der Biologie bestand darin, das Bild umzukehren. Wo immer Leben ist, ist Verhalten, Aktivität. Damit Leben bestehen kann, muß diese Aktivität sowohl kontinuierlich wie auch an die Umgebung angepaßt sein. Diese Anpassung ist obendrein nicht gänzlich passiv; es handelt sich nicht lediglich um die Formung des Organismus durch die Umgebung. Selbst eine Muschel wirkt auf die Umgebung ein und modifiziert sie bis zu einem gewissen Maße. Sie wählt Material für die Nahrung und die Schalen aus, die sie schützen. Sie tut etwas an der Umgebung, wie ihr etwas getan wird. In einem lebenden Wesen gibt es nicht so etwas wie die bloße Angemessenheit an die Bedingungen, obgleich parasitäre Formen sich dieser Grenze nähern mögen. Im Interesse der Aufrechterhaltung des Lebens gibt es eine Transformation einiger Elemente im umgebenden

Medium. Je höher die Form des Lebens, umso wichtiger ist die aktive Rekonstruktion des Mediums. Diese vermehrte Kontrolle kann durch den Kontrast des wilden mit dem zivilisierten Menschen illustriert werden. Nehmen Sie an, die beiden lebten in einer Wildnis. Bei dem Wilden gibt es ein Maximum der Anpassung an die gegebenen Bedingungen; ein Minimum von dem, was wir das »Zurückschlagen« nennen können. Der Wilde nimmt die Dinge, »wie sie sind«, und indem er Höhlen und Wurzeln und gelegentliche Tümpel benutzt, führt er eine magere und gefährdete Existenz. Der zivilisierte Mensch geht in die entfernten Berge und baut Dämme für seine Flüsse. Er baut Stauseen, gräbt Kanäle und leitet das Wasser in die Wüsten. Er durchforscht die Welt, um Pflanzen und Tiere zu finden, die gedeihen. Er nimmt einheimische Pflanzen und verbessert sie mit Hilfe von Selektion und Kreuzung. Er verwendet Maschinen, um den Boden zu pflügen und die Ernte einzubringen. Durch solche Mittel gelingt es ihm vielleicht, die Wildnis zum Blühen zu bringen wie eine Rose.

Solche Szenen der Transformation sind uns so vertraut, daß wir ihre Bedeutung übersehen. Wir vergessen, daß die inhärente Macht des Lebens in ihnen illustriert wird. Beachten Sie, welche Veränderung dieser Gesichtspunkt in den traditionellen Vorstellungen von Erfahrung zur Folge hat. Erfahrung wird primär eine Angelegenheit des Handelns. Der Organismus steht nicht Micawber-gleich* herum und wartet darauf, daß etwas geschieht. Er wartet nicht passiv und träge darauf, daß irgendetwas von draußen auf ihn einen

* Gestalt aus Charles Dickens' Roman »David Copperfield«, ein Zauderer; A.d.Ü.

Eindruck macht. Der Organismus wirkt in Übereinstimmung mit seiner eigenen Struktur, sei sie einfach oder komplex, auf seine Umgebung ein. Die in der Umgebung bewirkten Veränderungen wirken in der Folge auf den Organismus und seine Aktivitäten zurück. Das lebende Geschöpf erfährt, erleidet die Folgen seines eigenen Verhaltens. Diese enge Verbindung zwischen Tun und Leiden oder Auf-sich-nehmen bildet das, was wir Erfahrung nennen. Unverbundenes Tun und unverbundenes Leiden sind beide keine Erfahrung. Stellen Sie sich vor, Feuer erreicht einen schlafenden Menschen. Ein Teil seines Körpers ist verbrannt. Das Verbrennen erfolgt nicht wahrnehmbar aus dem, was er getan hat. Es gibt hier nichts, was auf irgendeine lehrreiche Weise Erfahrung genannt werden könnte. Oder wiederum, es gebe eine Reihe von bloßen Aktivitäten, wie das Zucken von Muskeln in einem Krampf. Diese Bewegungen führen zu nichts; sie haben keine Konsequenzen für das Leben. Oder, wenn sie sie haben, sind diese Konsequenzen mit keinem vorangehenden Tun verknüpft. Hier gibt es keine Erfahrung, kein Lernen, keinen kumulativen Prozeß. Aber nehmen Sie an, ein Kind steckt im Eifer einen Finger ins Feuer. Das Tun ist zufällig, ziellos, ohne Absicht oder Reflexion. Aber irgendetwas geschieht in der Folge. Das Kind verspürt die Hitze, es leidet Schmerzen. Das Tun und Leiden, das Greifen und sich-Verbrennen sind verknüpft. Das eine suggeriert und bedeutet jetzt das andere. Dann gibt es hier eine Erfahrung in einem vitalen und bedeutsamen Sinn.

Daraus ergeben sich bestimmte wichtige Folgerungen für die Philosophie. An erster Stelle: die Interaktion von Organismus und Umgebung, die eine Anpassung zum Ergebnis hat, die die Nutzbarmachung der Umgebung sicherstellt, ist die primäre Tatsache, die grundlegende Kategorie. Das Wissen wird auf eine abgeleitete Position verwiesen, es ist dem Ursprung nach sekundär, selbst wenn seine Wichtigkeit, wenn es erst einmal besteht, überragend ist. Wissen ist nicht etwas Abgesondertes und Selbstgenügsames, sondern gehört in den Prozeß hinein, durch den sich das Leben erhält und entwickelt. Die Sinne verlieren ihren Platz als Einfallstore des Wissens, um ihre rechtmäßige Stellung als Stimuli des Handelns zu finden. Für ein Lebewesen ist eine Affektion des Auges oder Ohres nicht ein Stück müßiger Information über irgendetwas, das gleichgültig in der Welt vor sich geht. Sie ist eine Einladung und ein Anreiz, in der erforderlichen Weise zu handeln. Sie ist ein Hinweis im Verhalten, ein richtungsweisender Faktor in der Anpassung des Lebens an seine Umgebung. Ihrer Qualität nach drängt sie zur Handlung, nicht zur Erkenntnis. Die ganze Kontroverse zwischen Empirismus und Rationalismus hinsichtlich des intellektuellen Wertes von Empfindungen wird dadurch eigentümlich obsolet. Die Diskussion der Sinnesempfindungen gehört unter den Titel des unmittelbaren Reizes und der Antwort, nicht unter den Titel Wissen.

Als *bewußtes* Element bedeutet eine Empfindung eine Unterbrechung in einem zuvor begonnenen Handlungsverlauf. Viele Psychologen seit Hobbes haben sich darüber verbreitet, was sie die Relativität der Sinnesempfindungen nennen. Wir *fühlen* oder empfinden Kälte eher im Übergang von der Wärme als absolut; Härte wird empfunden auf einem Hintergrund von geringerem Widerstand; eine Farbe im Kontrast mit reinem Licht oder reinem Dunkel oder im Kontrast mit einer anderen Farbschattierung. Auf einen dauernd unveränderlichen Ton oder eine derartige Farbe kann man seine Aufmerksamkeit weder richten noch sie empfinden. Was wir für derartige monoton andauernde Empfindungen halten, sind in Wahrheit Empfindungen, die ständig durch Einschübe anderer Elemente unterbrochen werden, und sie stellen eine Reihe von Exkursionen nach vorn und nach hinten dar. Diese Tatsache wurde freilich fälschlicherweise in eine Lehre über die Natur des Wissens verwandelt. Die Rationalisten benutzten sie, um die Sinne als gültige oder höhere Art der Erkenntnis von Dingen zu diskreditieren, da wir ihr zufolge niemals etwas *an sich* oder wirklich erfassen. Die Sensualisten benutzten sie, um jeden Anspruch auf absolutes Wissen zu diskreditieren.

Genau genommen gehört freilich diese Tatsache der Relativität der Sinnesempfindung überhaupt nicht in die Sphäre des Wissens. Sinnesempfindungen dieser Art sind emotional und praktisch und nicht kognitiv oder intellektuell. Sie sind heftige Reaktionen aufgrund einer Veränderung, die aus einer Unterbrechung einer früheren Anpassung folgt. Sie sind Signale zu Neuausrichtungen der Handlung. Lassen Sie mich ein triviales Beispiel geben. Jemand, der sich Notizen macht, hat keine Empfindung des Drucks seines Schreibers auf dem Papier oder in seiner Hand, solange er richtig funktioniert. Er wirkt lediglich als Stimulus zu einer schnellen und effektiven Anpassung. Die sensorische Aktivität veranlaßt automatisch und unbewußt ihre angemessene motorische Antwort. Es gibt eine präformierte physiologische Verbindung, die auf Gewohnheiten beruht, aber letztlich zurückgeht auf eine ursprüngliche Verbindung im Nervensystem. Wenn die Bleistiftspitze abbricht oder zu stumpf wird und die Gewohnheit zu schreiben nicht glatt arbeitet, gibt es einen bewußten Schock: das Gefühl, daß irgendetwas los ist, irgendetwas schief gegangen ist. Diese emotionale Veränderung wirkt als Reiz zu einer notwendigen Veränderung im Handeln. Man schaut seinen Bleistift an, spitzt ihn an oder holt einen anderen aus der Tasche. Die Empfindung wirkt als Drehpunkt für eine Neuanpassung des Verhaltens. Sie bezeichnet einen Bruch in der früheren Routine des Schreibens und den Anfang eines anderen Handlungsmodus. Sinnesempfindungen sind »relativ« in dem Sinn, daß sie Übergänge in Verhaltensgewohnheiten von einem Handlungsvollzug zu einer anderen Verhaltensweise bezeichnen.

Der Rationalist hatte also ganz recht, als er bestritt, daß Sinnesempfindungen als solche wahre Elemente des Wissens seien. Aber die Gründe, die er für diesen Schluß nannte, und die Schlußfolgerungen, die er daraus zog, waren falsch. Sinnesempfindungen sind kein Teil *irgendeines* Wissens, weder ein guter noch ein schlechter, weder ein höherer noch ein niederer, ein unvollkommener oder ein vollkommener. Sie sind vielmehr Herausforderungen, Provokationen, Anstachelungen zu einem Akt der Nachforschung, der im Wissen *enden* sollte. Sie sind nicht bestimmte Arten, etwas zu wissen, die an Wert den reflektierenden Arten unterlegen sind, also den Arten, die Denken und Folgern erfordern, weil sie überhaupt keine Arten sind, etwas zu wissen. Sie sind Stimuli für die Reflexion und das Schlußfolgern. Als Unterbrechungen werfen sie Fragen auf: Was bedeutet dieser Schock? Was geschieht? Was ist los? Wie ist mein Verhältnis zur Umgebung gestört? Was sollte dagegen unternommen werden? Wie soll ich den Ablauf meiner Handlung ändern, um mich auf die Veränderung einzustellen, die in der Umgebung stattgefunden hat? Wie soll ich mein Verhalten in der Antwort neu anpassen? Die Sinnesempfindung ist also, wie der Sensualist behauptete, der Anfang des Wissens, aber nur in dem Sinne, daß die Erfahrung des Schocks der Veränderung den notwendigen Anreiz für die Untersuchung und den Vergleich darstellt, die schließlich Wissen hervorbringen.

Wenn Erfahrung dem Lebensprozeß eingeordnet wird und Sinnesempfindungen als Faktoren der Neuanpassung erkannt werden, dann verschwindet der behauptete Atomismus der Sinnesempfindungen völlig. Mit diesem Verschwinden ist auch das Bedürfnis nach einer synthetischen Fähigkeit einer überempirischen Vernunft, sie zu verknüpfen, verschwunden. Die Philosophie ist nicht länger mit dem hoffnungslosen Problem konfrontiert, eine Methode zu finden, einzelne Sandkörner zu einem starken und zusammenhängenden Strick zu verweben oder zu der Illusion oder der Vortäuschung eines solchen. Wenn erkannt wird, daß die isolierten und einfachen Existenzen Lockes und Humes überhaupt nichts wahrhaft Empirisches sind, sondern nur zu dem Zweck erfunden sind, bestimmten Forderungen ihrer eigenen Theorie des Geistes Genüge zu tun, dann verschwindet die Notwendigkeit für die komplizierte Kantische und nach-Kantische Maschinerie von Begriffen und Kategorien *a priori*, um den angeblichen Stoff der Erfahrung zu synthetisieren. Der wahre »Stoff« der Erfahrung wird in den Handlungsverläufen zum Zweck der Anpassung, in Gewohnheiten, aktiven Funktionen, Verbindungen von Tun und Leiden erkannt, in senso-motorischen Koordinationen. Die Erfahrung trägt Prinzipien der Verknüpfung und Organisation in sich selbst. Diese Prinzipien sind nicht deshalb schlechter, weil sie vital und praktisch statt epistemologisch sind. Ein gewisser Grad an Organisation ist selbst auf der niedrigsten Stufe des Lebens unverzichtbar. Selbst eine Amöbe muß eine gewisse zeitliche Kontinuität in ihrer Aktivität und eine gewisse Anpassung an ihre räumliche Umgebung aufweisen. Ihr Leben und ihre Erfahrung können unmöglich in momentanen, atomaren und in sich selbst eingeschlossenen Sinnesempfindungen bestehen. Ihre Aktivität hat Beziehung zu ihrer Umgebung und zu dem, was vorangeht und was nachfolgt. Diese dem Leben inhärente Organisation macht eine übernatürliche und überempirische Synthesis überflüssig. Sie bietet die Grundlage und das Material für eine positive Entwicklung der Intelligenz als eines organisierenden Faktors innerhalb der Erfahrung.

Es führt nicht ganz vom Thema ab, wenn man darauf hinweist, in welchem Ausmaß soziale wie biologische Organisation in die Formung menschlicher Erfahrung eingehen. Wahrscheinlich war eine Sache, die die Vorstellung verstärkte, der Geist sei beim Erkennen passiv und rezeptiv, die Beobachtung der Hilflosigkeit des menschlichen Kleinkindes. Aber diese Beobachtung weist in eine völlig andere Richtung. Gerade wegen seiner physischen Abhängigkeit und Schwäche werden die Kontakte des kleinen Kindes mit der Natur durch andere Personen vermittelt. Mutter und Kinderschwester, Vater und andere Kinder bestimmen, welche Erfahrungen das Kind haben soll; ständig belehren sie es über die Bedeutung dessen, was es tut und erleidet. Die sozial gängigen und wichtigen Vorstellungen eignet sich das Kind als Prinzipien der Interpretation und Bewertung an, lange bevor es eine persönliche und absichtliche Verhaltenskontrolle erlangt. Die Dinge kommen zu ihm in Sprache gekleidet, nicht in physischer Nacktheit, und dieses Kommunikationsgewand veranlaßt es, an den Überzeugungen der Menschen um es herum teilzuhaben. Diese Überzeugungen, die es als ebensoviele Tatsachen erreichen, formen seinen Geist, sie bilden die Zentren, um die herum seine eigenen, persönlichen Expeditionen und Wahrnehmungen angeordnet werden. Hier haben wir »Kategorien« der Verknüpfung und Vereinigung, die ebenso wichtig sind wie die Kants, aber empirisch und nicht mythologisch.

Von diesen elementaren, wenn auch etwas technischen Erörterungen wenden wir uns der Veränderung zu, die die Erfahrung selbst in ihrem Übergang vom antiken und mittelalterlichen zum modernen Leben erfahren hat. Für Platon bedeutete Erfahrung Versklavung unter die Vergangenheit, den Brauch. Erfahrung war beinahe gleichbedeutend mit bestehenden Bräuchen, die nicht von der Vernunft oder unter intelligenter Kontrolle geschaffen waren, sondern durch Wiederholung und blinde Faustregeln. Nur die Vernunft kann uns über die Unterwerfung unter die Zufälle der Vergangenheit hinausheben. Wenn wir zu Bacon und seinen Nachfolgern kommen, entdecken wir eine merkwürdige Umkehrung. Vernunft und ihre Leibwache aus allgemeinen Begriffen ist jetzt der konservative, den Geist versklavende Faktor. Erfahrung ist die befreiende Macht. Erfahrung bedeutet das Neue, das, was uns von dem Festhalten an der Vergangenheit wegreißt, das, was neue Tatsachen und Wahrheiten enthüllt. Vertrauen in die Erfahrung erzeugt nicht Hingabe an den Brauch, sondern Fortschrittseifer. Dieser Unterschied in der Stimmung ist umso bedeutsamer, als er völlig unbewußt als selbstverständlich angenommen wurde. Irgendeine konkrete und vitale Veränderung muß in der wirklichen erlebten Erfahrung vorgekommen sein. Denn schließlich folgt der Gedanke der Erfahrung auf die wirklich erlebte Erfahrung und wird nach ihrem Muster gebildet.

Als sich die Mathematik und andere rationale Wissenschaften bei den Griechen entwickelten, wirkten wissenschaftliche Wahrheiten nicht auf die alltägliche Erfahrung zurück. Sie blieben isoliert, abgesondert und mit der Erfahrung nur lose verbunden. Medizin war die Kunst, in der vielleicht die größte Menge an positivem Wissen erlangt wurde, aber sie erlangte nicht die Würde einer Wissenschaft. Sie blieb eine Kunst. Obendrein gab es in den praktischen Künsten keine bewußten Erfindungen oder absichtlichen Verbesserungen. Handwerker folgten überlieferten Mustern, während Abweichungen von eingebürgerten Standards und Modellen gewöhnlich in verschlechterten Produktionen endeten. Verbesserungen erfolgten entweder aus einer langsamen, graduellen und unbemerkten Akkumulierung von Veränderungen oder andernfalls aus einer plötzlichen Eingebung, die auf der Stelle einen neuen Standard einführte. Da er nicht das Resultat einer bewußten Methode war, wurde er passenderweise den Göttern zugeschrieben. In den sozialen Künsten waren nach dem Eindruck eines so radikalen Reformers wie Platon die bestehenden Übel dem Fehlen solcher fester Muster zuzuschreiben, wie sie die Produktionen der Handwerker regulierten. Die ethische Aufgabe der Philosophie war es, solche Muster bereitzustellen, und wenn sie erst einmal institutionalisiert wären, sollten sie von der Religion geweiht, von der Kunst geschmückt, durch die Erziehung eingeimpft und durch die Herrscher erzwungen werden, so daß jede Änderung unmöglich würde.

Es ist unnötig zu wiederholen, was schon so oft hinsichtlich der Wirkung der experimentellen Wissenschaft dargelegt worden ist, nämlich die Menschen zu befähigen, eine bewußte Kontrolle über ihre Umgebung auszuüben. Aber da der Einfluß dieser Kontrolle auf den traditionellen Begriff der Erfahrung oft übersehen wird, müssen wir darauf hinweisen, daß in dem Augenblick, als die Erfahrung aufhörte, empirisch zu sein und experimentell wurde, etwas von radikaler Wichtigkeit geschah. Vorher verwendete der Mensch die Ergebnisse seiner früheren Erfahrung nur, um Bräuche auszubilden, denen man hinfort entweder blind folgen oder mit denen man blind brechen mußte. Jetzt wird die alte Erfahrung benutzt, um Ziele und Methoden zur Entwicklung einer neuen und verbesserten Erfahrung vorzuschlagen. Infolgedessen wird Erfahrung insofern auf konstruktive Weise selbstregulierend. Was Shakespeare so prägnant von der Natur sagte: »Kein Mittel macht sie besser, es sei denn, Natur machte dies Mittel selbst«, trifft jetzt auf die Erfahrung zu. Wir müssen nicht lediglich die Vergangenheit wiederholen oder auf Zufälle warten, die uns die Veränderung aufzwingen. Wir *benutzen* unsere vergangenen Erfahrungen, um neue und bessere in der Zukunft zu entwerfen. Die Tatsache der Erfahrung selbst schließt auf diese Weise den Prozeß in sich, durch den sie sich selbst in Richtung auf ihre eigene Verbesserung hin bewegt.

Wissenschaft, »Vernunft«, ist deshalb nicht irgendetwas, das der Erfahrung von oben auferlegt wird. Durch Erfahrung nahegelegt und in ihr überprüft, wird sie auch durch Erfindungen auf tausenderlei Wegen angewandt, um die Erfahrung zu erweitern und zu bereichern. Obgleich, wie so oft wiederholt worden ist, diese Selbsterzeugung und Selbstregulierung der Erfahrung doch weitgehend eher technologisch als wahrhaft künstlerisch oder menschlich ist, so enthält doch das, was erreicht ist, die Garantie der Möglichkeit einer intelligenten Handhabung von Erfahrung. Die Grenzen sind moralischer und intellektueller Art, sie beruhen auf einem Mangel an gutem Willen auf unserer Seite sowie auf einem Mangel an Wissen. Sie liegen nicht metyphysisch in der Natur der Erfahrung selbst begründet. »Vernunft« als ein von der Erfahrung getrenntes Vermögen, das uns in ein höheres Reich universaler Wahrheiten führt, kommt uns jetzt allmählich fern, uninteressant und unwichtig vor. Die Vernunft als ein Kantsches Vermögen, das Allgemeinheit und Regelhaftigkeit in die Erfahrung bringt, erscheint uns immer mehr als überflüssig – als die unnötige Erfindung von Menschen, die einem traditionellen Formalismus und einer elaborierten Terminologie anhingen. Konkrete Vorschläge, die vergangenen Erfahrungen entstammen, die im Lichte der Bedürfnisse und Mängel der Gegenwart entwickelt und zur Reife gebracht worden sind; die als Ziele und Methoden spezifischer Neugestaltung angewendet werden, und durch Erfolg oder Mißerfolg bei der Erfüllung dieser Aufgabe der Neuanpassung geprüft werden, genügen völlig. Derlei empirischen Vorschlägen, die in konstruktiver Weise für neue Ziele gebraucht werden, wird der Name Intelligenz gegeben.

Diese Anerkennung der Stelle des aktiven und planenden Denkens innerhalb der Prozesse der Erfahrung selbst ändert radikal den traditionellen Status der technischen Probleme von Besonderem und Allgemeinem, von Sinnlichkeit und Vernunft, von Wahrnehmbarem und Begrifflichem. Aber diese Veränderung hat eine mehr als nur technische Bedeutung. Denn Vernunft ist experimentelle Intelligenz, die nach dem Vorbild der Wissenschaft konzipiert und bei der Schaffung sozialer Künste benutzt wird; sie hat eine Aufgabe zu erfüllen. Sie befreit die Menschen von ihrer Knechtschaft unter der Vergangenheit, die auf Unwissenheit und zu

Brauch versteinertem Zufall beruht. Sie entwirft eine bessere Zukunft und hilft dem Menschen bei ihrer Verwirklichung. Und ihr Wirken ist immer der Überprüfung durch die Erfahrung unterworfen. Die Pläne, die gemacht werden, die Prinzipien, die als Anleitung für rekonstruktives Handeln entworfen werden, sind keine Dogmen. Sie sind Hypothesen, die in der Praxis ausprobiert werden sollen, und die in dem Maße zurückgewiesen, korrigiert und erweitert werden, wie es ihnen ge- oder mißlingt, unserer gegenwärtigen Erfahrung die Anleitung zu geben, die sie erfordert. Wir können sie Handlungsprogramme nennen, aber da sie dazu dienen, unsere zukünftigen Handlungen etwas weniger blind, etwas gezielter zu machen, sind sie flexibel. Intelligenz ist nicht etwas, was ein für alle Mal besessen wird. Sie ist in einem fortwährenden Prozeß der Bildung begriffen, und an ihr festzuhalten erfordert stete Aufmerksamkeit bei der Beobachtung der Folgen, einen aufgeschlossenene Lernwillen und Mut bei der Neuanpassung.

Es muß deutlich gesagt werden, daß die Vernunft, wie sie vom historischen Rationalismus angewendet wurde, im Gegensatz zu dieser experimentellen und sich nun anpassenden Intelligenz zur Unbekümmertheit, Eingebildetheit, Unverantwortlichkeit und Starrheit – kurz: zum Absolutismus neigte. Eine gewisse Schule der zeitgenössischen Psychologie benutzt den Ausdruck »Rationalisierung«, um damit die geistigen Mechanismen zu bezeichnen, mit deren Hilfe wir unserem Verhalten oder unserer Erfahrung unbewußt ein besseres Aussehen verleihen als die Tatsachen rechtfertigen. Wir entschuldigen uns bei uns selbst, indem wir einen Zweck und eine Ordnung in das bringen, dessen wir uns insgeheim schämen. In ähnlicher Weise hat der historische Rationalismus oft dazu geneigt, die Vernunft als ein Mittel der Rechtfertigung und Apologetik zu benutzen. Er hat gelehrt, daß die Defekte und Übel der wirklichen Erfahrung in dem »vernünftigen Ganzen« der Dinge verschwinden; daß Dinge lediglich als Übel *erscheinen* aufgrund der partiellen, unvollständigen Natur unserer Erfahrung. Oder, wie Bacon bemerkte, die »Vernunft« nimmt eine falsche Einfachheit, Einförmigkeit und Universalität an und öffnet der Wissenschaft einen Weg fiktiver Bequemlichkeit. Ein solcher Kurs endet in intellektueller Unverantwortlichkeit und Nachlässigkeit: Unverantwortlichkeit, weil der Rationalismus annimmt, daß die Begriffe der Vernunft so selbstgenügsam sind und so weit oberhalb der Erfahrung liegen, daß sie eine Bestätigung in der Erfahrung weder brauchen noch gewährleisten können; Nachlässigkeit, weil eben diese Annahme die Menschen unbekümmert hinsichtlich konkreter Beobachtungen und Experimente macht. Die Verachtung der Erfahrung wurde auf tragische Weise *in* der Erfahrung gerächt; sie hat die Vernachlässigung der Tatsachen kultiviert, und für diese Vernachlässigung mußte bezahlt werden — durch Fehlschläge, Sorgen und Krieg.

Die dogmatische Starrheit des Rationalismus läßt sich am besten in den Konsequenzen des Kantschen Versuchs sehen, eine sonst chaotische Erfahrung mit reinen Begriffen zu untermauern. Er begann mit dem lobenswerten Versuch, die extravaganten Ansprüche einer von Erfahrung unabhängigen Vernunft einzuschränken. Er nannte seine Philosophie kritisch. Aber weil er lehrte, daß der Verstand feste Begriffe *a priori* anwende, um in die Erfahrung Zusammenhang zu bringen und auf diese Weise erkannte *Objekte* möglich zu machen (stabile, regelmäßige Beziehungen von Qualitäten), entwickelte er im deutschen Denken eine merkwürdige Verachtung für die lebendige Vielfalt der Erfahrung und eine merkwürdige Überschätzung des Wertes von System, Ordnung, Regelmäßigkeit um ihrer selbst willen. Eher praktische Gründe haben dann dabei mitgewirkt, die eigentümlich deutsche Achtung vor Drill, Disziplin, »Ordnung« und Gehorsam hervorzubringen.

Aber Kants Philosophie diente dazu, eine intellektuelle Rechtfertigung oder »Rationalisierung« der Unterordnung der Individuen unter feste und bestehende Universalien, »Prinzipien«, Gesetze zu geben. Vernunft und Gesetz wurden für Synonyme gehalten. Und da die Vernunft von außen und von oben an die Erfahrung gelangte, so mußte das Gesetz von einer äußerlichen und höheren Autorität in das Leben gelangen. Das praktische Korrelat zum Absolutismus ist Rigidität, Steifheit, Inflexibilität des Charakters. Als Kant lehrte, daß einige Begriffe, und zwar die wichtigen, *a priori* seien, daß sie nicht in der Erfahrung entstehen und in der Erfahrung nicht verifiziert oder überprüft werden können, daß ohne solche fertigen Zusätze zu der Erfahrung diese anarchisch und chaotisch sei, begünstigte er den Geist des Absolutismus, obwohl er technisch die Möglichkeit von Absolutem bestritt. Seine Nachfolger waren eher seinem Geiste als seinem Buchstaben treu und lehrten folglich eine absolute Philosophie ganz systematisch. Daß die Deutschen bei all ihrer wissenschaftlichen Kompetenz und technologischen Tüchtigkeit in ihren auf tragische Weise rigiden und »höheren« Stil des Denkens und Handelns geraten sind (tragisch, weil er sie unfähig machte, die Welt, in der sie lebten, zu verstehen), ist eine hinreichend deutliche Lektion darüber, was eine systematische Leugnung des experimentellen

Charakters der Intelligenz und ihrer Begrifflichkeit mit sich bringt.

Nach allgemeiner Ansicht war die Wirkung des englischen Empirismus skeptisch, wo die des deutschen Rationalismus apologetisch war; er unterminierte, wo der letztere rechtfertigte. Er entdeckte zufällige Assoziationen, die unter dem Einfluß von Eigen- oder Klasseninteressen zu Bräuchen umgebildet wurden, wo der deutsche rationalistische Idealismus tiefe Bedeutungen entdeckte, die der notwendigen Evolution der absoluten Vernunft zuzuschreiben waren. Die moderne Welt hat darunter gelitten, daß die Philosophie in so vielen Fragen nur eine willkürliche Wahl zwischen unverrückbaren Gegensätzen gelassen hat: desintegrierende Analyse *oder* strenge Synthese; kompletter Radikalismus, der die historische Vergangenheit als trivial und schädlich vernachlässigte und angriff, *oder* vollständiger Konservatismus, der die Institutionen als Verkörperungen der ewigen Vernunft idealisierte; eine Auflösung der Erfahrung in atomare Elemente, die für eine stabile Organisation keinerlei Halt bieten, *oder* ein Festklammern aller Erfahrung durch feste Kategorien und notwendige Begriffe – dies sind die Alternativen, die die streitenden Schulen vorgelegt haben.

Sie sind die logischen Konsequenzen aus dem traditionellen Gegensatz von Sinnlichkeit und Denken, Erfahrung und Vernunft. Der *common-sense* hat sich gesträubt, beiden Theorien bis zu ihrer letzten Konsequenz zu folgen, und auf Glauben, Intuition oder die Forderungen eines praktischen Kompromisses zurückgegriffen. Aber der *common-sense* ist durch die Philosophien, die ihm von professionellen Intellektuellen dargeboten worden sind, zu oft in Verwirrung gestürzt und behindert statt aufgeklärt und geleitet worden.

Menschen, die auf den »gesunden Menschenverstand« zurückverwiesen werden, wenn sie sich auf der Suche nach einer allgemeinen Orientierung an die Philosophie wenden, fallen höchstwahrscheinlich auf Routine, die Macht einer Persönlichkeit, einen starken Führer oder auf den Druck momentaner Umstände zurück. Es wäre schwierig, den Schaden zu ermessen, der daraus entstanden ist, daß die liberale und progressive Bewegung des 18. und frühen 19. Jahrhunderts noch keine Methode der intellektuellen Artikulation besaß, die ihren praktischen Bestrebungen angemessen war. Ihr Herz saß auf dem rechten Fleck. Sie war human und sozial in ihren Absichten. Aber sie hatte keine theoretischen Hilfsmittel von konstruktiver Kraft. Ihr Kopf war schlecht gerüstet. Allzuoft war die logische Tragweite ihrer vorgetragenen Lehren beinahe anti-sozial in ihrem atomistischen Individualismus, anti-human in ihrer Hingabe an die rohe Sinnesempfindung. Diese Mängel spielten den Reaktionären und Obskuranten in die Hände. Die Stärke, die in dem Rückgriff auf feste Prinzipien lag, die die Erfahrung überschreiten, auf Dogmen, die der experimentellen Verifikation nicht fähig waren, die Stärke, die darin lag, daß man sich auf apriorische Maßstäbe der Wahrheit und Standards der Moral im Gegensatz zur Abhängigkeit von Früchten und Ergebnissen in der Erfahrung verließ, beruhte auf der phantasielosen Auffassung von Erfahrung, die eingestandene philosophische Empiristen gehegt und gelehrt haben.

Eine Neugestaltung der Philosophie, die die Menschen davon befreit, zwischen einer verarmten und verstümmelten Erfahrung auf der einen Seite und einer künstlichen und impotenten Vernunft auf der anderen Seite wählen zu müssen, würde das menschliche Leben von der schwersten intellektuellen Bürde befreien, die es zu tragen hat. Sie würde die Teilung der Menschen guten Willens in zwei feindliche Lager unterbinden. Sie würde die Kooperation zwischen denen möglich machen, die die Vergangenheit und die etablierten Institutionen respektieren, und denen, die daran interessiert sind, eine freiere und glücklichere Zukunft einzurichten. Denn sie würde die Bedingungen bestimmen, unter denen die fundierte Erfahrung der Vergangenheit und die planende Intelligenz, die in die Zukunft blickt, wirksam miteinander interagieren können. Sie würde die Menschen befähigen, die Ansprüche der Vernunft anzuerkennen, ohne gleichzeitig in die lähmende Anbetung einer über-empirischen Autorität oder eine offensive »Rationalisierung« der Dinge, wie sie sind, zu verfallen.

5. Veränderte Auffassungen vom Idealen und Realen

Es ist oben bemerkt worden, daß die menschliche Erfahrung menschlich erst durch die Existenz von Assoziationen und Erinnerungen wird, die durch das Sieb der Phantasie gefiltert werden, um den Forderungen der Emotionen zu genügen. Ein Leben, das menschlich interessant ist, ist solange es ihm noch an Resultaten disziplinierter Anstrengung fehlt, ein Leben, in dem die Langeweile der leeren Muße mit aufregenden und befriedigenden Bildern angefüllt ist. In diesem Sinne ging in der menschlichen Erfahrung die Poesie der Prosa voraus, die Religion der Wissenschaft, und erreichte die ornamentale und dekorative Kunst früh einen Entwicklungsgrad, der in keinem Verhältnis zu dem der praktischen Künste stand, obwohl sie keinerlei Anspruch auf Nützlichkeit erheben konnte. Um Befriedigung und Freude zu gewähren, um das gegenwärtige Gefühl lebendig zu erhalten und dem Strom bewußten Lebens Intensität und Farbe zu verleihen, werden die Gedanken, die vergangene Erfahrungen erweckt haben, überarbeitet, um zu glätten, was sie an Unannehmbaren, und zu vergrößern, was sie an Erfreulichem enthalten. Einige Psychologen behaupten, daß es etwas gebe, was sie eine natürliche Tendenz zur Verdrängung des Unangenehmen nennen – daß man sich vom Unangenehmen im Denken und der Erinnerung ebenso so wegwende wie vom Schädlichen in der Handlung. Jeder ernsthafte Mensch weiß, daß ein großer Teil der Anstrengung, die eine moralische Haltung erfordert, in dem notwendigen Mut besteht, die unangenehmen Folgen der eigenen vergangenen und gegenwärtigen Handlungen anzuerkennen. Wir winden uns, weichen aus, fliehen, heucheln, verwischen Spuren, finden Entschuldigungen und Bemäntelungen – alles, um die geistige Szene etwas weniger unakzeptabel zu machen. Kurzum, die Tendenz spontan erweckter Gedanken besteht darin, die Erfahrung zu idealisieren, ihr im Bewußtsein Qualitäten zu verleihen, die sie in Wirklichkeit nicht besitzt. Zeit und Gedächtnis sind wahre Künstler: sie formen die Realität nach Herzenslust um.

Sowie die Imagination freier wird und sich weniger durch konkrete Wirklichkeiten kontrollieren läßt, unternimmt die idealisierende Tendenz, ungehindert durch die Zügel der prosaischen Welt, weitere Flüge. Die Dinge, die bei der Umformung der Erfahrung durch die Imagination am meisten betont werden, sind Dinge, die in der Wirklichkeit fehlen. In dem Maße, wie das Leben ruhig und leicht ist, ist die Imagination träge und dumm. In dem Maße, wie das Leben unbequem und von Sorgen erfüllt ist, wird die Phantasie angeregt, sich Bilder von einem entgegengesetzten Zustand der Dinge zu machen. Betrachtet man die charakteristischen Eigenschaften des Luftschlosses, das sich jemand errichtet, kann man ganz gut erraten, welche vereitelten Wünsche dem zugrundeliegen. Was im wirklichen Leben Schwierigkeit und Enttäuschung ist, wird im Traum zu sichtbarem Erfolg und Triumph; was tatsächlich negativ ist, wird im von der Phantasie gemalten Bild positiv; was im Verhalten eine quälende

Last ist, wird in der idealisierenden Imagination glanzvoll kompensiert.

Diese Erwägungen gehen in ihrer Anwendung über eine bloß persönliche Psychologie hinaus. Sie sind entscheidend für einen der ausgeprägtesten Züge der klassischen Philosophie – für ihre Auffassung von einer letzten, höchsten Realität, die ihrem Wesen nach von idealer Natur ist. Historiker haben mehr als einmal eine instruktive Parallele zwischen dem entwickelten olympischen Pantheon der griechischen Religion und dem Reich der Ideen in der platonischen Philosophie gezogen. Die Götter, was auch immer ihr Ursprung und ihre ursprünglichen Eigenschaften gewesen sein mögen, wurden zu idealisierten Projektionen der erlesenen und reifen Errungenschaften, die die Griechen an sich selbst, dem Sterblichen, bewunderten. Die Götter waren wie Sterbliche, aber Sterbliche, die ausschließlich das Leben führten, das Menschen gerne führen würden, mit gesteigerter Macht, vollendeter Schönheit und gereifter Weisheit. Als Aristoteles die Ideenlehre seines Lehrers Platon kritisierte, indem er sagte, die Ideen seien schließlich nur Sinnendinge, die verewigt worden seien, wies er tatsächlich auf jenen Parallelismus der Philosophie mit Religion und Kunst hin, auf den soeben angespielt worden ist. Und abgesehen von Fragen rein technischer Bedeutung, kann man nicht von Aristoteles' Formen genau dasselbe sagen, was er von Platons Ideen sagte? Was sind sie, diese Formen und Wesenheiten, die jahrhundertelang den Gang von Wissenschaft und Theologie so gründlich beeinflußten, wenn nicht die Objekte gewöhnlicher Erfahrung, nur ohne ihre Verunstaltung, ohne ihre Unvollkommenheiten, ohne ihre Mängel, während ihre Möglichkeiten und Andeutungen realisiert sind? Kurzum, was sind sie anderes als die Gegenstände des vertrauten Lebens, die vergöttlicht worden sind, weil sie durch die idealisierende Imagination neu geformt wurden, um den Forderungen der Wünsche in genau den Hinsichten zu genügen, in denen die wirkliche Erfahrung enttäuschend ist?

Daß Platon und, in einer etwas anderen Form, Aristoteles und Plotin und Mark Aurel und Thomas von Aquin und Spinoza und Hegel lehrten, daß die letzte Realität ihrer Natur nach entweder vollkommen ideal und rational sei oder absolute Idealität und Rationalität als ihr notwendiges Attribut habe, sind Tatsachen, die den Philosophiehistorikern gut bekannt sind. Sie bedürfen hier keiner Darlegung. Aber es lohnt sich, darauf hinzuweisen, daß diese großen systematischen Philosophien die vollkommene Idealität in Begriffen definierten, die das Gegenteil derjenigen Dinge ausdrücken, die das Leben unbefriedigend und beschwerlich machen. Welches ist die Hauptquelle der Klage von Dichtern und Moralisten über die Güter, die Werte und die Befriedigungen der Erfahrung? Selten ist die Klage, daß solche Dinge nicht existieren, sie ist die, daß sie, obwohl sie existieren, dies nur für den Moment tun, vergänglich, flüchtig seien. Sie bleiben nicht; im schlimmsten Falle erscheinen sie nur, um uns mit ihrem flüchtigen und verschwindenden Geschmack dessen, was sie sein könnten, zu ärgern und zu necken; im besten Fall erscheinen sie nur, um uns mit einem flüchtigen Hinweis auf eine wahrere Realität zu inspirieren und zu belehren. Dieser Gemeinplatz von Dichter und Moralist hinsichtlich der Unbeständigkeit nicht nur des sinnlichen Genusses, sondern von Ruhm und bürgerlichen Errungenschaften war Gegenstand gründlichen Nachdenkens bei den Philosophen, besonders bei Platon und Aristoteles. Die Ergebnisse ihres

Nachdenkens sind in das Gewebe der abendländischen Ideen eingearbeitet. Zeit, Veränderung, Bewegung sind Zeichen, daß das, was die Griechen Nicht-Sein nannten, auf irgendeine Weise das wahre Sein ankränkelt. Die Ausdrucksweise klingt heute seltsam, aber so mancher Moderne, der die Vorstellung des Nicht-Seins verspottet, wiederholt denselben Gedanken unter dem Namen des Endlichen oder Unvollkommenen.

Wo immer es Veränderung gibt, gibt es Instabilität, und Instabilität ist der Beweis, daß etwas nicht in Ordnung ist, der Beweis einer Abwesenheit, eines Mangels, einer Unvollständigkeit. Dies sind die Ideen, die der Verbindung zwischen Veränderung, Werden und Vergehen, und Nicht-Sein, Endlichkeit und Unvollkommenheit gemeinsam sind. Von daher muß die vollständige und wahre Realität ohne Wechsel, ohne Veränderung, so voller Sein sein, daß sie sich immer und ewig in fester Ruhe und Gelassenheit behauptet. Wie Bradley, der dialektisch scharfsinnigste Absolutist der Gegenwart, die Lehre ausdrückt: »Nichts, das vollkommen wirklich ist, verändert sich«. Und während Platon eine vergleichsweise pessimistische Ansicht von der Veränderung als bloßem Verfall und Aristoteles eine eher erfreuliche Ansicht von ihr als einer Tendenz zur Verwirklichung hatte, bezweifelte Aristoteles genausowenig wie Platon, daß die vollkommen realisierte Realität, das Göttliche und Letzte, veränderungslos sei. Obwohl sie Aktivität oder *energeia* genannt wurde, kannte die Tätigkeit keine Veränderung, tat die *energeia* nichts. Es war die Aktivität einer Armee, die immer auf der Stelle tritt und niemals irgendwohin marschiert.

Aus diesem Gegensatz des Permanenten mit dem Vergänglichen ergeben sich andere Züge, die die letzte Realität von den unvollkommenen Wirklichkeiten des praktischen Lebens unterscheiden. Wo es Veränderung gibt, da gibt es notwendig numerische Vielheit, Vielfältigkeit, und aus Verschiedenheit ergibt sich Gegensatz, Streit. Wechsel ist Veränderung oder Anderswerden, und das bedeutet Verschiedenheit. Verschiedenheit bedeutet Teilung, und Teilung bedeutet zwei Seiten und deren Konflikt. Die Welt, die vergänglich ist, *muß* eine Welt des Unfriedens sein, denn da ihr Stabilität fehlt, fehlt es ihr an der Herrschaft der Einheit. Herrschte vollständige Einheit, würde sie eine unveränderliche Totalität bleiben. Was sich ändert, hat Teile und Parteien, die sich selbständig machen, da sie die Herrschaft der Einheit nicht anerkennen und das Leben zu einem Schauplatz von Streit und Zwietracht machen. Das letzte und wahre Sein auf der anderen Seite ist, da es ohne Veränderung ist, total, allumfassend, und eins. Da es eins ist, kennt es nur Harmonie und genießt deshalb das vollständige und ewige Gute. Es *ist* Vollendung.

Grade des Wissens und der Wahrheit korrespondieren Punkt für Punkt Graden der Realität. Je höher und vollständiger die Realität, desto wahrer und wichtiger das Wissen, das sich darauf bezieht. Da es der Welt des Werdens, des Entstehens und Vergehens an wahrem Sein fehlt, kann sie nicht in einem wahrhaften Sinne erkannt werden. Sie zu erkennen, bedeutet, ihr Fließen und ihre Veränderung zu vernachlässigen und irgendeine dauernde Form zu entdecken, die die Prozesse begrenzt, die sich in der Zeit verändern. Die Eichel erleidet eine Reihe von Veränderungen; erkennbar sind diese nur in Beziehung auf die feste Form der Eiche, die in der ganzen Spezies Eiche dieselbe ist, trotz der numerischen Verschiedenheit der Bäume. Außerdem begrenzt diese Form das Fließen des Wachstums an beiden Enden, da die Eichel von der Eiche stammt und zu ihr wird. Wo derartige vereinheitlichende und begrenzende ewige Formen nicht entdeckt werden können, da herrscht bloße ziellose Variation und Fluktuation, und Erkenntnis ist ausgeschlossen. Auf der anderen Seite: wenn man sich Gegenständen zuwendet, in denen es überhaupt keine Bewegung gibt, wird Wissen wirklich beweisbar, sicher, vollkommen – die reine und unvermischte Wahrheit. Der Himmel kann auf wahrere Weise erkannt werden als die Erde, Gott, der unbewegte Beweger, als der Himmel.

Aus dieser Tatsache folgt die Überlegenheit des kontemplativen über das praktische Wissen, der reinen theoretischen Spekulation über das Experimentieren und jede Art des Wissens, das von Veränderungen in Dingen abhängig ist oder Veränderungen in ihnen hervorruft. Reines Wissen ist reines Erblicken, Anschauen, Wahrnehmen. Es ist in sich selbst vollständig. Es hält nach nichts über sich selbst hinaus Ausschau; ihm fehlt nichts, und es hat von daher weder Ziel noch Absicht. Es ist höchst emphatisch seine eigene Rechtfertigung für sein Sein. Tatsächlich ist reines kontemplatives Wissen so sehr das in höchstem Maße selbstbezügliche und selbstgenügsame Ding im Universum, daß es das höchste und tatsächlich das einzige Attribut ist, das Gott zugeschrieben werden kann, dem höchsten Sein in der Stufenleiter des Seins. Der Mensch selbst ist göttlich in den seltenen Momenten, da er diese rein selbstgenügsame theoretische Einsicht erlangt.

Im Gegensatz zu solchem Wissen ist das sogenannte Wissen des Handwerkers niedrig. Er muß Veränderungen in den Dingen hervorrufen, in Holz und Stein, und diese Tatsache allein ist schon der Beweis, daß es seinem Material an

Sein mangelt. Was sein Wissen noch stärker verurteilt, ist die Tatsache, daß es nicht uneigennützig um seiner selbst willen besteht. Es hat Bezug zu angestrebten Resultaten, zu Nahrung, Kleidung, Schutz usf. Es befaßt sich mit Dingen, die vergehen, dem Körper und seinen Bedürnissen. Auf diese Weise hat es ein jenseits seiner selbst liegendes Ziel und zwar eins, das von seiner Unvollkommenheit Zeugnis gibt. Denn Wunsch, Begierde, Affektion jeder Art zeigen einen Mangel an. Wo es Bedürfnis und Begierde gibt – wie im Falle jedes praktischen Wissens und Tun –, da gibt es Unvollständigkeit und Ungenügen. Während bürgerliches oder politisches und moralisches Wissen höher rangieren als die Vorstellungen des Handwerkers, sind sie gleichwohl an sich von niedrigem und unwahren Typus. Moralisches und politisches Handeln ist praktisch, d.h. es impliziert Bedürfnisse und die Anstrengung, sie zu befriedigen. Es hat ein Ziel jenseits seiner selbst. Außerdem: gerade die Tatsache der Vergesellschaftung beweist den Mangel an Selbstgenügsamkeit; sie zeigt die Abhängigkeit von anderen. Einzig reines Wissen besteht für sich und ist fähig, in vollständiger selbstgenügender Unabhängigkeit ausgeübt zu werden.

Kurzum, das Maß für den Wert des Wissens, nach Aristoteles, dessen Ansichten hier zusammengefaßt werden, ist der Grad, in dem es rein kontemplativ ist. Der höchste Grad ist erreicht in der Erkenntnis des letzten, idealen Seins, im reinen Geist. Dieser ist ideal, die Form der Formen, weil ihm nichts fehlt, er keine Bedürfnisse hat und keine Veränderung oder Verschiedenheit erfährt. Er hat keine Begierden, weil in ihm alle Begierden erfüllt sind. Da er vollkommenes Sein ist, ist er vollkommener Geist und vollkommene Seligkeit – der Gipfel der Rationalität und Idealität. Noch ein Punkt und das Argument ist vollendet. Die Art des Wissens, die sich mit dieser letzten Realität beschäftigt (die auch letzte Idealität ist), ist Philosophie. Philosophie ist deshalb die letzte und höchste Form der reinen Kontemplation. Was auch immer man zugunsten jeder anderen Art von Erkenntnis sagen mag, Philosophie ist in sich selbst geschlossen, über sich hinaus hat sie keinerlei Aufgabe. Sie hat kein Ziel, keine Absicht, keine Funktion – außer der, Philosophie zu sein, d.h. reines, selbstgenügsames Betrachten der letzten Realität. Natürlich gibt es so etwas wie ein philosophisches *Studium*, das diese Perfektion noch nicht erreicht hat. Wo es Lernen gibt, gibt es Veränderung und Werden. Aber die Funktion von Studium und Erlernen der Philosophie besteht darin, wie Platon es ausdrückte, das Auge der Seele umzuwenden, so daß es nicht länger zufrieden bei den Abbildern der Dinge verweilt, bei den niedrigen Realitäten, die werden und vergehen, und es zur Anschauung des höchsten und ewigen Seins zu bringen. Auf diese Weise wird der Geist des Erkennenden verwandelt. Er wird dem angeglichen, was er erkennt.

Durch eine Vielfalt von Kanälen, besonders den Neuplatonismus und durch Augustinus, fanden diese Ideen Eingang in die christliche Theologie, und große scholastische Denker lehrten, daß das Ziel des Menschen die Erkenntnis des wahren Seins, daß Wissen kontemplativ, daß wahres Sein reiner, immaterieller Geist, und daß ihn zu erkennen die wahre Seligkeit und das Heil sei. Während dieses Wissen weder auf dieser Stufe des Lebens noch ohne übernatürliche Hilfe erlangt werden kann, ähnelt es gleichwohl, soweit es erreicht wird, den menschlichen Geist dem göttlichen Wesen an und stellt auf diese Weise das Heil her. Durch diese Übernahme des Begriffs des Wissens als kontemplativ in die herrschende

Religion Europas wurden viele Menschen beeinflußt, die von theoretischer Philosophie gänzlich unberührt waren. Generationen von Denkern wurde als unbezweifeltes Axiom die Idee überliefert, daß Wissen an sich ein bloßes Anschauen oder Erblicken der Realität sei – die Zuschauer-Theorie des Wissens. So tief verwurzelt war diese Vorstellung, daß sie noch Jahrhunderte herrschte, nachdem der wirkliche Fortschritt der Wissenschaft bewiesen hatte, daß Wissen die Macht ist, die Welt zu verändern, und Jahrhunderte, nachdem die Praxis des wirklichen Wissens die Methode des Experimentierens übernommen hatte.

Wenden wir uns von dieser Auffassung vom Maß des wahren Wissens und der Natur der wahren Philosophie abrupt der bestehenden Praxis des Erkennens zu. Wenn heutzutage jemand, beispielsweise ein Physiker oder Chemiker, etwas wissen will, ist das allerletzte, was er tun wird, in bloßer Kontemplation zu verharren. Er schaut nicht, wie ernst und ausgiebig auch immer, das Objekt an in der Erwartung, daß er auf diese Weise seine feste und charakteristische Form entdecken wird. Er erwartet nicht, daß sich ihm ein Geheimnis offenbart und wenn er das Ding noch so lange aus der Ferne anstarrt. Er geht dazu über, etwas zu *tun*, irgendeine Energie auf die Substanz einwirken zu lassen, um zu sehen, wie sie reagiert; er bringt sie unter ungewöhnliche Bedingungen, um irgendeine Veränderung herbeizuführen. Obgleich der Astronom die entfernten Sterne nicht verändern kann, so beschränkt nicht einmal er sich auf das bloße Hinschauen. Wenn er die Sterne selbst nicht ändern kann, so kann er zumindest durch Linsen und Prismen ihr Licht verändern, sobald es die Erde erreicht; er kann Fallen aufstellen, um Veränderungen zu entdecken, die andernfalls der Aufmerksamkeit entgingen. Statt gegenüber der Veränderung eine feindliche Haltung einzunehmen, statt sie den Sternen wegen ihrer Göttlichkeit und Vollkommenheit abzusprechen, ist er ständig darauf bedacht, irgendeine Veränderung zu entdecken, durch die er hinsichtlich der Entstehung von Sternen und Sternsystemen zu einer Schlußfolgerung gelangen kann.

Kurzum, Veränderung wird nicht mehr als ein Sündenfall angesehen, als ein Abfall von der Realität oder als Zeichen der Unvollkommenheit an Sein. Die moderne Wissenschaft versucht nicht länger, irgendeine feste Form oder ein starres Wesen hinter jedem Prozeß der Veränderung zu finden. Stattdessen versucht die experimentelle Methode, die scheinbaren Starrheiten niederzubrechen und Veränderungen herbeizuführen. Die Form, die für die Sinne unverändert bleibt, die Form der Saat oder des Baumes, wird nicht als der Schlüssel zur Erkenntnis des Dings angesehen, sondern als eine Mauer, ein Hindernis, das niedergerissen werden muß. Folglich experimentiert der Wissenschaftler mit dieser und jener Tätigkeit, die auf diese und jene Bedingung angewendet wird, bis irgendetwas anfängt zu geschehen, bis sich, wie man sagt, irgendetwas tut. Er nimmt an, daß die ganze Zeit Veränderungen vor sich gehen, daß in jedem Ding, bei aller scheinbaren Ruhe, Bewegung stattfindet, und daß, da der Prozeß der Wahrnehmung unzugänglich ist, die einzige Art, ihn zu erkennen, darin besteht, das Ding unter neue Umstände zu bringen, bis die Veränderung augenfällig wird. Kurzum, das Ding, das akzeptiert und zur Kenntnis genommen werden soll, ist nicht das, was ursprünglich gegeben ist, sondern das, was entsteht, nachdem es in eine große Vielfalt von Umständen versetzt worden ist, um zu sehen, wie es sich verhält.

Dies stellt nun einen sehr viel allgemeineren Wandel in der Einstellung der Menschen dar, als vielleicht auf den ersten Blick deutlich ist. Es bedeutet nicht weniger, als daß die Welt oder ein beliebiger Teil von ihr, wie sie sich zu einer gegebenen Zeit darstellt, nur als *Material* für Veränderungen akzeptiert oder hingenommen wird. Sie wird genau so akzeptiert, wie etwa ein Zimmermann Dinge, die er vorfindet, akzeptiert. Wenn er sie als Dinge nähme, die um ihrer selbst willen beobachtet und wahrgenommen werden sollten, wäre er niemals ein Zimmermann. Er würde die Strukturen, Formen und Veränderungen, die die Dinge ihm zeigen, beobachten, beschreiben, aufzeichnen und es dabei bewenden lassen. Wenn zufälligerweise einige von den Veränderungen, die vor sich gehen, ihm ein fertiges Dach präsentierten, dann um so besser. Aber was den Zimmermann zu einem *Handwerker* macht, ist die Tatsache, daß er Dinge nicht als Objekte an sich wahrnimmt, sondern mit Bezug auf das, was er an und mit ihnen tun will, im Hinblick auf das Ziel, das er im Auge hat. Was ihn an dem Holz und an den Steinen und dem Eisen, das er beobachtet, interessiert, ist deren Eignung, bestimmte spezielle Veränderungen zu bewirken, die er ins Auge gefaßt hat. Seine Aufmerksamkeit ist auf die Veränderungen gerichtet, die sie erleiden, und die Veränderungen, die sie bei anderen Dingen bewirken, so daß er die Kombination von Veränderungen auswählen kann, die ihm die erwünschten Resultate liefert. Nur dank dieser Prozesse aktiver Manipulation der Dinge mit dem Ziel, seine Absicht zu verwirklichen, entdeckt er die Eigenschaften der Dinge. Wenn er auf seine Absichten verzichtet und im Namen einer demütigen und ergebenen Unterwerfung unter die Dinge, wie sie »wirklich sind«, sich weigert, die Dinge, wie sie

»sind«, seinen eigenen Absichten zu unterwerfen, erreicht er nicht nur niemals seine Ziele, sondern er erfährt auch niemals, was die Dinge selbst sind. Sie *sind*, was sie tun können und was man mit ihnen tun kann, Dinge, die durch bewußtes Versuchen gefunden werden können.

Das Ergebnis dieser Auffassung von der richtigen Art des Erkennens ist eine grundlegende Modifikation der menschlichen Einstellung gegenüber der natürlichen Welt. Unter verschiedenen sozialen Bedingungen erzeugte die ältere oder klassische Auffassung manchmal Resignation und Unterwerfung; manchmal Verachtung und den Wunsch zu entfliehen; manchmal, namentlich im Fall der Griechen, eine durchdringende ästhetische Neugier, die sich in scharfsinniger Beobachtung aller Eigenschaften gegebener Objekte zeigte. Tatsächlich ist die gesamte Vorstellung vom Erkennen als Erblicken und Wahrnehmen ganz grundlegend eine Idee, die dort, wo die Umgebung schön und das Leben heiter ist, mit ästhetischer Lust und Wertschätzung, und wo das Leben sorgenvoll, die Natur trübe und hart ist, mit ästhetischer Unlust und Geringschätzung verknüpft ist. Aber in dem Grade, wie die aktive Auffassung vom Erkennen vorherrschend und die Umgebung als etwas angesehen wird, das verändert werden muß, wenn es wahrhaft erkannt werden soll, fassen die Menschen Mut, ja, sie werden von etwas durchdrungen, was beinahe als eine aggressive Haltung gegenüber der Natur begriffen werden kann. Die Natur wird bildbar, etwas, das menschlichen Zwecken unterworfen werden sollte. Die moralische Einstellung gegenüber Veränderungen ändert sich selbst gründlich. Veränderung verliert ihr Pathos, sie hört auf, mit Verfall und Verlust zu assoziiert zu werden und demzufolge von Melchancholie geprägt zu sein.

Veränderung zeigt neue Möglichkeiten und Ziele an, die erreicht werden können; sie prophezeit eine bessere Zukunft. Mit Veränderung wird Fortschritt und nicht Verfall und Zusammenbruch assoziiert. Da Veränderungen ohnehin vor sich gehen, kommt es darauf an, genügend über sie zu erfahren, so daß wir in den Stand gesetzt werden, uns ihrer zu bemächtigen und sie in die Richtung unserer Wünsche zu lenken. Bedingungen und Ereignisse sind nicht etwas, vor dem man flieht oder in das man sich schickt, sie sollen nutzbar gemacht und gelenkt werden. Sie stellen entweder Hindernisse für unsere Ziele dar oder aber Mittel, um sie zu erreichen. In einem grundlegenden Sinn hört Erkennen auf, kontemplativ zu sein, und wird praktisch.

Unglückseligerweise werden viele Menschen, besonders gebildete, kultivierte Menschen, immer noch so sehr von der älteren Auffassung von einer für sich seienden und selbstgenügsamen Vernunft und Erkenntnis beherrscht, daß sie sich sträuben, die Tragweite dieser Lehre zur Kenntnis zu nehmen. Sie glauben, die Sache der unparteiischen, gründlichen und uneigennützigen Reflexion zu unterstützen, wenn sie an der traditionellen Philosophie des Intellektualismus festhalten, d.h. am Wissen als selbstgenügsam und in sich selbst eingeschlossen. Aber in Wahrheit ist der historische Intellektualismus, die Zuschauer-Ansicht vom Wissen, eine rein kompensatorische Lehre, die Intellektuelle vertreten hatten, um sich selbst über die wirkliche und soziale Impotenz des Denkerberufs, dem sie sich verschrieben hatten, hinwegzutrösten. Behindert von den objektiven Bedingungen und durch Mangel an Mut davon zurückgehalten, ihr Wissen zu einem Faktor bei der Bestimmung des Ganges der Ereignisse zu machen, haben sie Zuflucht bei der beruhigenden Vorstellung gesucht, daß Wissen etwas viel zu Sublimes sei, als daß es durch eine Berührung mit Dingen der Veränderung und Praxis besudelt werden dürfte. Sie haben Wissen in einen moralisch verantwortungsfreien Ästhetizismus umgewandelt. Die wahre Tragweite der Lehre von dem operativen oder praktischen Charakter des Wissens, der Intelligenz, ist objektiv. Sie bedeutet, daß die Strukturen und Objekte, die Wissenschaft und Philosophie den Dingen und Ereignissen der konkreten, alltäglichen Erfahrung gegenübergestellt haben, keinen Bereich für sich bilden, in dem die rationale Kontemplation sich zufrieden ausruhen kann; sie bedeutet, daß sie die ausgewählten Hindernisse, materiellen Mittel und idealen Methoden darstellen, jener Veränderung, die ohnehin eintreten muß, eine Richtung zu geben.

Diese Veränderung der menschlichen Einstellung gegenüber der Welt bedeutet nicht, daß man aufhört, Ideale zu haben, oder aufhört, primär ein Wesen der Imagination zu sein. Aber sie bezeichnet einen radikalen Wandel im Charakter und der Funktion des idealen Reiches, das sich der Mensch für sich formt. In der klassischen Philosophie ist die ideale Welt im wesentlichen ein Hafen, in dem der Mensch vor den Stürmen des Lebens Ruhe findet; sie ist ein Asyl, wo er Zuflucht sucht vor den Sorgen des Daseins, mit der ruhigen Gewißheit, daß sie allein auf höchste Weise real sei. Wenn die Überzeugung, daß Wissen aktiv und operativ ist, von den Menschen Besitz ergreift, ist das ideale Reich nicht länger etwas für sich und fern; es ist eher jene Ansammlung vorgestellter Möglichkeiten, die die Menschen zu neuen Anstrengungen und Verwirklichungen anstachelt. Freilich bleibt wahr, daß die Schwierigkeiten, unter denen man leidet, die Kräfte sind, die die Menschen dazu veranlassen, Bilder eines besseren Zustands zu entwerfen. Aber das Bild des Besseren ist bewußt geformt, so daß es ein Mittel der Handlung werden kann, während in der klassischen Vorstellung die Idee in fertigem Zustand in eine noumenale Welt gehört. Von daher ist sie nur ein Objekt einer persönlichen Sehnsucht oder des Trostes, während für den modernen Menschen eine Idee die Anregung zu etwas ist, was getan werden kann, oder zu einer Methode des Handelns.

Eine Illustration macht vielleicht den Unterschied klar. Entfernung ist ein Hindernis, eine Quelle von Schwierigkeiten. Sie trennt Freunde und hindert den Umgang. Sie isoliert und macht Kontakt und gegenseitiges Verstehen schwierig. Dieser Sachverhalt ruft Unzufriedenheit und Unruhe hervor; er regt die Imagination an, Bilder von einem Zustand der Dinge zu entwerfen, wo der menschliche Umgang nicht durch den Raum beeinträchtigt wird. Hier gibt es zwei Auswege. Einer besteht darin, von einem bloßen Traum eines himmlischen Reiches, in dem Entfernung abgeschafft ist und durch irgendeine Zauberei alle Freunde in fortwährender durchsichtiger Kommunikation begriffen sind, von einem müßigen Luftschloß also zu philosophischer Reflexion überzugehen. Raum, Entfernung, wird dann argumentiert, ist lediglich phänomenal; oder, in einer moderneren Version, subjektiv. Er ist, metaphysisch gesprochen, nicht real. Also ist der Widerstand und die Schwierigkeit, die er behält, trotz allem nicht »real« im metaphysischen Sinn von Realität. Reine Bewußtseine, reine Geister, leben nicht in einer räumlichen Welt; für sie gibt es keine Entfernung. Ihre Beziehungen in der wahren Welt werden in keiner Weise durch besondere Umstände beeinträchtigt. Ihre Kommunikation ist direkt, flüssig und ungehindert.

Stellt diese Illustration eine Karikatur bestimmter Arten des Philosophierens dar, mit denen wir alle vertraut sind? Aber wenn es keine absurde Karikatur ist, legt sie nicht den Gedanken nahe, daß vieles von dem, was Philosophen über die ideale und noumenale oder auf höhere Weise reale Welt gelehrt haben, schließlich nichts anderes ist, als daß man einem Traum durch den Gebrauch einer trügerisch wissenschaftlichen Terminologie eine kunstvolle dialektische Form gegeben hat? Praktisch bleibt die Schwierigkeit, das Problem, bestehen. Praktisch ist der Raum immer noch real, wie immer er auch metaphysisch beschaffen sein mag: er wirkt in einer bestimmten unannehmbaren Weise. Und wiederum träumt der Mensch von einem besseren Zustand. Vor einer unangenehmen Tatsache sucht er Zuflucht bei der Phantasie. Aber dieses Mal bleibt die Zuflucht kein permanentes und fernes Asyl.

Die Idee wird zu einem Standpunkt, von dem aus man die vorkommenden Ereignisse prüft und sieht, ob unter ihnen nicht irgendetwas ist, das einen Hinweis darauf gibt, wie sich Kommunikation über eine Entfernung hin zustandebringen läßt, etwas, das als Medium des Sprechens auf weite Entfernung nutzbar gemacht werden kann. Die Ahnung oder das Phantasiebild wird, obgleich es noch ideal ist, als eine Möglichkeit behandelt, die *in* der konkreten natürlichen Welt der Realisierung fähig ist; nicht als eine höhere Realität außerhalb dieser Welt. Als solche wird sie eine Plattform, von der aus natürliche Ereignisse überprüft werden können. Vom Standpunkt dieser Möglichkeit betrachtet, enthüllen die Dinge bislang unentdeckte Eigenschaften. Im Lichte dieser Vergewisserungen wird die Idee irgendeiner Vermittlungsinstanz für das Sprechen über Entfernungen hinweg weniger vage und verfließend: sie nimmt eine positive Form an. Dieser Wechsel von Aktion und Reaktion geht weiter. Die Möglichkeit oder Idee wird als eine Methode angewandt, wirklich Vorhandenes zu beobachten; und im Lichte dessen, was entdeckt wird, nimmt die Möglichkeit konkretes Dasein an. Sie bleibt weniger eine bloße Idee, eine Phantasie, eine herbeigewünschte Möglichkeit und wird mehr zu einer wirklichen Tatsache. Immer mehr Erfindungen werden gemacht und schließlich haben wir den Telegrafen, das Telefon, zunächst mit Drähten, und schließlich ohne künstliches Medium. Die konkrete Umgebung wird in der erwünschten Richtung umgewandelt; sie wird tatsächlich und nicht nur in der Phantasie idealisiert. Das Ideal wird durch seine eigene Benutzung als Werkzeug oder Methode der Inspektion, des Experimentierens, der Selektion und der Kombination konkreter natürlicher Verfahren realisiert.

Lassen Sie uns innehalten, um uns über unsere Ergebnisse Rechenschaft zu geben. Die Einteilung der Welt in zwei Arten des Seins, die eine höher, nur der Vernunft zugänglich und ihrem Wesen nach ideal, die andere niedriger, materiell, veränderlich, empirisch, der Sinnesbeobachtung zugänglich, verwandelt sich unvermeidlich in die Vorstellung, daß Wissen seiner Natur nach kontemplativ ist. Sie unterstellt einen Gegensatz zwischen Theorie und Praxis, der ganz zum Nachteil der letzteren ausgeschlagen ist. Aber im tatsächlichen Verlauf der Entwicklung der Wissenschaft hat sich eine gewaltige Veränderung vollzogen. Als die Praxis der Erkenntnis aufhörte, dialektisch zu sein und experimentell wurde, beschäftigte sich das Wissen vornehmlich mit Veränderungen und zum Prüfstein des Wissens wurde die Fähigkeit, bestimmte Veränderungen herbeizuführen. Wissen bedeutet für die experimentellen Wissenschaften eine bestimmte Art des intelligent vollzogenen Handelns; es hört auf, kontemplativ zu sein und wird in einem wahren Sinne praktisch. Dies nun hat zur Folge, daß Philosophie, will sie nicht einen vollständigen Bruch mit dem anerkannten Geist der Wissenschaft erleiden, ebenfalls ihre Natur ändern muß. Sie muß eine praktische Natur annehmen; sie muß operativ und experimentell werden. Und wir haben darauf hingewiesen, was für eine enorme Veränderung diese Transformation der Philosophie für die beiden Auffassungen mit sich bringt, die die größte Rolle beim vergangenen Philosophieren gespielt haben – für die Auffassungen jeweils des »Realen« und des »Idealen«. Ersteres hört auf, etwas Fertiges und Endgültiges zu sein; es wird zu dem, was als das Material der Veränderung akzeptiert werden muß, als die Hindernisse und die Mittel bestimmter spezifischer erwünschter Veränderungen. Das Ideale und Rationale hören ebenfalls auf, eine abgesonderte, fertige Welt zu sein, die ungeeignet ist, als Hebel benutzt zu werden, um die wirkliche empirische Welt zu transformieren, eine bloße Zuflucht vor den empirischen Mängeln. Sie repräsentieren intelligent erdachte Möglichkeiten der bestehenden Welt, die als Methoden benutzt werden können, sie zu ändern und zu verbessern.

Philosophisch gesprochen, ist dies der große Unterschied, der sich aus dem Wandel von kontemplativer zu operativer Erkenntnis und Philosophie ergibt. Dieser Wandel bedeutet nicht das Herabwürdigen der Philosophie von einer erhabenen Ebene auf die Ebene des groben Utilitarismus. Sie bedeutet, daß die primäre Funktion der Philosophie darin besteht, die *Möglichkeiten* der Erfahrung vernünftig einzurichten, besonders die der kollektiven menschlichen Erfahrung. Das Ausmaß dieser Veränderung mag man daraus ersehen, wie weit entfernt wir davon sind, sie zu erreichen. Trotz der Erfindungen, die die Menschen befähigen, die Energien der Natur für ihre Zwecke zu verwenden, sind wir weit davon entfernt, Wissen gewohnheitsmäßig als die Methode aktiver Kontrolle der Natur und der Erfahrung anzuwenden. Wir neigen dazu, es nach dem Modell eines Zuschauers aufzufassen, der ein fertiges Bild betrachtet, statt nach dem eines Künstlers, der das Gemälde hervorbringt. Deshalb erheben sich all die Fragen der Epistemologie, mit denen der Fachphilosoph so vertraut ist und die besonders die moderne Philosophie dem Verständnis der gewöhnlichen Menschen und den Ergebnissen und Prozessen der Wissenschaft so entfremdet haben. Denn diese Fragen entspringen alle der Annahme eines lediglich betrachtenden Geistes auf der einen Seite und eines fremden und fernen Objekts, das angeschaut und beobachtet werden soll, auf der anderen. Sie richten sich darauf, wie ein Bewußtsein und die Welt, Subjekt und Objekt, die so getrennt und voneinander unabhängig sind, jemals imstande sein sollen, zu einander in eine derartige Beziehung zu treten, daß wahres Wissen möglich sein soll. Wenn Wissen gewohnheitsmäßig als aktiv und operativ aufgefaßt würde, nach der Analogie eines nach einer Hypothese durchgeführten Experiments oder einer durch die Imagination einer Möglichkeit geleiteten Erfindung, dann wäre es nicht zu viel gesagt, daß die erste Wirkung darin bestünde, die Philosophie von all den epistemologischen Rätseln zu befreien, durch die sie jetzt in Verwirrung gestürzt wird. Denn diese entstehen alle aus einer Auffassung vom Verhältnis von Bewußtsein und Welt, Subjekt und Objekt, im

Erkenntnisvorgang, die voraussetzt, daß Wissen darin bestehe, sich dessen zu bemächtigen, was schon existiert.

Das moderne philosophische Denken hat sich so vorrangig mit diesen Problemen der Epistemologie und den Streitereien zwischen dem Realisten und dem Idealisten, zwischen dem Phänomenalisten und dem Absolutisten beschäftigt, daß viele Gelehrte sich fragen, was für die Philosophie übrigbleiben würde, wenn sowohl die metaphysische Aufgabe der Unterscheidung zwischen der noumenalen und der phänomenalen Welt als auch die epistemologische Aufgabe, zu erklären, wie ein getrenntes Subjekt ein unabhängiges Objekt erkennen könne, gelöst wäre. Aber würde nicht die Eliminierung dieser traditionellen Probleme es der Philosophie gestatten, sich einer fruchtbareren und notwendigeren Aufgabe zu widmen? Würde sie nicht die Philosophie ermutigen, sich den großen sozialen und moralischen Mängeln und Problemen zu stellen, unter denen die Menschheit leidet? Ihre Aufmerksamkeit darauf zu konzentrieren, die Ursache und die genaue Natur dieser Übel aufzuklären und eine klare Vorstellung besserer sozialer Möglichkeiten zu entwickeln? Kurzum, darauf, eine Idee oder ein Ideal zu entwerfen, das, statt den Begriff einer anderen Welt oder irgendeines fernen, unrealisierbaren Ziels auszudrücken, als eine Methode gebraucht werden würde, spezifische soziale Krankheiten zu verstehen und zu heilen?

Das ist eine vage Behauptung. Aber beachten Sie erstens, daß eine solche Auffassung von dem eigentlichen Gebiet der Philosophie, wo sie von vergeblicher Metaphysik und müßiger Epistemologie befreit ist, in Übereinstimmung mit dem Ursprung der Philosophie steht, der in der ersten Stunde skizziert wurde. Und zweitens, bedenken Sie, wie sehr die zeitgenössische Gesellschaft, überall in der Welt, einer allgemeineren und gründlicheren Aufklärung und Leitung bedarf, als sie gegenwärtig besitzt. Ich habe versucht zu zeigen, daß ein radikaler Wechsel vom kontemplativen zum aktiven Wissenschaftsbegriff das unvermeidliche Resultat der Methode ist, nach der Forschung und Erfindung heute arbeiten. Aber wenn man dies in Anspruch nimmt, dann muß man auch einräumen, oder eher behaupten, daß bislang die Veränderung zum größeren Teil lediglich die mehr technische Seite des menschlichen Lebens betroffen hat. Die Wissenschaften haben neue industrielle Künste geschaffen. Die physische Herrschaft des Menschen über die natürlichen Energien ist unendlich vervielfältigt worden. Es besteht eine Kontrolle der Quellen materiellen Reichtums und Wohlstands. Was früher einmal Wunder gewesen wären, wird heute tagtäglich mit Dampf und Kohle und Elektrizität und Luft sowie mit dem menschlichen Körper verrichtet. Aber es gibt nur wenige Menschen, die optimistisch genug sind zu behaupten, daß irgendeine ähnliche Beherrschung der Kräfte, von denen das soziale und moralische Wohlergehen der Menschen abhängt, erreicht worden sei.

Wo ist der moralische Fortschritt, der unseren ökonomischen Leistungen entspricht? Die letzteren sind die direkte Frucht der Revolution, die in den physikalischen Wissenschaften bewirkt worden ist. Aber wo gibt es eine dem entsprechende menschliche Wissenschaft und Kunst? Die Verbesserung der Erkenntnismethoden ist bislang nicht nur in der Hauptsache auf technische und ökonomische Angelegenheiten beschränkt geblieben, sondern dieser Fortschritt hat ernstliche neue moralische Störungen mit sich gebracht. Ich brauche nur an den letzten Krieg zu erinnern, an das Problem von Kapital und Arbeit, die Beziehung der ökonomischen Klassen, an die Tatsache, daß die neue Wissenschaft, die doch Wunder in Medizin und Chirurgie bewirkt hat, auch die Gelegenheiten für Krankheiten und Schwächen erzeugt und verbreitet hat. Diese Erwägungen weisen uns darauf hin, wie unentwickelt unsere Politik ist, wie roh und primitiv unsere Erziehung, wie passiv und träge unsere Moral. Die Ursachen bleiben bestehen, die einmal Philosophie als einen Versuch ins Leben riefen, einen intelligenten Ersatz für blindes Brauchtum und blinde Impulse als Führung in Leben und Verhalten zu finden. Der Versuch ist nicht erfolgreich zu Ende geführt worden. Gibt es nicht Grund zu glauben, daß die Befreiung von der Last einer sterilen Metaphysik und einer sterilen Epistemologie, statt die Philosophie ihrer Probleme und Stoffe zu berauben, ihr einen Weg zu Fragen der beunruhigendsten und bedeutendsten Art eröffnen würde?

Lassen Sie mich ein Problem spezifizieren, das ganz direkt durch gewisse Punkte in dieser Vorlesung nahegelegt wird. Es ist darauf hingewiesen worden, daß die wirklich fruchtbare Anwendung der kontemplativen Idee nicht in der Wissenschaft, sondern auf ästhetischem Gebiet stattgefunden hat. Es ist schwer, sich irgendeine hohe Entwicklung der schönen Künste vorzustellen außer wo es ein neugieriges und liebendes Interesse an Formen und Bewegungen der Welt ganz ohne Rücksicht auf irgendeinen Nutzen, dem man sie zuführen könnte, gibt. Und es ist nicht zuviel behauptet, daß jedes Volk, das eine hohe ästhetische Entwicklung erlangt hat, ein Volk war, in dem die kontemplative Haltung in Blüte stand – wie die Griechen, die Hindus, die mittelalterlichen Christen. Andererseits ist die wissenschaftliche Haltung, die sich im wissenschaftlichen Fortschritt bewährt hat, eine praktische Haltung. Sie faßt Formen als Verkleidungen verborgener Prozesse auf. Ihr Interesse an Veränderung ist Interesse daran, wozu die Veränderung führt, was damit gemacht werden kann, welchem Nutzen sie zugeführt werden kann. Während sie die Natur unter Kontrolle gebracht hat, gibt es etwas Hartes und Aggressives in ihrer Einstellung gegenüber der Natur, das dem ästhetischen Genuß der Welt entgegensteht. Gewiß gibt es keine bedeutsamere Frage gegenüber der Welt als diese Frage nach der Möglichkeit und Methode der Versöhnung der Einstellungen der praktischen Wissenschaft und der kontemplativen ästhetischen Wertschätzung. Ohne die erstere wird der Mensch zum Spielball und Opfer der Naturkräfte, die er nicht nutzen oder kontrollieren kann. Ohne die letztere könnte die Menschheit eine Rasse ökonomischer Ungeheuer werden, die ruhelos rücksichtslose Geschäfte mit der Natur und miteinander machen, gelangweilt von jeder Muße oder nur fähig, sie in ostentativem Vorzeigen und extravaganter Verschwendung zu nutzen.

Wie andere moralische Fragen ist diese Angelegenheit sozialer und sogar politischer Natur. Die westlichen Völker haben den Weg experimenteller Wissenschaft und ihrer Anwendungen auf die Kontrolle der Natur früher beschritten als die östlichen. Es ist vermutlich nicht allzu phantasievoll zu glauben, daß die letzteren in ihren Lebensgewohnheiten mehr von dem kontemplativen, ästhetischen und spekulativ religiösem Temperament verkörpert haben, und die ersteren mehr von dem wissenschaftlichen, industriellen und praktischen. Dieser Unterschied und andere, die sich darum herum gebildet haben, stellen eine Barriere für eine leichte gegenseitige Verständigung und eine Quelle der Mißverständnisse dar. Der Philosophie, die eine ernsthafte Anstrengung machte, diese jeweiligen Haltungen in ihrem Verhältnis und ihrer richtigen Balance zu verstehen, könnte es durchaus gelingen, die Fähigkeit der Völker zu fördern, von den Erfahrungen der jeweils anderen zu profitieren und wirksamer miteinander bei den Aufgaben einer fruchtbaren Kultur zu kooperieren.

Es ist in der Tat unglaublich, daß die Frage des Verhältnisses des »Realen« und des »Idealen« jemals für ein Problem gehalten wurde, das typischerweise in die Philosophie gehört. Gerade diese Tatsache, daß von diesem ernstesten aller menschlichen Probleme die Philosophie Besitz ergriffen hat, ist nur ein erneuter Beweis für die Katastrophen, die im Kielwasser der Auffassung folgen, daß Wissen und Intellekt etwas Selbstgenügsames seien. Niemals sind das »Reale« und das »Ideale« so lärmend, so geltungsbedürftig aufgetreten wie heute. Und niemals in der Weltgeschichte sind sie so weit voneinander entfernt gewesen. Der (erste) Weltkrieg wurde um rein idealer Ziele willen geführt: für die Menschlichkeit, Gerechtigkeit und gleiche Freiheit für Starke und Schwache gleichermaßen. Und er wurde geführt durch realistische Mittel der angewandten Wissenschaft, mit hochexplosiven Sprengstoffen und Bombenflugzeugen und Blockade-Wundern der Technik, die die Welt beinahe dem Untergang geweiht hätten, so daß sich alle ernsthaften Menschen um die Fortdauer jener auserlesenen Werte sorgen, die wir Zivilisation nennen. Die Friedensvereinbarungen werden laut im Namen derjenigen Ideale verkündet, die die tiefsten Emotionen der Menschen aufrühren, aber mit der realistischsten Aufmerksamkeit auf die Details ökonomischer Vorteile, die proportional zur physischen Macht, zukünftige Unruhen zu verursachen, verteilt werden.

Es ist nicht überraschend, daß einige Menschen sich veranlaßt fühlen, allen Idealismus lediglich als eine Rauchwand zu betrachten, hinter der sich die Suche nach materiellem Profit umso wirkungsvoller vollziehen kann, und zur materialistischen Geschichtsauffassung bekehrt werden. Die »Realität« wird dann als eine physische Kraft aufgefaßt und als Empfindungen von Macht, Profit und Genuß; jede Politik, die andere Faktoren berücksichtigt, außer als Element einer gerissenen Propaganda und zum Zweck der Kontrolle derjenigen Menschen, die nicht realistisch aufgeklärt sind, ist auf Illusionen gegründet. Aber andere sind ebenso sicher, daß die wirkliche Lehre des Krieges darin besteht, daß die Menschheit den ersten großen falschen Schritt tat, als sie mit der Pflege der physikalischen Wissenschaften und einer Anwendung der Früchte der Wissenschaft mit dem Ziel der Verbesserung der Instrumente des Lebens – Industrie und Handel – begann. Sie sehnen sich nach der Wiederkehr des Tages, als die wenigen Auserwählten sich nicht der Wissenschaft und den materiellen Annehmlichkeiten und Bequemlichkeiten der Existenz widmeten, sondern »idealen« Dingen, den Dingen des Geistes – während die große Masse ebenso nach Art der Tiere starb wie sie geboren war.

Gleichwohl dürfte der offensichtlichste Schluß der auf die Ohnmacht und die Schädlichkeit jedes und aller Ideale sein, die pauschal und abstrakt proklamiert werden, d. h. als etwas, das abgesondert von dem detaillierten konkreten Dasein, dessen bewegende Möglichkeiten es verkörpert, an sich existiert. Die wahre Moral scheint eher darin zu liegen, das tragische Scheitern jenes Idealismus zu erzwingen, der an eine spirituelle Welt glaubt, die an und durch sich selbst existiert, und die in der tragischen Notwendigkeit der realistischsten Untersuchung von Kräften und Konsequenzen, einer Untersuchung, die in einer wissenschaftlich genaueren und vollständigeren Weise durchzuführen ist als die der angeblichen *Realpolitik**. Denn es ist nicht wirklich realistisch oder wissenschaftlich, nur das Nächstliegende ins Auge zu fassen, die Zukunft dem unmittelbaren Druck zu opfern, Tatsachen und Kräfte zu ignorieren, die unangenehm sind, und die bleibende Qualität all dessen, was mit den unmittelbaren Wünschen zusammenpaßt, zu überschätzen. Es ist falsch, daß die Übel der Situation von der Abwesenheit von Idealen herrühren; sie stammen von den falschen Idealen her. Und diese falschen Ideale haben ihrerseits ihre Grundlage in dem in sozialen Fragen bestehenden Mangel an jener methodischen, systematischen, unparteiischen, kritischen Untersuchung der »realen« und wirkenden Bedingungen, die wir Wissenschaft nennen und die den Menschen auf technischem Gebiet die Herrschaft über die natürlichen Energien verschafft hat.

Philosophie, das soll noch einmal gesagt sein, kann das Problem des Verhältnisses vom Idealen und Realen nicht »lösen«. Das ist das dauernde Problem des Lebens. Aber sie kann wenigstens die Last der Menschheit bei der Behandlung dieses Problems erleichtern, indem sie die Menschen von den Irrtümern befreit, die die Philosophie selbst genährt hat – der Existenz von Bedingungen, die getrennt von ihrer Verwandlung in etwas Neues und Anderes bestehen, und der Existenz von Idealen, Geist und Vernunft unabhängig von

* Im Original deutsch; A. d. Ü.

den Möglichkeiten des Materiellen und Physischen. Denn solange sich die Menschheit diesem radikal falschen Vorurteil ausliefert, wird sie mit blinden Augen und gebundenen Gliedern vorwärtsgehen. Und Philosophie kann, wenn sie will, etwas mehr als diese negative Aufgabe verrichten. Sie kann es der Menschheit einfacher machen, die richtigen Schritte beim Handeln zu tun, indem sie klar macht, daß eine mitfühlende und integrale Intelligenz, die auf die Beobachtung und das Verstehen konkreter sozialer Ereignisse und Kräfte Einfluß nimmt, Ideale bilden kann, d.h. Ziele, die nicht entweder Illusionen oder bloße emotionale Kompensationen sind.

6. Die Bedeutsamkeit der Neugestaltung der Logik

Die Logik leidet – wie die Philosophie selbst – an einem seltsamen Hin- und Herschwanken. Sie wird zur höchsten und gesetzgebenden Wissenschaft erhoben, nur um in den trivialen Stand zu sinken, Hüterin von Aussagen wie A ist A und der scholastischen Verse für syllogistische Schlußregeln zu sein. Sie beansprucht die Macht, die Gesetze der inneren Struktur des Universums zu formulieren, und zwar aus dem Grunde, weil sie es mit den Gesetzen des Denkens zu tun habe, die die Gesetze seien, nach denen die Vernunft die Welt geformt habe. Dann begrenzt sie ihre Ansprüche auf die Gesetze des korrekten Schließens, das auch dann noch korrekt ist, wenn es zu keinerlei Tatsachen führt oder sogar zu materieller Falschheit. Sie wird von dem modernen objektiven Idealisten als der adäquate Ersatz für die alte ontologische Metaphysik angesehen; aber andere behandeln sie als jenen Zweig der Rhetorik, der die Fähigkeit der Argumentation fördert. Eine Zeitlang wurde ein oberflächliches Gleichgewicht durch einen Kompromiß erzielt, worin die Logik des formalen Beweises, die das Mittelalter Aristoteles entnahm, durch eine induktive Logik der Entdeckung der Wahrheit ergänzt wurde, die Mill der Praxis der Wissenschaftler entnahm. Aber die Anhänger der deutschen Philosophie, der Mathematik und der Psychologie haben, gleichgültig wie sehr sie sich untereinander befehden, darin gemeinsame Sache gemacht, daß sie die orthodoxe Logik sowohl des deduktiven Beweises wie der induktiven Entdekkung angegriffen haben.

Die logische Theorie bietet einen chaotischen Schauplatz. Es gibt nur wenig Übereinstimmung hinsichtlich ihres Stoffes, ihres Bereiches oder ihres Zieles. Diese Meinungsverschiedenheit ist nicht formal oder nur nominell, sondern bestimmt die Behandlung jeder Frage. Nehmen Sie eine solch rudimentäre Sache wie die Natur des Urteils. Namhafte Autoritäten können zugunsten jeder möglichen Permutation der Lehre zitiert werden. Das Urteil ist der zentrale Gegenstand der Logik; und: das Urteil ist überhaupt nichts Logisches, sondern etwas Persönliches und Psychologisches. Wenn es etwas Logisches ist, stellt es die primäre Funktion dar, der sowohl Begriffsbildung als auch Schlußfolgerung untergeordnet sind; und: es ist ein von ihnen abgeleitetes Produkt. Die Unterscheidung von Subjekt und Prädikat ist notwendig; und: sie ist vollkommen irrelevant; oder, noch anders, obgleich sie in einigen Fällen gefunden wird, ist sie nicht von großer Bedeutung. Unter denen, die die Subjekt-Prädikat-Beziehung für wesentlich halten, betrachten einige das Urteil als eine Analyse von etwas, das beiden, Subjekt und Prädikat, bereits innewohnt; und andere behaupten, es sei eine Synthesis beider zu etwas anderem. Einige sind der Meinung, daß die Realität immer das Subjekt des Urteils sei; und andere, daß »Realität« logisch irrelevant sei. Unter denen, die bestreiten, daß das Urteil darin bestehe, einem Subjekt ein Prädikat zuzusprechen, die es für eine Beziehung von Elementen halten, glauben einige, die Beziehung sei

»innerlich«, einige, sie sei »äußerlich«, und andere, sie sei das eine Mal das eine und ein anderes Mal das andere.

Wenn Logik nicht eine Angelegenheit von einigem praktischen Wert ist, sind diese gegensätzlichen Auffassungen so zahlreich, so extensiv und so unversöhnlich, daß sie lächerlich sind. Wenn Logik eine Angelegenheit von praktischem Gewicht ist, dann sind diese Inkonsistenzen ernst zu nehmen. Sie sind Anzeichen einer tiefliegenden Ursache intellektueller Meinungsverschiedenheit und Inkohärenz. Die zeitgenössische logische Theorie ist tatsächlich der Boden, auf dem alle philosophischen Differenzen und Dispute gesammelt und gebündelt werden. Wie wirkt sich der Wandel der traditionellen Auffassung vom Verhältnis von Erfahrung und Vernunft, vom Realen und Idealen, auf die Logik aus?

Sie wirkt sich an erster Stelle auf die Natur der Logik selbst aus. Wenn Denken oder Intelligenz das Mittel der bewußten Neugestaltung der Erfahrung ist, dann ist die Logik, als Darstellung der Verfahrensweise des Denkens, nicht rein formal. Sie ist nicht beschränkt auf Gesetze des formal korrekten Schließens ohne Rücksicht auf die faktische Wahrheit. Sie ist aber auch, im Gegensatz dazu, weder befaßt mit den inhärenten Gedankenstrukturen des Universums, wie es Hegels Logik wollte, noch mit den sukzessiven Annäherungen des menschlichen Denkens an diese objektive Gedankenstruktur, wie es die Logik von Lotze, Bosanquet und anderen epistemologischen Logikern woltn. Wenn Denken der Weg ist, auf dem die bewußte Reorganisation der Erfahrung gesichert wird, dann ist Logik eine Formulierung des Denkverfahrens, die soweit geklärt und systematisiert ist, daß sie die erstrebte Neugestaltung ökonomischer und effizienter ablaufen läßt. In einer Studenten vertrauten Sprache ausgedrückt: Logik ist sowohl eine Wissenschaft wie eine Kunst; eine Wissenschaft, insofern sie eine organisierte und geprüfte Darstellung der Art und Weise gibt, wie das Denken tatsächlich funktioniert; eine Kunst, insofern sie auf der Basis dieser Beschreibung Methoden entwirft, dank derer zukünftiges Denken sich diejenigen Verfahren zunutze macht, die zum Erfolg führen, und diejenigen meidet, die versagen.

Auf diese Weise wird der Disput darüber beantwortet, ob die Logik empirisch oder normativ, psychologisch oder regulativ ist. Sie ist beides. Logik basiert auf einer definiten und zur Anwendung geeigneten Bereitstellung von empirischem Material. Die Menschen haben von altersher gedacht. Sie haben beobachtet, Schlußfolgerungen gezogen und auf alle nur denkbaren Arten und Weisen und im Hinblick auf jedes mögliche Ergebnis argumentiert. Anthropologie, die Erforschung des Ursprungs von Mythos, Legende und Kult; Linguistik und Grammatik; Rhetorik und formal-logische Abhandlungen, alle lehren uns, wie die Menschen gedacht haben, und welches die Zwecke und Konsequenzen verschiedener Arten des Denkens gewesen sind. Die Psychologie, sei es die experimentelle oder die pathologische, leistet wichtige Beiträge zu unserem Wissen darüber, wie sich das Denken vollzieht und was es bewirkt. Ganz besonders die Aufzeichnung des Wachstums der verschiedenen Wissenschaften gewährt Einblick in jene konkreten Methoden der Forschung und Überprüfung, die sich als irreführend bzw. als wirkungsvoll erwiesen haben. Jede Wissenschaft von der Mathematik bis zur Geschichte weist typisch fehlerhafte und typisch wirksame Methoden in besonderen Stoffgebieten auf. Die logische Theorie hat folglich ein großes, beinahe unerschöpfliches Feld für empirische Untersuchungen.

Die konventionelle Behauptung, daß die Erfahrung uns nur zeige, wie Menschen gedacht haben oder *wirklich* denken, während die Logik sich mit den Normen befasse, damit, wie die Menschen denken *sollten*, ist lächerlich und unpassend. Die Erfahrung *selbst* zeigt uns, daß einige Arten des Denkens nirgendwohin geführt haben – oder schlimmer noch: zu systematischen Wahnvorstellungen und Fehlern. Andere haben in der Erfahrung deutlich bewiesen, daß sie zu fruchtbaren und bleibenden Entdeckungen führen. In der Erfahrung selbst zeigen sich überzeugend die verschiedenen Konsequenzen verschiedener Methoden der Untersuchung und Schlußfolgerung. Die papageienhafte Wiederholung der Unterscheidung zwischen einer empirischen Beschreibung dessen, was ist, und einer normativen Darlegung dessen, was sein sollte, vernachlässigt lediglich die auffälligste Tatsache hinsichtlich des Denkens, wie es empirisch ist – nämlich, daß es flagrante Fälle von Fehlschlägen und Erfolgen aufweist, d.h. von gutem und von schlechtem Denken. Keiner, der diesen empirischen Beweis erwägt, kann sich über einen Mangel an Material beklagen, aus dem man eine *regulative* Kunst ableiten könnte. Je mehr Studium auf empirische Aufzeichnungen wirklichen Denkens verwandt wird, umso klarer wird die Verknüpfung zwischen den spezifischen Zügen des Denkens, die zu Erfolg und zu Mißerfolg geführt haben. Aus dieser Beziehung von Ursache und Wirkung, wie sie empirisch bestätigt ist, erwachsen die Normen und Regulierungen einer Kunst des Denkens.

Mathematik wird oft als Beispiel rein normativen Denkens zitiert, das auf apriorischen Regeln und überempirischem Material beruhe. Aber es ist schwer zu sehen, wie der Forscher, der sich der Frage historisch nähert, den Schluß vermeiden kann, daß der Status der Mathematik ebenso empirisch ist, wie der der Metallurgie. Die Menschen haben ganz genauso damit begonnen, Dinge zu zählen und zu messen, wie sie damit begonnen haben, sie zu zerstoßen und zu verbrennen. Eines führte zum anderen, wie man gewöhnlich und sehr weise sagt. Bestimmte Methoden waren erfolgreich — nicht nur im unmittelbar praktischen Sinn, sondern in dem Sinn, daß sie Interesse weckten, Aufmerksamkeit erregten, Versuche zur Verbesserung stimulierten. Der heutige mathematische Logiker mag die Strukturen der Mathematik präsentieren, als ob sie alle zugleich aus dem Kopf eines Zeus entsprungen seien, dessen Anatomie die der reinen Logik ist. Aber nichtsdestoweniger ist eben diese Struktur Produkt eines langen historischen Wachstums, in dessen Verlauf alle Arten von Versuchen unternommen worden sind, sich einige Forscher in diese, andere in jene Richtung einen Weg gebahnt haben, und einige Anwendungen und Verfahren in Konfusion und andere in triumphalen Klarstellungen und fruchtbarem Wachstum geendet haben; eine Geschichte, in der Stoffe und Methoden ständig auf der Basis empirischen Erfolgs und Mißerfolgs ausgelesen und überarbeitet worden sind.

Die Struktur der angeblich normativen apriorischen Mathematik ist in Wahrheit das krönende Ergebnis von Jahrhunderten mühsamer Erfahrung. Der Metallurg, der über die am höchsten entwickelte Methode schreiben wollte, mit Erzen umzugehen, würde in Wahrheit kein bißchen anders verfahren. Auch er selektiert, verfeinert und organisiert die Methoden, die in der Vergangenheit ein Maximum an Erfolg gezeitigt haben. Logik ist gerade deshalb von tiefer menschlicher Bedeutung, weil sie empirisch gegründet ist und experimentell angewandt wird. So betrachtet, ist das Problem der logischen Theorie kein anderes als das Problem der Möglichkeit der Entwicklung und Anwendung intelligenter Methoden in Untersuchungen, die mit der bewußten Neugestaltung der Erfahrung befaßt sind. Und es wird nur in spezifischerer Form wiederholt, was schon in allgemeiner Form gesagt worden ist, wenn man hinzufügt, daß eine solche Logik zwar im Hinblick auf Mathematik und Physik entwikkelt worden ist, daß aber eine intelligente Methode, eine Logik in moralischen und politischen Fragen noch weit im Felde steht.

Setzen wir also diese Idee der Logik ohne weitere Begründung voraus, dann lassen Sie uns im folgenden einige ihrer markantesten Züge diskutieren. Zunächst einmal wird auf eine Logik, die eine Methode der intelligenten Anleitung der Erfahrung sein soll, Licht geworfen vom *Ursprung* des Denkens her. In Übereinstimmung mit dem, was schon darüber gesagt worden ist, daß Erfahrung primär eine Frage des Verhaltens ist, ein senso-motorischer Prozeß, steht die Tatsache, daß Denken seinen Ausgang bei spezifischen Konflikten in der Erfahrung nimmt, die Verwirrung und Besorgnis auslösen. Im Naturzustand denken Menschen nicht, wenn sie keine Probleme haben, die sie bewältigen, keine Schwierigkeiten, die sie überwinden müssen. Ein Leben voller Bequemlichkeit, voller Erfolge ohne Anstrengung wäre, ebenso, wie ein Leben, das allmächtig wäre, ein gedankenloses Leben. Wesen, die denken, sind Wesen, deren Leben so eingeengt und beschränkt ist, daß sie einen Handlungsverlauf nicht direkt bis zur siegreichen Vollendung durchführen können. Menschen neigen auch nicht dazu, zu denken, wenn ihre Handlung ihnen dann, wenn sie inmitten von Schwierigkeiten stecken, durch eine Autorität diktiert wird. Soldaten leiden unter Schwierigkeiten und Restriktionen in Fülle, aber *qua Soldaten* (wie Aristoteles sagen würde) sind sie nicht eben dafür berühmt, Denker zu sein. Das Denken wird für sie höheren Orts erledigt. Dasselbe ist nur allzu wahr für die allermeisten Arbeiten unter den gegenwärtigen ökonomischen Bedingungen. Schwierigkeiten veranlassen nur dann Denken, wenn Denken der imperative oder drängende Ausweg ist, nur wenn es der sich abzeichnende Weg zu einer Lösung ist. Wo eine äußere Autorität herrscht, wird Denken verdächtigt und als schädlich angesehen.

Denken ist freilich nicht der einzige Weg, auf dem eine persönliche Lösung von Schwierigkeiten gesucht wird. Wie wir gesehen haben, sind Träume, Phantasien, emotionale Idealisierungen Wege, die eingeschlagen werden, wenn man dem Druck der Verwirrung und des Konfliktes entfliehen will. Nach Ansicht der modernen Psychologie dienen viele systematische Wahnideen und geistige Verwirrungen, wahrscheinlich sogar die Hysterie selbst, ursprünglich dazu, Freiheit von beunruhigenden konfligierenden Faktoren zu erlangen. Solche Erwägungen machen einige charakteristische Züge deutlich, die für das Denken als Methode, auf eine Schwierigkeit zu reagieren, wesentlich sind. Die kurzschlüssigen »Lösungen«, auf die angespielt wurde, beseitigen den Konflikt und die Schwierigkeiten nicht; sie werden nur nicht länger als solche empfunden. Sie decken das Bewußtsein davon zu. Derartige Störungen entstehen gerade deshalb, weil der Konflikt tatsächlich bestehen bleibt und ihm nur in Gedanken aus dem Weg gegangen wird.

Das erste auszeichnende Merkmal des Denkens ist also, daß man den Tatsachen ins Gesicht sieht – Forschung, minutiöse und extensive Untersuchung, Beobachtung. Nichts hat der erfolgreichen Durchführung des Denkunternehmens mehr geschadet (und den Logiken, die dieses Unternehmen reflektieren und formulieren) als die Gewohnheit, Beobachtung als etwas anzusehen, das dem Denken äußerlich ist und ihm vorausliegt, und Denken als etwas, das im Kopf vor sich gehen kann, ohne Beobachtung neuer Fakten als Teil seiner selbst *einzuschließen*. Jede Annäherung an solches »Denken« ist in Wirklichkeit eine Annäherung an die Methode der Flucht und Selbsttäuschung, auf die gerade hingewiesen wurde. Sie setzt eine emotional annehmbare und rational selbst-konsistente Kette von Bedeutungen an die Stelle einer Erforschung derjenigen Züge der Situation, die die Beunruhigung verursachen. Sie führt zu jenem Typ von Idealismus, der ganz zutreffend intellektueller Somnambulismus genannt worden ist. Sie schafft eine Klasse von »Denkern«, die von jeder Praxis und folglich von jeder Art Überprüfung ihres Denkens durch Anwendung weit entfernt sind – eine sozial überlegene und unverantwortliche Klasse. Dies ist die Bedingung, welche die tragische Trennung von Theorie und Praxis verursacht und zu einer unvernünftigen Überbewertung der Theorie einerseits und zu einer unvernünftigen Verachtung derselben andererseits führt. Sie bestätigt die gängige Praxis in ihrer harten Brutalität und tödlichen Routine gerade deshalb, weil sie Denken und Theorie in eine getrennte und edlere Region erhoben hat. Auf diese Weise hat sich der Idealist mit dem Materialisten verschworen, das wirkliche Leben so zu lassen, wie es ist – verarmt und ungerecht.

Die Isolierung des Denkens von der Konfrontation mit Tatsachen ermutigt jene Art von Beobachtung, die nur rohe Tatsachen aufhäuft, die sich mühselig mit bloßen Details befaßt, aber niemals nach ihrer Bedeutung und ihren Konsequenzen fragt – eine risikofreie Beschäftigung, denn sie hat niemals irgendeinen Nutzen im Auge, den man aus den beobachteten Fakten ziehen könnte, wenn man einen Plan zur Änderung der Situation festlegt. Andererseits behandelt Denken, das sich als eine Methode der Neugestaltung der Erfahrung versteht, die Beobachtung von Tatsachen als einen unverzichtbaren Schritt dazu, das Problem zu definieren, die Schwierigkeit zu lokaliseren, einen definiten und nicht einen lediglich vagen emotionalen Sinn dessen vor Augen zu führen, was die Schwierigkeit ist und wo sie liegt. Denken ist nicht ziellos, zufällig, durcheinander, sondern zweckgerichtet, spezifisch und durch die Art der erfahrenen Schwierigkeit bestimmt. Der Zweck ist, die gestörte und verwirrte Situation so zu klären, daß vernünftige Methoden, mit ihr fertig zu werden, angeregt werden. Wenn der Wissenschaftler den Anschein erweckt, ziellos zu beobachten, dann ist das lediglich deshalb der Fall, weil er so in die Probleme als Quellen und Leitfäden der Forschung verliebt ist, daß er sich abmüht, ein Problem aufzuwühlen, wo keines an der Oberfläche erscheint: er ist sozusagen auf der Jagd nach Schwierigkeiten wegen der Befriedigung, die er daraus gewinnt, sie zu bewältigen.

Spezifische und umfassende Beobachtung konkreter Tatsachen korrespondiert also stets nicht nur einem Gefühl für ein Problem oder eine Schwierigkeit, sondern einem vagen Sinn für die *Bedeutung* der Schwierigkeit, d.h. für das, was sie in der nachfolgenden Erfahrung bedeutet oder bezeichnet. Es ist eine Art Antizipation oder Voraussage dessen, was kommt. Wir sprechen sehr richtig von einer *drohenden* Schwierigkeit, und während wir die Zeichen der Schwierigkeit beobachten, erwarten wir gleichzeitig etwas, ahnen etwas – kurz, wir bilden uns eine *Idee*, werden einer Bedeutung bewußt. Wenn die Schwierigkeit nicht nur droht, sondern wirklich und gegenwärtig ist, sind wir überwältigt. Wir denken nicht, sondern überlassen uns einer Depression. Die Art Problem, die Denken veranlaßt, ist die, welche unvollständig und in der Entwicklung begriffen ist und wo das Vorhandene als Anzeichen der wahrscheinlichen Konsequenzen benutzt werden kann. Wenn wir intelligent beobachten, sind wir aufmerksam und nehmen wahr. Wir sind aufnahmefähig für etwas, was erst noch kommen wird. Neugier, Forschung, Untersuchung sind ebensosehr auf das gerichtet, was als nächstes geschehen wird, wie auf das, was geschehen ist. Ein intelligentes Interesse an letzerem ist ein Interesse daran, Beweise, Hinweise, Symptome zum Erschließen des ersteren zu erlangen. Beobachtung ist Diagnose, und Diagnose impliziert ein Interesse an Antizipation und Vorbereitung. Sie bereitet eine Haltung der Reaktion vor, die verhindern soll, daß wir überrascht werden.

Das, was noch nicht existiert, was nur antizipiert und erschlossen ist, kann nicht beobachtet werden. Es hat nicht den Status einer Tatsache, eines Gegebenen, eines Datums, sondern einer Bedeutung, einer Idee. Soweit Ideen nicht Phantasien sind, die sich ein emotionalisiertes Gedächtnis zum Zwecke der Flucht und des Refugiums bildet, sind sie genau Antizipationen von etwas Zukünftigem, die dadurch erweckt werden, daß man den Tatsachen einer sich entwikkelnden Situation ins Auge blickt. Der Schmied beobachtet sein Eisen, dessen Farbe und Textur, um Hinweise darauf zu erhalten, in welchen Zustand es übergehen wird; der Arzt beobachtet seinen Patienten, um Symptome einer Veränderung in eine bestimmte Richtung zu entdecken; der Wissenschaftler richtet seine Aufmerksamkeit auf sein Laboratoriumsmaterial, um einen Hinweis darauf zu erlangen, was unter bestimmten Bedingungen geschehen *wird*. Gerade diese Tatsache, daß Beobachtung kein Zweck an sich selbst, sondern eine Suche nach Beweisen und Zeichen ist, zeigt, daß mit Beobachtung und Schlußfolgerung antizipatorische Vorhersage — kurz, eine Idee, ein Gedanke oder eine Konzeption — einhergeht.

In einem mehr technischen Kontext lohnte es sich zu betrachten, welches Licht diese logische Korrespondenz von beobachteter Tatsache und entworfener Idee oder Bedeutung auf bestimmte traditionelle philosophische Probleme und Rätsel wirft, einschließlich das von Subjekt und Prädikat im Urteil, Objekt und Subjekt in der Erkenntnis, das »Reale« und »Ideale« überhaupt. Aber im Augenblick müssen wir uns auf den Hinweis beschränken, daß diese Ansicht von der korrelativen Entstehung und Funktion von beobachteter Tatsache und entworfener Idee in der Erfahrung uns auf einige sehr wichtige Konsequenzen festlegt hinsichtlich der Natur der Ideen, Bedeutungen, Konzeptionen oder welches Wort wir auch immer wählen mögen, um die spezifische *mentale* Funktion zu bezeichnen. Weil sie Vorstellungen von etwas erwecken, was geschehen oder sich ereignen kann, sind sie (wie wir im Falle von Idealen überhaupt gesehen haben) Grundlagen der Reaktion auf das, was vor sich geht. Der Mann, der ein Auto auf sich zurasen sieht, hat dadurch noch keine Garantie der Sicherheit; vielleicht hat er seine

Beobachtung-Voraussage zu spät gemacht. Aber wenn seine Antizipation-Wahrnehmung rechtzeitig kommt, dann hat er eine Basis, etwas zu tun, das drohende Unglück abzuwenden. Weil er ein drohendes Resultat vorhersieht, tut er vielleicht etwas, was dazu führt, daß die Situation auf andere Weise ausgeht. Alles intelligente Denken bedeutet einen Zuwachs an Freiheit im Handeln – eine Emanzipation von Zufälligkeit und Schicksalhaftigkeit. »Denken« ist die Anregung einer Reaktionsform, die sich von der unterscheidet, die erfolgt wäre, wenn intelligente Beobachtung nicht eine Schlußfolgerung im Hinblick auf die Zukunft bewirkt hätte.

Nun ist eine Methode des Handelns, ein Modus der Reaktion, der darauf abzielt, ein bestimmtes Resultat zu erzielen – d.h. den Schmied zu befähigen, seinem heißen Eisen eine bestimmte Form zu geben, den Arzt, den Patienten so zu behandeln, daß er die Genesung erleichtert, den wissenschaftlichen Experimentator, eine Schlußfolgerung zu ziehen, die auf andere Fälle anwendbar ist – naturgemäß tentativ, ungewiß, bis sie durch ihre Resultate überprüft wird. Die Bedeutung dieser Tatsache für die Wahrheitstheorie wird weiter unten diskutiert werden. Hier mag es genügen festzuhalten, daß Begriffe, Theorien, Systeme, gleichgültig wie sorgfältig durchdacht und konsistent sie sein mögen, als Hypothesen betrachtet werden müssen. Sie müssen als Grundlagen für Handlungen akzeptiert werden, durch welche sie überprüft werden, nicht als endgültige Ergebnisse. Diese Tatsache zur Kenntnis zu nehmen bedeutet, starre Dogmen aus der Welt zu schaffen. Es bedeutet anzuerkennen, daß Konzeptionen, Theorien und Systeme des Denkens immer dadurch, daß sie benutzt werden, einer Entwicklung offenstehen. Es unterstreicht die Lektion, daß wir ebenso nach Hinweisen, sie zu ändern, Ausschau halten müssen, wie nach Gelegenheiten, sie zu bestätigen. Sie sind Werkzeuge. Wie im Falle aller Werkzeuge liegt ihr Wert nicht in ihnen selbst, sondern in ihrer Fähigkeit zu arbeiten, die sich in den Konsequenzen ihres Gebrauchs zeigt.

Gleichwohl ist Forschung nur frei, wenn das Interesse an Erkenntnis so weit entwickelt ist, daß Denken etwas mit sich bringt, was um seiner selbst willen lohnt, etwas, das sein eigenes ästhetisches und moralisches Interesse hat. Gerade weil Wissen nicht auf sich selbst beschränkt und Selbstzweck ist, sondern instrumental für die Neugestaltung von Situationen, besteht immer die Gefahr, daß es der Aufrechterhaltung irgendeiner vorgefaßten Absicht oder eines Vorurteils untergeordnet wird. Dann hört die Reflexion auf, vollständig zu sein; ihr fehlt etwas. Weil sie von vornherein darauf festgelegt ist, bei einem bestimmten Resultat anzulangen, ist sie nicht aufrichtig. Es ist eine Sache zu sagen, alles Erkennen habe ein Ziel jenseits seiner selbst, und eine andere, entgegengesetzte, zu sagen, daß ein Akt des Erkennens ein bestimmtes Ziel hat, das zu erreichen es vorher verpflichtet worden ist. Noch viel weniger trifft es zu, daß die instrumentelle Natur des Denkens bedeutet, daß es deswegen existiert, damit man einen privaten, einseitigen Vorteil erlangt, an den man sein Herz gehängt hat. Jedwede Beschränkung des Zieles bedeutet eine Beschränkung im Denkprozeß selbst. Sie bedeutet, daß er nicht sein volles Wachstum und seine Beweglichkeit erlangt, sondern verkrampft, behindert, von außen beeinflußt wird. Die einzige Situation, in der das Erkennen ganz und gar stimuliert wird, ist die, in der das Ziel im Prozeß der Forschung und Überprüfung selber entwickelt wird.

Uneigennützige und unparteiische Forschung ist also weit

davon entfernt, zu bedeuten, daß Wissen auf sich selbst bezogen und unverantwortlich sei. Sie bedeutet, daß es kein bestimmtes Ziel gibt, das vorher festgelegt wird, so daß es die Aktivitäten der Beobachtung, Ideenbildung und Anwendung einengte. Forschung ist emanzipiert. Sie wird ermutigt, sich um jede Tatsache zu kümmern, die für die Definition des Problems oder Bedürfnisses relevant ist, und jeder Andeutung zu folgen, die einen Hinweis verspricht. Die Schranken gegen eine freie Forschung sind so vielfältig und so solide, daß man die Menschheit beglückwünschen muß, daß der Akt der Untersuchung selbst geeignet ist, eine erfreuliche und fesselnde Beschäftigung zu werden, die imstande ist, die Jagdinstinkte des Menschen in ihren Dienst zu nehmen.

Genau in dem Grade, in dem Denken aufhört, auf Ziele festgelegt zu sein, die durch gesellschaftlichen Brauch fixiert sind, entsteht eine gesellschaftliche Arbeitsteilung. Forschung wird für einige Menschen zu einer beherrschenden Lebensbeschäftigung. Freilich bestätigt dies nur oberflächlich die Idee, daß Theorie und Wissen Ziele an sich selbst seien. Sie sind, relativ gesprochen, Ziele an sich selbst für einige Personen. Aber diese Personen repräsentieren eine gesellschaftliche Arbeitsteilung; und ihrer Spezialisierung kann man nur Vertrauen schenken, wenn solche Personen in ungehinderter Kooperation mit anderen sozialen Berufen stehen, für die Probleme anderer empfänglich sind und ihnen Resultate zum Zwecke weiterer Anwendungen im Handeln übermitteln. Wird diese soziale Beziehung von Personen, die besonders damit befaßt sind, die Erkenntnisunternehmung voranzubringen, vergessen und die Klasse isoliert, verliert die Forschung ihren Anreiz und Zweck. Sie degeneriert in sterile Spezialisierung, eine Art intellektueller Gschaftlhuberei sozial geistesabwesender Menschen. Im Namen der Wissenschaft werden Details angehäuft und finden abstruse dialektische Systementwicklungen statt. Dann wird die Beschäftigung unter dem erhabenen Namen der Hingabe an die Wahrheit um ihrer selbst willen »rationalisiert«. Aber wenn der Weg wahrer Wissenschaft wieder eingeschlagen wird, werden diese Dinge beiseitegefegt und vergessen. Sie zeigen sich als Spielereien eitler und unverantwortlicher Männer. Die einzige Garantie für eine unparteiische, uneigennützige Forschung ist das soziale Gespür des Forschers für die Bedürfnisse und Probleme der Menschen, zu deren Gemeinschaft er gehört.

So sehr die instrumentelle Theorie die hohe Bewertung unparteiischer und uneigennütziger Forschung befürwortet, so legt sie, im Gegensatz zu den Eindrücken einiger Kritiker, großen Wert auf den Deduktionsapparat. Es ist eine seltsame Vorstellung, daß man deshalb, weil man sagt, daß der kognitive Wert von Konzeptionen, Definitionen, Generalisierungen, Klassifikationen und der Entwicklung aus einander folgender Implikationen nicht in sich selbst beruhe, die deduktive Funktion geringer achte oder ihre Fruchtbarkeit und Notwendigkeit leugne. Die instrumentelle Theorie versucht nur, mit einiger Genauigkeit zu formulieren, *wo* der Wert gefunden wird, und zu verhindern, daß er an der falschen Stelle gesucht wird. Sie sagt, daß das Erkennen mit spezifischen Beobachtungen beginne, die das Problem definieren, und mit spezifischen Beobachtungen ende, die eine Hypothese auf ihre Lösung hin überprüfen. Aber daß die Idee, die Bedeutung, die die ursprünglichen Beobachtungen nahelegen und die letzten Beobachtungen überprüfen, selbst sorgfältige Prüfung und längere Entwicklung erfordert, würde die Theorie als letzte bestreiten. Zu sagen, daß eine Lokomotive ein Mechanismus sei, der zwischen einem Bedürfnis in der Erfahrung und seiner Befriedigung vermittle, bedeutet nicht die Geringschätzung des Wertes einer sorgfältigen und mühseligen Konstruktion der Lokomotive, oder des Bedürfnisses nach Hilfsmitteln und Hilfsprozessen, die dazu dienen sollen, Verbesserungen an deren Struktur anzubringen. Man würde eher sagen, daß *gerade weil* die Lokomotive in der Erfahrung etwas Mittleres, nichts Primäres oder Finales ist, es unmöglich ist, zu viel Mühe auf ihre konstruktive Entwicklung zu verwenden.

Eine deduktive Wissenschaft wie die Mathematik stellt die Vollendung der Methode dar. Daß sich eine Methode für jene, die damit befaßt sind, als ein Ziel an sich selbst darstellt, ist nicht überraschender, als daß es für die Herstellung jedes Werkzeugs einen eigenen Berufszweig gibt. Selten sind jene, die ein Werkzeug erfinden und vervollkommnen, auch diejenigen, die es verwenden. Es gibt allerdings einen bezeichnenden Unterschied zwischen den physischen und den intellektuellen Instrumenten. Die Entwicklung letzterer geht weit über jeden unmittelbar sichtbaren Nutzen hinaus. Das artistische Interesse an der Vervollkommnung der Methode als solcher ist stark – wie die Utensilien der Zivilisation selbst zu Werken der schönen Kunst werden können. Aber vom praktischen Standpunkt aus zeigt dieser Unterschied, daß der Vorteil als Werkzeug auf der Seite des intellektuellen Hilfsmittels liegt. Gerade weil es nicht im Hinblick auf eine spezielle Anwendung gebildet worden ist, gerade weil es ein hoch verallgemeinertes Werkzeug ist, ist es in der Anwendung auf unvorhergesehene Verwendungen um so flexibler. Es kann bei der Bewältigung von Problemen genutzt werden, die nicht antizipiert worden waren. Der Geist ist von vorneherein für alle Arten intellektueller Notfälle ausgerüstet, und wenn das neue Problem auftaucht, braucht er nicht zu warten, bis er ein spezielles Instrument vorbereitet hat.

Bestimmter gesagt: Abstraktion ist unabdingbar, wenn eine Erfahrung auf andere Erfahrungen anwendbar sein soll. Jede konkrete Erfahrung in ihrer Totalität ist einzigartig; sie ist sie selbst, nicht wiederholbar. In ihrer vollen Konkretheit genommen, enthält sie keine Lehre, wirft sie keinerlei Licht. Was Abstraktion genannt wird, bedeutet, daß eine bestimmte Phase daraus ausgewählt wird um der Hilfe willen, die sie dabei leistet, etwas anderes zu begreifen. Für sich selbst genommen, ist sie ein verstümmeltes Fragment, ein armseliger Ersatz für das lebendige Ganze, aus dem sie herausgezogen ist. Aber teleologisch oder praktisch gesehen, stellt sie den einzigen Weg dar, auf dem eine Erfahrung für eine andere fruchtbar gemacht werden kann – den einzigen Weg, auf dem eine Information gesichert werden kann. Was man falsche oder fehlerhafte Abstraktheit nennt, bedeutet, daß man die *Funktion* des isolierten Elements vergessen und unberücksichtigt gelassen hat, so daß es an sich selbst kaum höher gewertet wird als das trübe und unregelmäßige Konkrete, dem es entrissen worden ist. Funktional und nicht strukturell und statisch angesehen, bedeutet Abstraktion, daß irgendetwas aus einer Erfahrung zum Zweck der Übertragung auf eine andere freigesetzt worden ist. Abstraktion ist Befreiung. Je theoretischer, je abstrakter eine Abstraktion ist oder je weiter weg von allem, das in seiner Konkretheit erfahren wird, um so besser ist sie geeignet, mit jedem beliebigen Sonderfall in der unendlichen Vielheit von Dingen fertigzuwerden, der später einmal auftreten könnte. Die antike

Mathematik und Physik waren der groben konkreten Erfahrung viel näher als die moderne. Genau aus diesem Grunde waren sie viel unfähiger, Einsicht in und Kontrolle über solche konkreten Dinge zu gewähren, die sich in neuen und unerwarteten Formen zeigen.

Abstraktion und Verallgemeinerung sind immer als eng miteinander verwandt angesehen worden. Man könnte sagen, daß sie die negative und die positive Seite derselben Funktion sind. Abstraktion setzt einen Faktor zu seiner Verwendung frei. Generalisierung ist diese Verwendung. Sie überträgt und erweitert. In gewissem Sinne ist sie immer ein Sprung ins Dunkle, ein Abenteuer. Es kann im Voraus keine Sicherheit geben, daß das, was von dem einen Konkreten abgezogen ist, fruchtbringend auf den anderen individuellen Fall angewendet werden kann. Da diese anderen Fälle individuell und konkret sind, *müssen* sie unähnlich sein. Die Eigenschaft des Fliegens wird von dem konkreten Vogel getrennt. Diese Abstraktion wird dann auf die Fledermaus übertragen, und man erwartet im Hinblick auf die Anwendung dieser Eigenschaft, daß die Fledermaus einige der anderen Züge des Vogels besitzt. Dieses triviale Beispiel deutet das Wesen der Generalisierung an und illustriert auch die Gefährlichkeit des Vorgehens. Das Resultat einer früheren Erfahrung wird auf die Rezeption und Interpretation einer neuen übertragen, ausgedehnt, angewendet. Deduktive Prozesse definieren, beschränken, reinigen und ordnen die begrifflichen Vorstellungen, durch die dieser bereichernde und lenkende Vorgang abläuft, aber sie können das Ergebnis nicht garantieren, wie perfekt sie auch immer sind.

Der pragmatische Wert der Organisation wird uns im gegenwärtigen Leben so deutlich vor Augen geführt, daß es kaum nötig erscheint, bei der instrumentellen Bedeutsamkeit von Klassifikation und Systematisierung zu verweilen. Als die Existenz qualitativer und unveränderlicher Spezies nicht länger als der höchste Gegenstand des Wissens galt, wurde, besonders von den Empiristen, Klassifikation oft für eine lediglich sprachliche Einrichtung gehalten. Es war für das Gedächtnis und die Kommunikation vorteilhaft, Worte zu haben, die eine Anzahl von Individuen zusammenfaßten. Man nahm an, daß Klassen nur in der Sprache existierten. Später wurden Ideen als eine Art *tertium quid* zwischen Dingen und Worten angesehen. Klassen durften im Denken als rein mentale Dinge existieren. Hierin zeigt sich gut die kritische Einstellung des Empirismus. Klassen irgendeine Objektivität zuzubilligen, hieß, einen Glauben an ewige Spezies und okkulte Wesenheiten zu ermutigen und die Waffen einer dekadenten und schädlichen Wissenschaft zu verstärken – ein Gesichtspunkt, der gut durch Locke illustriert wird. Allgemeine *Ideen* sind nützlich bei der Einsparung von Arbeit, da sie uns in den Stand setzen, bestimmte Erfahrungen in einfachere und leichtere Bündel zu kondensieren, und die Identifikation neuer Beobachtungen erleichtern.

Soweit waren Nominalismus und Konzeptualismus – die Theorie, daß Arten nur in Worten oder in Ideen bestehen – auf der richtigen Spur. Sie betonten den teleologischen Charakter von Systemen und Klassifikationen, daß sie um der Ökonomie und Effizienz der Zielerreichung willen existieren. Aber diese Wahrheit wurde in einen falschen Begriff verdreht, weil die aktive und handelnde Seite der Erfahrung geleugnet oder ignoriert wurde. Konkreten Dingen sind *bestimmte Arten und Weisen* des Wirkens eigen, soviele Weisen des Wirkens, wie sie Punkte der Interaktion mit anderen

Dingen haben. Ein Ding ist in Gegenwart einiger Dinge gefühllos, ohne Reaktion, träge; es ist lebendig, eifrig und angriffslustig im Hinblick auf andere; in einem dritten Falle ist es rezeptiv, gefügig. Verschiedene Arten des Verhaltens können nun, trotz ihrer unendlichen Vielfalt, hinsichtlich einer gemeinsamen Beziehung auf ein Ziel in eine Klasse zusammengefaßt werden. Kein vernünftiger Mensch versucht alles zu tun. Er hat bestimmte Hauptinteressen und leitende Ziele, mit deren Hilfe er sein Verhalten kohärent und effektiv macht. Ein Ziel zu haben, bedeutet zu beschränken, auszuwählen, zu konzentrieren, zu gruppieren. Auf diese Weise wird eine Basis dafür geschaffen, Dinge danach auszuwählen und zu organisieren, wie ihre Arten und Weisen zu wirken sich auf die Verfolgung der jeweiligen Ziele bezieht. Kirschbäume werden von Holzarbeitern, Obstbaumgärtnern, Künstlern, Wissenschaftlern und Genießern ganz verschieden gruppiert. Für die Ausführung verschiedener Zwecke sind die verschiedenen Weisen des Agierens und Reagierens auf seiten der Bäume wichtig. Jede Klassifikation kann gleich sinnvoll sein, wenn die Verschiedenheit der Zwecke beachtet wird.

Nichtsdestoweniger gibt es einen echten objektiven Maßstab für die Güte bestimmter Klassifikationen. Die eine fördert den Möbeltischler bei der Erreichung seines Ziels, während die andere ihn behindert. Die eine Klassifikation hilft dem Botaniker, seine Forschungsarbeit fruchtbar weiterzuführen, während ihn eine andere aufhält und verwirrt. Die teleologische Theorie der Klassifikation legt uns also nicht auf den Begriff fest, daß Klassen rein verbal oder rein mental seien. Organisation ist in einer beliebigen Kunst, einschließlich der Kunst der Forschung, nicht in höherem Maße nur nominal oder mental als sie es in einem Warenhaus oder einem Eisenbahnsystm ist. Die Notwendigkeit der Ausführung stellt objektive Kriterien bereit. Dinge müssen sortiert und angeordnet werden, damit ihre Gruppierung erfolgreiche Handlungen um bestimmter Ziele willen fördert. Bequemlichkeit, Ökonomie und Effizienz sind die Grundlagen der Klassifikation, aber diese Dinge sind weder auf verbale Kommunikation mit anderen beschränkt noch auf ein inneres Bewußtsein; sie betreffen objektives Handeln. Sie müssen Wirkungen in der Welt zeitigen.

Gleichzeitig ist eine Klassifikation nicht lediglich eine Kopie oder ein Duplikat irgendeiner vollendeten und fertigen Anordnung, die schon vorher in der Natur existiert. Sie ist eher ein Repertoire von Angriffswaffen gegen die Zukunft und das Unbekannte. Für einen Erfolg müssen die Details vergangenen Wissens von bloßen Fakten auf Bedeutungen reduziert werden, je weniger, einfacher und extensiver, umso besser. Sie müssen in ihrer Reichweite umfassend genug sein, um die Forschung in den Stand zu setzen, mit jedem noch so unerwarteten Phänomen fertig zu werden. Sie müssen so angeordnet werden, daß sie sich nicht überschneiden, weil sie andernfalls bei ihrer Anwendung auf neue Ereignisse sich in die Quere kommen und zu Verwirrung führen. Damit es bei der Auseinandersetzung mit der ungeheuren Vielfalt von Geschehnissen, die sich darbieten, Leichtigkeit und Sparsamkeit der Bewegung gibt, müssen wir imstande sein, schnell und bestimmt von einer Angriffswaffe auf die andere überzugehen. Mit anderen Worten, unsere verschiedenen Klassen und Arten müssen selbst in gestufte Reihen von den umfassenderen zu den spezifischeren klassifiziert werden. Es darf nicht nur Straßen geben, sondern die Straßen müssen im

Hinblick darauf angelegt sein, daß sie den Übergang von einer zur anderen erleichtern. Klassifikation transformiert eine Wildnis von Nebenwegen in der Erfahrung in ein wohlgeordnetes System von Straßen, das Transport und Kommunikation in der Forschung fördert. Sobald Menschen anfangen, Vorsorge für die Zukunft zu treffen und sich im voraus darauf vorzubereiten, ihr wirksam und erfolgreich zu begegnen, gewinnen die deduktiven Operationen und ihre Ergebnisse an Bedeutung. In jedem praktischen Unternehmen gibt es hervorzubringende Güter, und alles, was die Materialverschwendung vermindert und die Wirtschaftlichkeit und Effizienz der Produktion fördert, ist wertvoll.

Uns bleibt nur noch wenig Zeit, um über die Auffassung von der Natur der Wahrheit zu sprechen, die von dem experimentellen und funktionalen Typ der Logik vertreten wird. Das ist umso weniger zu bedauern, als diese Vorstellung ganz und gar eine Folgerung aus der Natur des Denkens und der Ideen darstellt. Wenn die hier vertretene Auffassung hinsichtlich letzterer verstanden ist, dann folgt die Konzeption der Wahrheit ganz zwangsläufig. Wenn sie aber nicht verstanden ist, dann muß jeder Versuch, die Wahrheitstheorie darzustellen, verwirrend sein und die Theorie selbst willkürlich und absurd erscheinen. *Wenn* Ideen, Bedeutungen, Konzeptionen, Begriffe, Theorien, Systeme Instrumente für eine aktive Reorganisation der gegebenen Umgebung sind, für die Beseitigung eines bestimmten Problems und einer spezifischen Verwirrung, dann liegt die Überprüfung ihrer Gültigkeit und ihres Wertes in der Verrichtung dieser Aufgabe. Sind sie in dieser Funktion erfolgreich, dann sie sind verläßlich, haltbar, gültig, gut, wahr. Gelingt es ihnen nicht, die Verwirrung zu beseitigen, Mängel zu beheben, steigern sie die Konfusion, Ungewißheit und das Übel sogar noch, wenn man ihnen gemäß handelt, sind sie falsch. Bestätigung, Vergewisserung, Verifikation liegt in den Werken, den Konsequenzen. Schön ist, wer schön handelt.* An ihren Früchten sollt ihr sie *erkennen*. Das, was uns zuverlässig (*truly***) führt, ist wahr – die bewiesene Fähigkeit zu solcher Anleitung ist genau das, was mit Wahrheit gemeint ist. Das Adverb *truly* (zuverlässig) ist grundlegender als das Adjektiv *true* (wahr) oder als das Substantiv *truth* (Wahrheit). Ein Adverb drückt eine Art und Weise, einen Modus des Handelns aus. Nun ist eine Idee oder Konzeption ein Anspruch oder eine Aufforderung oder ein Plan, in einer bestimmten Weise zu *handeln*, um so zur Aufklärung einer spezifischen Situation zu gelangen. Wenn nach dem Anspruch oder der Aufforderung oder dem Plan gehandelt worden ist, leitet er uns zuverlässig (*truly*) oder unzuverlässig (*falsely*); er führt uns zu unserem Ziel hin oder davon weg. Seine aktive, dynamische Funktion ist das entscheidend Wichtige an ihm, und in der durch ihn herbeigeführten Qualität der Aktivität liegt alle seine Wahrheit (Bewährung) und Falschheit. Die Hypothese, die sich bewährt, ist *wahr*, und *Wahrheit* ist ein abstraktes Nomen, das auf die Menge der wirklichen, vorhergesehenen und erwünschten Fälle angewendet wird, die sich in ihren Werken und Konsequenzen bewähren.

Der Wert dieser Auffassung von der Wahrheit hängt so vollständig von der Richtigkeit der früher gegebenen Analyse des Denkens ab, daß es nützlicher ist, sich anzuschauen, warum diese Auffassung anstößig erscheint, als sie

* *handsome is that handsome does*: engl. Sprichtwort; A. d. Ü.
** vgl. dt. treulich; das deutsche Wort »wahr« bedeutet ursprünglich »vertrauenswert«; A. d. Ü.

um ihrer selbst willen darzustellen. Ein Teil des Grundes, warum sie als so schädlich empfunden wurde, besteht zweifellos in ihrer Neuheit und in Mängeln ihrer Darstellung. Wenn z.B. Wahrheit als Befriedigung bestimmt wurde, wurde diese Befriedigung allzu oft als lediglich gefühlsmäßig aufgefaßt, als ein privater Trost, eine Befriedigung rein persönlicher Bedürfnisse. Aber die Befriedigung, um die es sich hier handelt, bedeutet eine Befriedigung der Bedürfnisse und Bedingungen des Problems, aus dem sich die Idee, die Absicht und die Methode des Handelns ergibt. Sie schließt öffentliche und objektive Bedingungen ein. Sie kann nicht durch Launen oder durch persönliche Idiosynkrasien manipuliert werden. Wiederum, wenn Wahrheit als Nützlichkeit definiert wird, wird Nützlichkeit oft so verstanden, als bedeute sie Nützlichkeit für einen rein persönlichen Zweck, irgendeinen Gewinn, auf den ein bestimmtes Individuum sich kapriziert habe. Eine Auffassung von der Wahrheit, die sie zu einem bloßen Werkzeug privaten Ehrgeizes und der Selbstverherrlichung macht, ist so abstoßend, daß man sich wundern muß, daß Kritiker eine derartige Auffassung geistig gesunden Menschen zugeschrieben haben. Tatsächlich bedeutet Wahrheit als Nützlichkeit, daß die Idee oder Theorie genau den Beitrag zur Reorganisation in der Erfahrung leistet, den sie für sich beansprucht. Der Nutzen einer Straße bemißt sich nicht an dem Grad, in dem sie sich den Zwecken eines Straßenräubers fügt. Er bemißt sich daran, ob sie tatsächlich *als* Straße fungiert, als Mittel des bequemen und effektiven öffentlichen Verkehrs und der Kommunikation. Genauso verhält es sich mit der Brauchbarkeit einer Idee oder Hypothese als Maßstab ihrer Wahrheit.

Abgesehen von solchen eher oberflächlichen Mißverständnissen finden wir, wie ich denke, das Haupthindernis für die Rezeption dieses Begriffs der Wahrheit in einem Erbe aus der klassischen Tradition, das sich tief in das Bewußtsein eingegraben hat. In eben dem Grad, in dem die Existenz in zwei Bereiche geteilt wurde, einen höheren des vollkommenen Seins und einen niedrigeren einer scheinhaften, phänomenalen, defizienten Realität, werden Wahrheit und Falschheit als unveränderliche, fertige, statische Eigenschaften der Dinge selbst angesehen. Die höchste Realität ist wahres Sein, die niedrigere und unvollkommene Realität ist falsches Sein. Sie erhebt einen Anspruch auf Realität, den sie nicht rechtfertigen kann. Sie ist täuschend, betrügerisch, inhärent des Vertrauens und Fürwahrhaltens unwert. Glaubensüberzeugungen sind nicht deshalb falsch, weil sie uns in die Irre führen, sie sind nicht fehlerhafte Weisen des Denkens. Sie sind falsch, weil sie falsche Existenzen oder Subsistenzen zulassen und ihnen anhängen. Andere Begriffe sind wahr, weil sie mit wahrem Sein zu tun haben – mit der vollen und letzten Realität. Ein derartiger Begriff hat sich in jedem Kopf festgesetzt, der auf wie indirektem Wege auch immer die antike und die mittelalterliche Tradition rezipiert hat. Diese Ansicht wird durch die pragmatische Auffassung von der Wahrheit radikal in Frage gestellt, und die Unmöglichkeit der Versöhnung oder eines Kompromisses ist, glaube ich, die Ursache dafür, daß die neue Theorie so schockierend wirkte.

Dieser Kontrast macht freilich sowohl die Wichtigkeit der neuen Theorie als auch den unbewußten Widerstand gegen ihre Anerkennung aus. Die ältere Konzeption wirkte sich praktisch dahingehend aus, Wahrheit mit autoritativem Dogma zu identifizieren. Eine Gesellschaft, die hauptsächlich Ordnung schätzt, die Wachstum als schmerzlich und Veränderung als störend empfindet, sucht unvermeidlich nach einem festen System von höheren Wahrheiten, auf die sie sich verlassen kann. Sie schaut auf etwas, das schon besteht, als auf die Quelle und Sanktionierung der Wahrheit zurück. Sie greift zur Unterstützung auf das zurück, was vorhergeht, früher, ursprünglich, *a priori* ist. Der Gedanke vorwärts, auf das Ende, auf die Konsequenzen zu blicken, schafft Unbehagen und Furcht. Er stört das Gefühl der Ruhe, das mit den Ideen einer unveränderlichen Wahrheit, die schon besteht, verbunden ist. Er erlegt uns eine schwere Last der Verantwortung für Forschung, unablässige Beobachtung, skrupulöse Entwicklung von Hypothesen und gründliche Überprüfung auf. In physikalischen Fragen hat sich die Menschheit allmählich in allen spezifischen Glaubensüberzeugungen daran gewöhnt, das Wahre mit dem Verifizierten zu identifizieren. Aber noch zögert sie, die Implikation dieser Identifikation anzuerkennen und die Definition der Wahrheit daraus abzuleiten. Denn während es nominell als Gemeinplatz gilt, daß Definitionen eher konkreten und spezifischen Fällen entspringen sollten, statt daß man sie im luftleeren Raum erfindet und spezifischen Fällen überstülpt, gibt es einen merkwürdigen Widerwillen dagegen, nach dieser Maxime bei der Definition der Wahrheit zu verfahren. Die Erkenntnis zu verallgemeinern, daß das Wahre das Verifizierte und nichts anderes bedeutet, erlegt den Menschen die Verantwortung dafür auf, politische und moralische Dogmen aufzugeben und ihre liebsten Vorurteile der Prüfung durch ihre Konsequenzen zu unterwerfen. Eine solche Veränderung bringt eine große Veränderung im Verhältnis zur Autorität und in den Methoden der Entscheidung der Gesellschaft mit sich. Einige von ihnen werden, als die ersten Früchte der neueren Logik, in den folgenden Vorlesungen betrachtet werden.

7. Neugestaltung der Moralbegriffe

Daß sich der Wandel in den Methoden des wissenschaftlichen Denkens auf moralische Ideen ausgewirkt hat, ist im allgemeinen offensichtlich. Güter, Ziele haben sich vervielfältigt. Regeln sind zu Prinzipien abgemildert worden, und Prinzipien werden in Methoden des Verstehens verwandelt. Die ethische Theorie begann bei den Griechen als ein Versuch, eine Regulierung der Lebenspraxis zu gewinnen, die einen rationalen Grund und Zweck haben sollte, statt nur vom Brauch abgeleitet zu sein. Aber die Vernunft als Ersatz für den Brauch stand unter der Verpflichtung, Objekte und Gesetze bereitzustellen, die ebenso unwandelbar sein sollten, wie es die des Brauches gewesen waren. Seitdem ist die Ethik von der Vorstellung geradezu hypnotisiert gewesen, daß ihre Aufgabe darin bestehe, irgendein endgültiges Ziel oder Gut oder irgendein letztes und höchstes Gesetz zu entdecken. Dies ist das gemeinsame Element in der Vielfalt der Theorien. Einige waren der Auffassung, daß das Ziel in der Loyalität oder dem Gehorsam einer höheren Macht oder Autorität gegenüber bestehe; und sie haben dieses höhere Prinzip abwechselnd im göttlichen Willen, dem Willen des weltlichen Machthabers, der Aufrechterhaltung von Institutionen, in denen die höheren Zwecke verkörpert sind, und dem rationalen Bewußtsein von der Pflicht gefunden. Aber sie haben sich voneinander gerade deshalb unterschieden, weil sie sich über einen Punkt einig waren: eine einzige und endgültige Quelle des Gesetzes. Andere haben behauptet, daß es unmöglich sei, Moralität und Übereinstimmung mit der gesetzgebenden Macht ineins zu setzen, und daß sie in Zielen gesucht werden müsse, die selbst Güter sind. Und einige haben das Gute in der Selbstverwirklichung gesucht, einige in der Heiligkeit, einige im Glück, einige in der größtmöglichen Summe von Lust. Und gleichwohl stimmen alle diese Schulen in der Annahme überein, daß es ein einziges, unwandelbares und endgültiges Gutes gebe. Sie können miteinander überhaupt nur wegen ihrer gemeinsamen Prämisse streiten.

Es erhebt sich die Frage, ob der Weg aus der Verwirrung und dem Konflikt nicht darin besteht, zur Wurzel dieser ganzen Angelegenheit zu gehen, indem man dieses gemeinsame Element in Frage stellt. Ist nicht der Glaube an das Einzige, Endgültige und Letzte (werde es nun als Gut oder als autoritatives Gesetz gedacht) ein intellektuelles Produkt jener feudalistischen Organisation, die historisch im Schwinden begriffen ist, und jenes Glaubens an einen begrenzten, geordneten Kosmos, in dem Ruhe höher als Bewegung geschätzt wird, der aus der Naturwissenschaft verschwunden ist? Es ist wiederholt angedeutet worden, daß die gegenwärtige Begrenzung der intellektuellen Neugestaltung in der Tatsache begründet liegt, daß sie bisher noch nicht ernsthaft in den moralischen und sozialen Disziplinen angewendet worden ist. Würde nicht diese weitere Anwendung eben das verlangen, daß wir zu einem Glauben an eine Vielheit von sich verändernden, sich bewegenden, individualisierten Gütern und Zielen fortschreiten, und zu einem Glauben, daß

Prinzipien, Kriterien, Gesetze intellektuelle Instrumente für die Analyse individueller oder einzigartiger Situationen darstellen?

Die schlichte Behauptung, daß jede moralische Situation eine einzigartige Situation ist, die ihr eigenes, unersetzbares Gutes besitze, erscheint vielleicht nicht so sehr als schlicht, sondern vielmehr als absurd. Denn die bestehende Tradition lehrt, daß es genau die Unregelmäßigkeit der Sonderfälle sei, die die Verhaltenslenkung durch Universalien nötig mache, und daß das Wesen der tugendhaften Einstellung in der Bereitschaft bestehe, jeden Einzelfall der Beurteilung durch ein unwandelbares Prinzip zu unterwerfen. Es würde dann folgen, daß die Unterwerfung eines generischen Zieles und Gesetzes unter die Bestimmung durch die konkrete Situation völlige Konfusion und grenzenlose Willkür mit sich brächte. Lassen Sie uns gleichwohl der pragmatischen Regel folgen und, um die Bedeutung der Idee zu entdecken, nach ihren Konsequenzen fragen. Dann ergibt sich überraschenderweise, daß die primäre Bedeutung des einzigartigen und moralisch letztgültigen Charakters der konkreten Situation darin besteht, das Gewicht und die Last der Moralität auf die Intelligenz zu verlagern. Sie zerstört nicht die Verantwortlichkeit; sie lokalisiert sie nur. Eine moralische Situation ist eine, in der Urteil und Wahl vor der eigentlichen Handlung erfordert sind. Die praktische Bedeutung der Situation – d.h. die Handlung, die dieser Situation gemäß ist – liegt nicht unmittelbar vor Augen. Sie muß gesucht werden. Es gibt konfligierende Wünsche und alternativ erscheinende Güter. Es kommt darauf an, den richtigen Handlungsverlauf zu finden, das richtige Gute. Deshalb bedarf es der Untersuchung: der detaillierten Beobachtung des Situationsaufbaus, der Analyse in ihre diversen Faktoren; der Aufklärung dessen, was dunkel ist; der Fähigkeit, die auffälligeren und aufdringlicheren Züge unberücksichtigt zu lassen; der Verfolgung der Konsequenzen der verschiedenen Modi des Handelns, die sich anbieten; der Geduld, die getroffene Entscheidung als hypothetisch und tentativ aufzufassen, bis die antizipierten oder vermuteten Konsequenzen, die zu diesem Entschluß führten, mit den wirklichen Konsequenzen in Einklang gebracht sind. Diese Untersuchung ist Intelligenz. Unsere moralischen Mißerfolge gehen auf eine Schwäche unserer Einstellung zurück, auf einen Mangel an Sympathie, auf Voruteile, die uns dazu veranlassen, über den konkreten Fall ohne Sorgfalt und völlig verdreht zu urteilen. Umfassende Sympathie, große Sensibilität, Durchhaltevermögen angesichts des Unangenehmen, Interessenabwägung, die uns in den Stand setzt, das Werk der Analyse und Entscheidung intelligent in Angriff zu nehmen, dies sind die charakteristischen moralischen Eigenschaften – die Tugenden oder moralischen Qualitäten.

Es ist bemerkenswert, daß der zugrundeliegende Streit eigentlich nur um dasselbe geht, was schon in der physikalischen Forschung gründlich durchgespielt worden ist. Auch da schien es lange Zeit so, als ob rationale Sicherheit und Beweisführung nur erreicht werden könnten, wenn wir mit universalen Begriffen begännen und einzelne Fälle darunter subsumierten. Die Forscher, welche jene Methoden der Forschung auf den Weg brachten, die jetzt überall akzeptiert sind, wurden zu ihrer Zeit, und zwar völlig aufrichtig, als Totengräber der Wahrheit und Feinde der Wissenschaft denunziert. Wenn sie schließlich doch den Sieg davon getragen haben, dann deshalb, weil, wie wir schon dargelegt haben, die Methode der Universalien Vorurteile bestätigte und Ideen sanktionierte, die ungeachtet irgendeines Beweises zu ihren Gunsten allgemeine Anerkennung gefunden hatten; sobald man dagegen das anfängliche und schließliche Gewicht auf den individuellen Fall legte, wurde eine sorgfältige Erforschung der Tatsachen und eine Überprüfung von Prinzipien angeregt. Im Ergebnis wurde der Verlust ewiger Wahrheiten mehr als wettgemacht durch das zunehmende Verständnis alltäglicher Tatsachen. Der Verlust des Systems höherer und unwandelbarer Definitionen und Arten wurde mehr als ausgeglichen durch das wachsende System an Hypothesen und Gesetzen, die dazu dienten, Tatsachen zu klassifizieren. Wir plädieren also eigentlich nur dafür, in der Ethik die Logik zu übernehmen, die sich dabei bewährt hat, Sicherheit, Stringenz und Fruchtbarkeit bei der Beurteilung physischer Phänomene zu gewährleisten. Und der Grund ist derselbe. Die alte Methode entmutigte trotz ihrer angeblichen und ästhetischen Verehrung der Vernunft eben diese Vernunft, weil sie die Anwendung genauer und unermüdlicher Forschung verhinderte.

Bestimmter gesagt: die Verlagerung der Last des moralischen Lebens vom Gehorsam gegenüber Regeln oder der Verfolgung unwandelbarer Ziele hin zur Aufdeckung der Übel, die in einem besonderen Fall der Abhilfe bedürfen, und zur Entwicklung von Plänen und Methoden, um damit fertigzuwerden, beseitigt die Ursachen, deretwegen die Ethik so kontrovers geblieben ist, und die sie außerdem an dem hilfreichen Kontakt mit den Anforderungen der Praxis gehindert haben. Die Theorie der unwandelbaren Ziele führt das Denken unvermeidlich in den Sumpf von Disputen, die nicht geschlichtet werden können. Wenn es ein einziges *sum-*

mum bonum, ein einziges höchstes Ziel, gibt, worin besteht es? Dieses Problem zu erwägen heißt sich inmitten von Kontroversen zu begeben, die heute ebenso heftig sind, wie sie es vor zweitausend Jahren waren. Nehmen Sie einmal an, wir versetzten uns auf einen scheinbar stärker empirischen Standpunkt und sagten, daß es zwar nicht ein einziges Ziel gibt, aber auch nicht so viele wie spezifische Situationen, die der Verbesserung bedürfen; sondern daß es eine Reihe von solchen natürlichen Gütern gibt wie Gesundheit, Reichtum, Ehre oder einen guten Namen, Freundschaft, ästhetische Wertschätzung, Lernen; und von solchen moralischen Gütern wie Gerechtigkeit, Mäßigung, Wohlwollen usf. Was oder wer soll darüber entscheiden, welches dieser Ziele den Vorzug verdient, wenn sie miteinander in Konflikt geraten, was sie gewiß tun werden? Werden wir auf die Methode zurückgreifen, die das ganze Geschäft der Ethik schon einmal in solchen Verruf gebracht hat: die Kasuistik? Oder werden wir unsere Zuflucht bei dem suchen, was Bentham so treffend die *ipse-dixit*-Methode genannt hat: die willkürliche Entscheidung zugunsten dieser oder jener Autorität zu diesem oder jenem Zweck? Oder werden wir gezwungen sein, sie alle in eine Rangordnung zu bringen, vom höchsten Gut herunter bis zum am wenigsten Wertvollen? Wieder finden wir uns inmitten unversöhnter Dispute ohne auch nur die Spur eines Ausweges.

Inzwischen bleiben die besonderen moralischen Probleme, die der Hilfe der Intelligenz bedürfen, unaufgeklärt. Wir können Gesundheit, Wohlstand, Lernen, Gerechtigkeit oder Freundschaft nicht im allgemeinen suchen oder erlangen. Handeln ist immer spezifisch, konkret, individualisiert, einzigartig. Und infolgedessen müssen Urteile hinsichtlich der vorzunehmenden Handlungen ähnlich spezifisch sein. Wenn man sagt, daß jemand Gesundheit oder Gerechtigkeit sucht, bedeutet das nur, daß er gesund oder gerecht zu leben sucht. Diese Dinge sind, wie Wahrheit, adverbial. Sie sind Modifikationen der Handlung in spezifischen Fällen. Wie man es anstellt, gesund oder gerecht zu leben, ist eine Angelegenheit, die bei jedem Menschen verschieden ist. Sie hängt von seiner vergangenen Erfahrung ab, von den Gelegenheiten, die er hat, von seinen natürlichen und erworbenen Schwächen und Fähigkeiten. Nicht der Mensch überhaupt, sondern ein bestimmter Mensch, der an einer bestimmten Krankheit leidet, beabsichtigt, gesund zu leben, und infolgedessen kann Gesundheit für ihn nicht genau dasselbe bedeutet wie für irgendeinen anderen Sterblichen. Gesund zu leben ist nicht etwas, was man an sich getrennt von anderen Lebensweisen, erlangen kann. Man muß *in* seinem Leben gesund sein, nicht abgetrennt davon, und was bedeutet Leben anderes als die Gesamtheit von Zwecken und Aktivitäten? Ein Mensch, der Gesundheit als ein abgetrenntes Ziel anstrebt, wird zum Hypochonder oder zum Fanatiker, oder zu einem, der mechanisch seine Übungen vollzieht, oder einem so einseitigen Athleten, daß seine Verfolgung körperlicher Entwicklung sein Herz schädigt. Wenn das Bestreben, ein sogenanntes Ziel zu realisieren, nicht alle anderen Aktivitäten durchdringt und färbt, wird das Leben in Streifen und Fragmente aufgeteilt. Bestimmte Handlungen und Zeiten sind der Gesundheitsfürsorge gewidmet, andere der Religionsausübung, wieder andere der Weiterbildung, der Erfüllung bürgerlicher Pflichten, dem Kunstgenuß usf. Dies ist die einzige logische Alternative dazu, alle Ziele der Erreichung eines einzigen unterzuordnen – zum Fanatismus. Gegenwärtig ist dieser aus der Mode, aber wer kann sagen, ein wie großer Teil der Ablenkung und Zerstreuung im Leben und ein wie großer Teil seiner harten und engen Steifheit daherrührt, daß man nicht erkannt hat, daß jede Situation ihr eigenes, einzigartiges Ziel hat und daß die gesamte Persönlichkeit damit befaßt sein sollte? Ohne Zweifel, um es zu wiederholen, sollte man gesund leben, und dieses Resultat beeinflußt alle Aktivitäten des Lebens auf eine solche Weise, daß es nicht als ein getrenntes und unabhängiges Gut eingerichtet werden kann.

Nichtsdestoweniger sind die allgemeinen Begriffe Gesundheit, Krankheit, Gerechtigkeit, künstlerische Bildung, von großer Wichtigkeit: freilich nicht deshalb, weil dieser oder jener Fall erschöpfend unter einen einzigen Begriff subsumiert und seine spezifischen Züge ausgeschlossen werden könnten, sondern weil die verallgemeinerte Wissenschaft sich auf die Fragestellungen und Untersuchungen eines einzelnen Menschen als Arzt und Künstler und Bürger auswirkt und ihn befähigt, die Bedeutung dessen zu verstehen, was er sieht. Genau in dem Maße, wie ein Arzt in seiner Arbeit ein Künstler ist, benutzt er seine Wissenschaft, gleichgültig wie extensiv und genau, um sich die Werkzeuge der Untersuchung des Einzelfalls zu verschaffen sowie die Methoden, um eine für die Bewältigung des individuellen Falles geeignete Methode zu entwickeln. Genau in dem Maße, wie er, gleichgültig, wie groß seine Kenntnisse sind, den individuellen Fall einer Klassifikation von Krankheiten und irgendeiner allgemeinen Behandlungsregel unterwirft, sinkt er auf die Ebene des routinierten Mechanikers herab. Seine Intelligenz und seine Handlungen werden starr und dogmatisch, statt frei und flexibel.

Moralische Güter und Ziele existieren nur, wenn irgendetwas getan werden muß. Die Tatsache, daß etwas getan werden muß, beweist, daß es Mängel, Übel in der bestehenden Situation gibt. Dieses Übel ist immer ein spezifisches Übel. Es ist niemals das exakte Duplikat irgendeines anderen. Folglich muß das Gute der Situation auf der Grundlage genau des Defekts und Problems, das korrigiert werden soll, entdeckt, entworfen und erlangt werden. Es gibt keine Möglichkeit, es auf intelligente Weise von außen in die Situation hineinzutragen. Gleichwohl ist es nur klug, verschiedene Fälle miteinander zu vergleichen, die Übel, an denen die Menschheit leidet, zu sammeln und die korrspondierenden Güter in Klassen zu verallgemeinern. Gesundheit, Reichtum, Fleiß, Mäßigung, Freundlichkeit, Höflichkeit, Bildung, ästhetische Fähigkeit, Initiative, Mut, Geduld, Unternehmungsgeist, Gründlichkeit und eine Menge anderer verallgemeinerter Ziele werden als Güter anerkannt. Aber der *Wert* dieser Systematisierung ist intellektuell oder analytisch. Klassifikationen *legen* bestimmte Eigenschaften *nahe*, nach denen man beim Studium eines spezifischen Falles Ausschau halten soll. Sie legen Methoden des Handelns nahe, die man bei der Beseitigung der erschlossenen Ursachen des Übels ausprobieren soll. Sie sind Werkzeuge der Einsicht; ihr Wert liegt darin, eine individualisierte Reaktion in der individuellen Situation zu fördern.

Moral ist kein Katalog von Handlungen und keine Menge von Regeln, die wie Arzneimittel- oder Kochrezepte anzuwenden sind. Die Moral bedarf spezifischer Methoden der Forschung und des Planens: Methoden der Forschung, um die Schwierigkeiten und Übel zu lokalisieren. Methoden des Planens, um Pläne zu schmieden, die als Arbeitshypothesen bei ihrer Bewältigung dienen sollen. Und die pragmatische Bedeutung der Logik individualisierter Situationen, die jede ihr eigenes unersetzbares Gutes und Prinzip haben, besteht darin, die Aufmerksamkeit der Theorie von der Voreingenommenheit zugunsten allgemeiner Begriffe auf das Problem zu lenken, effektive Methoden der Forschung zu entwickeln.

Zwei ethische Konsequenzen von großem Gewicht sollten bemerkt werden. Der Glaube an unwandelbare Werte hat eine Einteilung der Ziele in intrinsische und instrumentelle zur Folge gehabt, in solche, die an sich selbst einen Wert haben, und in solche, die nur als Mittel zu an sich selbst wertvollen Gütern von Wichtigkeit sind. Diese Unterscheidung wird tatsächlich gelegentlich für den Anfang der Weisheit, des moralischen Unterscheidungsvermögens, gehalten. Dialektisch ist diese Unterscheidung interessant und scheint harmlos. Aber wenn sie auf die Praxis übertragen wird, hat sie eine geradezu tragische Bedeutung. Historisch gesehen, ist sie die Quelle und Rechtfertigung einer strikten Unterscheidung zwischen idealen Gütern auf der einen Seite und materiellen Gütern auf der anderen gewesen. Gegenwärtig besteht, vor allem unter Liberalen, die Auffassung, daß an sich selbst wertvolle Güter ihrer Natur nach eher ästhetisch als ausschließlich religiös oder intellektuell kontemplativ seien. Aber die Wirkung ist dieselbe. Die sogenannten an sich selbst wertvollen Güter, seien sie religiös oder ästhetisch, werden von jenen Interessen des Alltagslebens getrennt, die wegen ihrer Beständigkeit und Dringlichkeit die Hauptbeschäftigung der großen Massen bilden. Aristoteles benutzte diese Unterscheidung, um zu erklären, daß Sklaven und die arbeitende Klasse zwar *für* den Staat, das Gemeinwohl, notwendig seien, gleichwohl aber keine konstitutiven Bestandteile *des* Staates darstellten. Was als *nur* instrumentell angesehen wird, wird sich notwendig immer mehr der Schinderei annähern; es kann weder intellektuelle oder artistische oder moralische Aufmerksamkeit und Achtung fordern. Alles wird *unwert*, sobald es als an sich wertlos aufgefaßt wird. Deshalb haben Menschen mit »idealen« Interessen zum größten Teil vorgezogen, sich um diese Dinge nicht zu kümmern, vor ihnen zu fliehen. Die Dringlichkeit und der Druck der »niederen« Ziele sind durch höfliche Konventionen vertuscht worden. Oder sie sind einer niedrigeren Klasse von Sterblichen zugewiesen worden, damit die Wenigen frei würden, sich den Gütern zuzuwenden, die wirklich oder an sich selbst wertvoll sind. Dieser im Namen höherer Ziele erfolgte Rückzug hat die Menschheit in ihrer Gesamtheit und insbesondere den energischen »praktischen« Leuten die niedrigeren Aktivitäten vollständig überlassen.

Es ist unmöglich abzuschätzen, welchen Anteil an dem abstoßenden Materialismus und der Brutalität unseres ökonomischen Lebens die Tatsache hat, daß ökonomische Ziele als *nur* instrumentell angesehen worden sind. Wenn sie als ebenso an sich selbst wertvoll und final an ihrem Ort anerkannt werden wie alle anderen, wird man sehen, daß sie der Idealisierung fähig sind, und daß sie, wenn das Leben Wert haben soll, idealen und innerlichen Wert annehmen müssen. Ästhetische, religiöse und andere »ideale« Ziele sind jetzt, aufgrund ihrer Trennung von »instrumentellen« oder ökonomischen Zielen, dünn und mager oder andernfalls müßig und überflüssig. Nur in Verbindung mit letzteren können sie in das Gewebe des alltäglichen Lebens verwoben und substantiell und alles durchdringend gemacht werden. Die Nichtigkeit und Verantwortungslosigkeit von Werten, die lediglich final und nicht ihrerseits Mittel zur Bereicherung anderer Lebensbetätigungen sind, sollte augenscheinlich sein. Aber gegenwärtig verschafft die Lehre von den »höheren« Zielen jedem sozial isolierten und sozial verantwortungslosen Gelehrten, Spezialisten, Ästheten und religiösem Eiferer Hilfe, Trost und Unterstützung. Sie schützt die Nichtigkeit und Verantwortungslosigkeit seiner Betätigung davor, von anderen und ihm selbst wahrgenommen zu werden. Die moralische Defizienz seines Berufs wird in eine Ursache von Bewunderung und Anerkennung umgewandelt.

Die andere allgemeine Veränderung liegt in der endgültigen Beseitigung der traditionellen Unterscheidung zwischen moralischen Gütern wie den Tugenden und natürlichen Gütern wie Gesundheit, ökonomische Sicherheit, Kunst, Wissenschaft u.ä. Die experimentelle Logik ist nicht der einzige Standpunkt, der diese rigide Unterscheidung bedauert hat und der deshalb bemüht war, sie abzuschaffen. Einige Schulen sind sogar so weit gegangen, daß sie moralische Qualitäten, Charakterqualitäten, nur deshalb als wertvoll angesehen haben, weil sie natürliche Güter fördern. Aber die experimentelle Logik macht, auf das Gebiet der Moral übertragen, jede Qualität, die für gut gehalten wird, in dem Maße moralisch, wie sie zur Verbesserung der bestehenden Übel beiträgt. Und dadurch verstärkt sie die moralische Bedeutung der Naturwissenschaften. Wenn in der Kritik der gegenwärtigen sozialen Mängel alles gesagt und getan ist, dann fragt man sich vielleicht, ob die zugrundeliegende Schwierigkeit nicht in der Trennung der Naturwissenschaft von der Ethik liegt. Wenn Physik, Chemie, Biologie, Medizin zur Aufdeckung konkreter menschlicher Leiden und zur

Entwicklung von Plänen zu ihrer Heilung und zur Erleichterung der Lage der Menschen beitragen, werden sie moralisch. Sie werden Teil des Apparates der moralischen Forschung oder der Ethik. Die letztere verliert dann ihren eigentümlichen Beigeschmack des Didaktischen und Pedantischen, ihren ultra-moralhaften und ermahnenden Ton. Sie verliert ihre Dürre und Schrille genauso wie ihre Unbestimmtheit. Sie gewinnt Kräfte, die wirksam sind. Aber der Gewinn ist nicht auf die Seite der Ethik beschränkt. Die Naturwissenschaft verliert ihre Trennung von der Humanität; sie wird selbst ihrer Qualität nach humanistisch. Sie wird zu etwas, das nicht auf technische und spezialisierte Art und Weise auf der Suche nach, wie man sagt, der Wahrheit um ihrer selbst willen betrieben wird, sondern im Bewußtsein ihrer sozialen Tragweite, ihrer intellektuellen Unentbehrlichkeit. Sie ist technisch nur noch in dem Sinne, daß sie die Technik der sozialen und moralischen Steuerung bereitstellt.

Wenn das Bewußtsein der Naturwissenschaft vollkommen von dem Bewußtsein menschlicher Werte durchtränkt sein wird, ist der größte Dualismus, der jetzt die Menschheit niederdrückt: die Trennung zwischen dem Materiellen, dem Mechanischen, dem Wissenschaftlichen einerseits und dem Moralischen und Idealen andererseits, aufgehoben. Menschliche Kräfte, die jetzt wegen dieser Trennung unschlüssig hin- und herschwanken, werden vereinheitlicht und gestärkt. Solange Ziele nicht je nach spezifischen Bedürfnissen und Möglichkeiten als individualisiert gedacht werden, wird sich der Geist mit Abstraktionen begnügen, und der adäquate Reiz zur moralischen oder sozialen Nutzbarmachung der Naturwissenschaft und der historischen Daten wird fehlen. Aber sobald die Aufmerksamkeit auf die unterschiedenen konkreten Dinge und Situationen konzentriert wird, wird der Rückgriff auf alle intellektuellen Materialien, die benötigt werden, um die besonderen Fälle aufzuklären, zwingend notwendig. Zur selben Zeit, wo die Moral auf die Intelligenz ausgerichtet wird, werden intellektuelle Dinge moralisiert. Der quälende und verschwenderische Konflikt zwischen Naturalismus und Humanismus wird beendet.

Diese allgemeinen Erwägungen sollen ein wenig weiter ausgeführt werden. Erstens: Forschung und Entdeckung nehmen in der Moral dieselbe Stelle ein, die sie in den Naturwissenschaften erlangt haben. Bestätigung und Beweis werden experimentell, zu einer Frage der Konsequenzen. Vernunft, immer ein hochgeschätzter Begriff in der Ethik, wird in den Methoden verwirklicht, durch welche die Bedürfnisse und Bedingungen, die Hindernisse und Ressourcen von Situationen im Detail erforscht und intelligente Pläne der Verbesserung ausgearbeitet werden. Ferne und abstrakte Allgemeinheiten fördern voreilige Schlußfolgerungen, »Antizipationen der Natur«. Schlechte Konsequenzen werden dann auf eine natürliche Verkehrtheit und ein ungünstiges Schicksal zurückgeführt. Aber die Verlagerung der Frage auf die Analyse einer spezifischen Situation macht Forschung obligatorisch und wache Beobachtung von Konsequenzen zwingend. Keine frühere Entscheidung und kein altes Prinzip ist jemals vertrauenswürdig genug, um damit irgendeine Handlung zu rechtfertigen. Wieviel Mühe man sich auch geben mag, sich in einem bestimmten Falle einen Zweck zu setzen, man kann niemals sicher sein, daß es genug war. Die Konsequenzen seiner Verwirklichung müssen sorgfältig beachtet und der Zweck nur als Arbeitshypothese angesehen werden, bis die Resultate seine Richtigkeit bestätigen. Fehler sind nicht länger entweder bloß unvermeidliche Zufälle, die man betrauert, oder moralische Verfehlungen, die man sühnt und verzeiht. Sie sind Lehrstücke in falschen Methoden, die Intelligenz zu gebrauchen, und Instruktionen für ein besseres Verfahren in der Zukunft. Sie sind Zeichen für die Notwendigkeit einer Revision, Entwicklung, Neuanpassung. Ziele wachsen, Maßstäbe des Urteils werden verbessert. Der Mensch ist genauso sehr verpflichtet, seine fortgeschrittensten Maßstäbe und Ideale weiterzuentwickeln, wie diejenigen, die er schon besitzt, gewissenhaft anzuwenden. Das moralische Leben wird auf diese Weise davor bewahrt, in Formalismus und starre Wiederholung zu verfallen. Es wird flexibel, vital, es wächst.

Zweitens: Jeder Fall, wo moralisches Handeln erfordert ist, erhält die gleiche moralische Wichtigkeit und Dringlichkeit wie jeder andere. Wenn das Bedürfnis und die Mängel einer spezifischen Situation die Verbesserung der Gesundheit als das Ziel und das Gute anzeigen, dann ist für diese Situation Gesundheit das letzte und höchste Gut. Sie ist nicht das Mittel für irgendetwas anderes. Sie ist ein endgültiger und intrinsischer Wert. Dasselbe gilt für die Verbesserung des ökonomischen Status, für die Erwerbstätigkeit, für die Erledigung der Berufs- und die Erfüllung der Familienpflichten – all die Dinge, die unter der Sanktion der unwandelbaren Ziele als von sekundärem und nur instrumentellem Wert und deshalb als relativ niedrig und unwichtig angesehen wurden. Alles, was in einer gegebenen Situation überhaupt ein Ziel und ein Gut ist, ist von gleichem Wert, Rang und Würde wie jedes andere Gut einer beliebigen anderen Situation und verdient dieselbe intelligente Aufmerksamkeit.

Wir bemerken drittens die Wirkung darin, daß das Pharisäertum von Grund auf zerstört wird. Wir sind so sehr daran gewöhnt, dies für eine bewußte Heuchelei zu halten, daß wir seine intellektuellen Prämissen übersehen. Die Auffassung, die das Ziel des Handelns im Rahmen der Umstände der wirklichen Situation sucht, legt nicht dasselbe Maß der Beurteilung an alle Fälle an. Wenn ein Faktor der Situation eine Person mit einem geübten Geist und großen Ressourcen ist, wird man von ihr mehr erwarten als von einer Person, die geistig unbeholfen und deren Erfahrung unkultiviert ist. Es ist offensichtlich absurd, denselben Standard des moralischen Urteils auf wilde wie auf zivilisierte Völker anzuwenden. Kein Individuum, keine Gruppe wird danach beurteilt werden, ob sie ein unwandelbares Ergebnis erreicht oder nicht, sondern nach der Richtung, in die sie sich bewegt. Schlecht ist der Mensch, der sich, gleichgültig wie gut er *gewesen* ist, beginnt zu verschlechtern, weniger gut zu werden. Gut ist der Mensch, der, gleichgültig wie moralisch wertlos er *gewesen* ist, anfängt, besser zu werden. Eine solche Auffassung macht einen streng in der Beurteilung seiner selbst und human in der Beurteilung anderer. Sie schließt jene Arroganz aus, die immer das Urteil begleitet, das auf dem Grad der Annäherung an unwandelbare Ziele beruht.

An vierter Stelle wird der Prozeß des Wachstums, der Verbesserung und des Fortschritts anstelle des statischen Ergebnisses zum Entscheidenden. Nicht Gesundheit als ein für alle Mal fixiertes Ziel, sondern die erstrebte Verbesserung der Gesundheit - ein kontinuierlicher Prozeß – ist das Ziel und das Gute. Das Ziel ist nicht länger ein Terminus oder eine Grenze, die man anstrebt. Es ist der aktive Prozeß, die bestehende Situation umzuformen. Nicht Perfektion als ein endgültiges Ziel, sondern der immer andauernde Prozeß der

Vervollkommnung, der Reifung, der Verfeinerung ist das Ziel des Lebens. Ehrenhaftigkeit, Fleiß, Besonnenheit, Gerechtigkeit, wie Gesundheit, Reichtum und Bildung sind nicht Güter, die man besitzen soll, wie sie es wären, wenn sie unwandelbare Ziele ausdrückten, die es zu erreichen gilt. Sie sind Richtungen der Veränderung in der Qualität der Erfahrung. Wachstum selbst ist das einzige moralische »Ziel«.

Obgleich die Auswirkung dieser Idee auf das Problem des Übels und die Kontroverse zwischen Optimismus und Pessimismus zu groß ist, als daß sie hier diskutiert werden könnte, mag es der Mühe wert sein, sie zu streifen. Das Problem des Bösen hört auf, ein theologisches und metaphysisches zu sein, und wird als das praktische Problem gesehen, die Übel des Lebens zu reduzieren, zu erleichtern, soweit wie möglich zum Verschwinden zu bringen. Die Philosophie steht nicht länger unter dem Zwang, einfallsreiche Methoden zu finden, um zu beweisen, daß die Übel nur Schein sind, nicht wirklich, oder Pläne auszuarbeiten, um sie wegzuerklären oder, noch schlimmer, sie zu rechtfertigen. Sie übernimmt eine andere Verpflichtung: sei es auch noch so bescheiden zu Methoden beizusteuern, die uns dabei unterstützen, die Ursachen der menschlichen Leiden zu entdecken. Pessimismus ist eine lähmende Lehre. Dadurch, daß er die Welt als vollkommen übel erklärt, macht er alle Anstrengungen zunichte, die heilbaren Ursachen spezifischer Übel zu entdecken, und zerstört dadurch jeden Versuch im Keim, die Welt besser und glücklicher zu machen. Uneingeschränkter Optimismus, der die Konsequenz des Versuchs gewesen ist, das Böse wegzuerklären, ist freilich gleichfalls ein Alptraum.

Der Optimismus nämlich, der behauptet, die Welt sei schon die beste aller möglichen Welten, könnte als die zynischste Art des Pessimismus angesehen werden. Wenn dies die beste aller möglichen ist, wie würde dann erst eine aussehen, die von Grund auf schlecht wäre? Meliorismus ist der Glaube, daß die spezifischen Bedingungen, die in einem bestimmten Augenblick bestehen, seien sie vergleichsweise schlecht oder vergleichsweise gut, in jedem Fall verbessert werden können. Er ermuntert die Intelligenz, die positiven Mittel des Guten und die Hindernisse zu seiner Realisierung zu untersuchen und alle Anstrengungen zur Verbesserung der Bedingungen zu unternehmen. Er schafft Zutrauen und eine vernünftige Hoffnung, was der Optimismus nicht tut. Denn der letztere tendiert, gerade weil er das Gute als in letzter Realität schon realisiert ansieht, dazu, uns zu veranlassen, die Übel, die konkret existieren, wegzudeuten. Er wird allzu leicht zum Glaubensbekenntnis der Menschen, die leicht und bequem leben, die erfolgreich die Güter dieser Welt erlangt haben. Allzu leicht macht der Optimismus die Menschen, die ihn vertreten, gleichgültig und blind gegenüber den Leiden der weniger Begünstigten oder bereit, die Ursache der Sorgen der anderen in ihrer persönlichen Unvollkommenheit zu finden. Auf diese Weise kooperiert er mit dem Pessimismus, trotz der behaupteten extremen Differenz zwischen ihnen, indem er die sympathetische Einsicht und die intelligente Anstrengung zu Reformen betäubt. Er winkt die Menschen aus der Welt der Relativität und der Veränderung fort und lockt sie in ein Reich des Absoluten und Ewigen.

Die Tragweite vieler dieser Veränderungen der moralischen Einstellung sind um die Idee des Glücks zentriert. Glück ist für Moralisten oft ein Gegenstand der Verachtung gewesen. Trotzdem hat auch der asketischste Moralist gewöhnlich die Idee des Glücks unter irgendeinem anderen Namen wiederhergestellt, wie etwa dem der Seligkeit. Güte ohne Glück, Tapferkeit und Tugend ohne Befriedigung, Ziele ohne bewußten Genuß – diese Dinge sind ebenso praktisch unerträglich, wie sie ihrem Begriff nach widersprüchlich sind. Glück ist freilich nicht ein bloßer Besitz; es ist keine unveränderliche Errungenschaft. Ein solches Glück wäre entweder die wertlose Selbstsucht, die die Moralisten so bitter verdammt haben, oder, selbst unter dem Namen der Seligkeit, eine fade Langeweile, eine Ewigkeit an Bequemlichkeit ohne alle Mühe und Arbeit. Befriedigen könnte es nur die verzärteltsten Weichlinge. Glück wird nur im Erfolg gefunden, aber Erfolg bedeutet Vorankommen, sich vorwärts bewegen. Es ist ein aktiver Prozeß, nicht ein passives Ergebnis. Dementsprechend schließt es das Überwinden von Hindernissen ein, die Beseitigung der Quellen von Fehlern und Übeln. Ästhetisches Feingefühl und ästhetischer Genuß sind ein konstitutives Moment in jedem respektablen Glück. Aber die ästhetische Wertschätzung, die vollkommen von einer Erneuerung des Geistes, von der Neu-Erschaffung des Bewußtseins und der Reinigung der Emotion getrennt ist, ist eine schwächliche und kränkliche Angelegenheit, nur dazu bestimmt, schnell zu verhungern. Daß die Erneuerung und Erholung unbewußt, nicht aufgrund fester Absichten erfolgt, macht sie nur umso echter.

Im Großen und Ganzen bezeichnet der Utilitarismus den Höhepunkt beim Übergang von der klassischen Theorie der Ziele und Güter zu der Theorie, die jetzt möglich ist. Er hatte entschiedene Verdienste. Er bestand darauf, von vagen Allgemeinheiten wegzukommen und spezifisch und konkret zu werden. Er unterwarf das Gesetz menschlichem Tun, statt die Menschheit dem äußerlichen Gesetz zu unterwerfen. Er lehrte, daß Institutionen für Menschen gemacht sind und nicht die Menschen für die Institutionen; er förderte aktiv alle Reformvorhaben. Er machte das moralisch Gute natürlich, menschlich, zu etwas, was mit den natürlichen Gütern des Lebens in Berührung steht. Er kämpfte gegen unirdische und außerweltliche Moralität. Vor allem gewöhnte er die menschliche Imagination an die Idee des sozialen Wohlergehens als den entscheidenden Prüfstein. Aber er war in grundlegenden Fragen immer noch zutiefst von den alten Denkmethoden beeinflußt. Er stellte niemals die Idee eines unwandelbaren, endgültigen und höchsten Ziels in Frage, sondern nur die gängigen Vorstellungen von der Natur dieses Ziels, und setzte dann die Lust und das größtmögliche Aggregat von Lust an die Stelle des unwandelbaren Ziels.

Eine solcher Standpunkt behandelt konkrete Aktivitäten und spezifische Interessen nicht als an sich wertvoll oder als Konstituentien des Glücks, sondern als rein äußerliche Mittel, Lust zu erlangen. Die Verteidiger der alten Tradition konnten deshalb den Utilitarismus leicht beschuldigen, nicht nur die Tugend, sondern Kunst, Poesie, Religion und den Staat in Mittel zu verwandeln, die lediglich dazu dienen sollten, sinnliche Genüsse zu erlangen. Da Lust ein Ergebnis, ein Resultat war, das unabhängig von den aktiven Prozessen, es zu erlangen, an sich selbst wertvoll war, war Glück eine Sache, die besessen und festgehalten werden konnte. Die Erwerbsinstinkte des Menschen wurden auf Kosten der kreativen Instinkte übertrieben. Das Herstellen war nicht deshalb von Bedeutung, weil das Erfinden und Neuformen der Welt an sich selbst als wertvoll angesehen wurde, sondern weil seine äußerlichen Resultate Lust verschafften. Wie jede Theorie, die unveränderliche und endgültige Ziele aufstellt, machte er alle aktiven Operationen zu *bloßen* Werkzeugen, weil das Ziel zu einem passiven Besitz gemacht worden war. Anstrengung wurde zu einem unvermeidlichen Übel, das möglichst klein gehalten werden sollte. Sicherheit des Besitzes war praktisch die Hauptsache. Materielle Bequemlichkeit und Sorglosigkeit wurden im Kontrast zu den Leiden und Gefahren der experimentellen Schöpfung überhöht.

Diese Mängel hätten unter bestimmten denkbaren Bedingungen rein theoretisch bleiben können. Aber die Verfassung der Zeiten und die Interessen derjenigen, die die utilitaristischen Ideen propagierten, gaben ihnen die Macht, sozial schädlich zu wirken. Trotz der Macht der neuen Ideen bei dem Angriff auf alte soziale Mißbräuche gab es Elemente in dieser Lehre, die darauf hinwirkten oder zumindest dabei mitwirkten, neue soziale Mißbräuche zu sanktionieren. Der Reformeifer zeigte sich in der Kritik der Übel, die vom Klassensystem des Feudalismus vererbt waren, Übel ökonomischer, gesetzlicher und politischer Art. Aber die neue ökonomische Ordnung des Kapitalismus, der den Feudalismus überlagerte, brachte ihre eigenen sozialen Übel mit sich, und der Utilitarismus tendierte dazu, einige dieser Schäden zu decken oder zu verteidigen. Die Betonung von Erwerb und Besitz nahm in Verbindung mit dem gleichzeitigen ausgeprägten Wunsch nach Reichtum und den dadurch ermöglichten Genüssen eine unglückliche Färbung an.

Wenn der Utilitarismus den neuen ökonomischen Materialismus auch nicht aktiv förderte, so hatte er doch auch keine Mittel, ihn zu bekämpfen. Seine allgemeine Tendenz, die produktive Aktivität dem bloßen Produkt unterzuordnen, war indirekt der Sache eines unumwundenen Kommerzialismus günstig. Trotz seines Interesses an einem durch und durch sozialen Ziel nährte der Utilitarismus ein neues Klasseninteresse, das der kapitalistischen Eigentümer, vorausgesetzt nur, Eigentum wurde durch freien Wettbewerb und nicht durch staatliche Begünstigung erzielt. Die Betonung, die Bentham auf Sicherheit legte, tendierte dazu, die rechtliche Institution des Privateigentums heilig zu sprechen, vorausgesetzt, bestimmte gesetzliche Mißbräuche im Zusammenhang mit seinem Erwerb und seiner Weitergabe wurden abgeschafft. *Beati possidentes* – vorausgesetzt, die Besitztümer waren in Übereinstimmung mit den Regeln des Konkurrenzkampfs erlangt worden, d.h. ohne äußere Gunstbeweise von seiten der Regierung. Auf diese Weise gab der Utilitarismus all jenen Tendenzen intellektuellen Rückhalt, die das »Geschäft« nicht als ein Mittel ansehen, der Gesellschaft zu dienen, oder als eine Gelegenheit, persönlich an schöpferischer Kraft zu wachsen, sondern als eine Methode, sich die Mittel für den privaten Genuß zu verschaffen. Die utilitaristische Ethik bietet auf diese Weise ein bemerkenswertes Beispiel für die Notwendigkeit philosophischer Neugestaltung, die diese Vorlesungen vor Augen geführt haben. Bis zu einem gewissen Punkt spiegelte er die Bedeutung des modernen Denkens und moderner Sehnsüchte wider. Aber er wurde immer noch durch grundlegende Ideen genau jener Art, die er vollständig hinter sich gelassen zu haben glaubte, an den Boden gefesselt: Die Idee eines unveränderlichen und einzigen Ziels, das jenseits der Verschiedenheit menschlicher Bedürfnisse und Taten liege, machte den Utilitarismus unfähig, ein adäquater Repräsentant des modernen Geistes zu sein. Er muß durch eine Befreiung von seinen ererbten Elementen rekonstruiert werden.

Wenn noch einige Worte zum Thema Erziehung hinzugefügt werden, dann nur, um den Gedanken nahezulegen, daß der Erziehungsprozeß mit dem moralischen Prozeß vollkommen in eins fällt, da letzterer ein kontinuierlicher Übergang der Erfahrung vom Schlechteren zum Besseren ist. Erziehung ist traditionellerweise als Vorbereitung gedacht worden: als das Erlernen, Erwerben gewisser Dinge, weil sie später einmal nützlich sein werden. Das Ziel ist fern und die Erziehung ist ein Sich-Vorbereiten, ist das Vorspiel für etwas Wichtigeres, das später einmal geschehen soll. Kindheit ist nur eine Vorbereitung für das Erwachsenenleben, und das Erwachsenenleben für ein anderes Leben. Als das Bedeutsame der Erziehung galt immer nur die Zukunft, niemals die Gegenwart. Erwerb von Wissen und Können zu zukünftigem Gebrauch und Genuß; Bildung von Gewohnheiten, die später im Leben erfordert werden, für das Geschäftsleben, für die Stellung als guter Staatsbürger, für den Wissenschaftsbetrieb. Erziehung wird weiterhin als etwas angesehen, das von einigen menschlichen Wesen lediglich wegen ihrer Abhängigkeit von anderen benötigt wird. Wir werden unwissend, unerfahren, ungeschickt, unreif und infolgedessen in einem Zustand sozialer Abhängigkeit geboren. Belehrung, Übung, moralische Disziplin sind Prozesse, mit deren Hilfe die Reifen, die Erwachsenen allmählich die Hilflosen bis zu dem Punkt führen, wo sie auf sich selbst aufpassen können. Die Aufgabe der Kindheit ist es, zur Unabhängigkeit von der Erwachsenenwelt heranzureifen – mit Hilfe der Führung durch jene, die sie schon erlangt haben. Und so endet der Erziehungsprozeß als das Hauptgeschäft des Lebens, sobald die Jungen sich von der sozialen Abhängigkeit emanzipiert haben.

Diese beiden Ideen, die allgemein akzeptiert sind, jedoch selten explizit zu Ende gedacht werden, widersprechen der Auffassung, daß Wachsen oder die kontinuierliche Neugestaltung der Erfahrung das einzige Ziel sei. Wenn ein Mensch zu jedem beliebigen Zeitpunkt immer noch im Prozeß des Wachstums begriffen ist, dann ist Erziehung allenfalls nebenbei eine Vorbereitung auf etwas Späteres. Erziehung bedeutet, jeweils den Grad und die Art von Wachstum zu erhalten, die in der Gegenwart möglich sind. Dies ist eine konstante Funktion, unabhängig vom Alter. Das Beste, was über irgendeinen speziellen Erziehungsprozeß gesagt werden kann, wie den der formellen Schulzeit, ist, daß er den, der ihn durchläuft, für weitere Erziehung empfänglich macht: feinfühliger gegenüber Wachstumsbedingungen und fähiger, sie zu nutzen. Erwerb von Fähigkeiten, Besitz von Wissen, Erlangung von Kultur sind keine Ziele: sie sind Zeichen des Wachstums und Mittel zu seiner Fortdauer.

Der Gegensatz, der gewöhnlich zwischen der Periode der Erziehung als einer Periode der sozialen Abhängigkeit und der Reife als einer Periode der sozialen Unabhängigkeit angenommen wird, ist schädlich. Wir wiederholen wieder und wieder, daß der Mensch ein soziales Lebewesen ist, und dann beschränken wir die Bedeutung dieser Aussage auf die Sphäre, in der die Gesellschaftlichkeit gewöhnlich am wenigsten deutlich ist, auf die Politik. Das Herz der Gesellschaftlichkeit des Menschen ist die Erziehung. Die Idee der Erziehung als Vorbereitung und des Erwachsenseins als einer unwandelbaren Schranke des Wachsens sind zwei Seiten derselben schädlichen Unwahrheit. Wenn die moralische Aufgabe des Erwachsenen wie des Jungen in einer wachsenden und sich entwickelnden Erfahrung besteht, dann ist die

Instruktion, die von sozialen Abhängigkeiten und Unabhängigkeiten herrührt, ebenso wichtig für den Erwachsenen wie für das Kind. Moralische Unabhängigkeit bedeutet für den Erwachsenen Innehalten des Wachstums, Isolation bedeutet Verhärtung. Wir übertreiben die intellektuelle Abhängigkeit der Kindheit, so daß die Kinder viel zu sehr am Gängelband geführt werden, und dann übertreiben wir die Unabhängigkeit des Erwachsenenlebens von der Intimität der Kontakte und der Kommunikation mit anderen. Wenn die Identität des moralischen Prozesses mit den Prozessen des spezifischen Wachstums erkannt wird, wird die bewußtere und formellere Erziehung der Kindheit als das ökonomischste und wirkungsvollste Mittel des sozialen Fortschritts und der Reorganisation erkannt werden, und es wird auch deutlich sein, daß der Prüfstein aller Institutionen des Erwachsenenlebens in ihrer Wirkung besteht, fortgesetzte Erziehung zu fördern. Regierung, Geschäft, Kunst, Religion, alle sozialen Institutionen haben eine Bedeutung, einen Zweck. Dieser Zweck besteht darin, die Fähigkeiten der menschlichen Individuen freizusetzen und zu entwickeln, ohne Rücksicht auf Rasse, Geschlecht, Klasse oder ökonomischen Status. Und dies ist eins mit der Behauptung, daß der Prüfstein ihres Wertes in dem Ausmaß liegt, in dem sie jedes Individuum zur vollen Höhe seiner Möglichkeiten erziehen. Demokratie hat viele Bedeutungen, aber wenn sie eine moralische Bedeutung hat, dann findet sie sich in der Entscheidung, daß der Prüfstein aller politischen Institutionen und industriellen Einrichtungen in dem Beitrag bestehen soll, den sie zum allseitigen Wachstum jedes Mitglieds der Gesellschaft beisteuern.

8. Die Auswirkung der Neugestaltung auf die Sozialphilosophie

Wie kann sich diese philosophische Veränderung spürbar auf die Sozialphilosophie auswirken? Soweit es Grundsätzliches betrifft, scheint jede Ansicht und Kombination schon formuliert worden zu sein. Die Gesellschaft besteht aus Individuen: Diese offensichtliche und grundsätzliche Tatsache kann keine Philosophie in Frage stellen oder ändern, mit welchen Ansprüchen auf Neuheit sie auch immer auftritt. Also ergeben sich folgende drei Alternativen: Die Gesellschaft muß um der Individuen willen existieren; oder den Individuen müssen ihre Ziele und Lebensformen von der Gesellschaft vorgegeben sein; oder andernfalls: Gesellschaft und Individuum sind korrelativ, organisch, in ihrem Verhältnis zueinander, wobei die Gesellschaft den Dienst und die Unterordnung der Individuen erfordert und zur gleichen Zeit existiert, um ihnen zu dienen. Über diese drei Ansichten hinaus scheint keine weitere logisch denkbar. Hinzukommt, daß, während jeder dieser drei Typen viele Unterarten und Variationen in sich einschließt, die Veränderungen gleichwohl so gründlich durchgespielt worden zu sein scheinen, daß jetzt höchstens nur noch winzige Variationen möglich sind.

Besonders die »organische« Auffassung scheint allen Einwänden gewachsen zu sein, die gegen die extrem individualistischen und die extrem sozialistischen Theorien erhoben worden sind, und damit die Irrtümer Platons und Benthams gleichermaßen zu vermeiden. Gerade weil die Gesellschaft aus Individuen zusammengesetzt ist, scheint es, daß die Individuen und die vergesellschaftenden Beziehungen, die sie verbinden, von gleichrangiger Bedeutung sein müssen. Ohne starke und kompetente Individuen haben die Bande und Verbindungen, die die Gesellschaft bilden, keinen Rückhalt. Außerhalb der Verbindungen miteinander sind die Individuen voneinander isoliert und schwinden dahin und vergehen; oder sie stehen einander feindlich gegenüber und ihre Konflikte stören die individuelle Entwicklung. Das Recht, der Staat, die Kirche, die Familie, Freundschaft, industrielle Verbindung, diese und andere Institutionen und Einrichtungen sind notwendig, damit Individuen wachsen und ihre spezifischen Fähigkeiten und Funktionen finden können. Ohne deren Hilfe und Unterstützung ist das menschliche Leben, wie Hobbes gesagt hat, roh, einsam und abstoßend.

Wir dringen zum Kern dieser ganzen Frage vor, wenn wir uns klar machen, daß diese verschiedenen Theorien alle an einem gemeinsamen Fehler leiden. Sie sind alle festgelegt auf die Logik der allgemeinen Begriffe, unter die spezifische Situationen subsumiert werden sollen. Worauf wir Licht werfen wollen, ist diese oder jene Gruppe von Individuen, dieser oder jener konkrete Mensch, diese oder jene spezielle Institution oder soziale Übereinkunft. An die Stelle einer solchen Logik der Forschung setzt die traditionell akzeptierte Logik die Diskussion der Bedeutung von Begriffen und ihrer dialektischen Beziehungen zueinander. Die Diskussion vollzieht sich in Begriffen wie *der* Staat, *das* Individuum, die Natur von Instituionen als solchen, der Gesellschaft im allgemeinen.

Wir verlangen nach einer Anleitung zur Bewältigung bestimmter Schwierigkeiten im häuslichen Leben und erhalten Abhandlungen über die Familie oder Behauptungen über die Würde der individuellen Persönlichkeit. Wir verlangen nach Wissen über den Wert der Institution des Privateigentums, wie es unter bestimmten Bedingungen zu einer bestimmten Zeit und an einem bestimmten Ort funktioniert. Was wir erhalten, ist die Antwort von Proudhon, daß Eigentum Diebstahl sei, oder jene Hegels, daß die Verwirklichung des Willens das Ziel aller Institutionen sei, und daß das Privateigentum als Ausdruck der Herrschaft der Person über die physische Natur ein notwendiges Element in solcher Verwirklichung darstelle. Beide Antworten mögen in Verbindung mit spezifischen Situationen eine gewisse Suggestivität besitzen. Aber diese Auffassungen werden nicht im Hinblick auf den Nutzen vorgetragen, den sie in Verbindung mit spezifischen historischen Phänomenen haben könnten. Sie sind generelle Antworten, die eine universale Bedeutung haben sollen, die alle Einzelfälle deckt und beherrscht. Von daher unterstützen sie nicht die Forschung, sie beenden sie. Sie sind nicht Hilfsmittel, die bei der Aufklärung konkreter sozialer Schwierigkeiten anzuwenden und zu prüfen sind. Sie sind fertige Prinzipien, die den Einzelheiten übergestülpt werden sollen, um ihre Natur zu bestimmen. Sie sagen uns etwas über *den* Staat, wenn wir etwas über *einen bestimmten* Staat wissen wollen. Aber die Unterstellung ist, daß das, was über *den* Staat gesagt wird, Anwendung auf jeden beliebigen Staat finde, über den wir etwas zu wissen wünschen.

Durch die Verlagerung des Streites weg von den konkreten Situationen und hin zu Definitionen und begrifflichen Ableitungen hat insbesondere die Organismus-Theorie die

Wirkung, den Apparat für die intellektuelle Rechtfertigung der etablierten Ordnung bereitzustellen. Gerade diejenigen, die sich am meisten für den praktischen sozialen Fortschritt und die Emanzipation der Gruppen von Unterdrückung interessiert haben, haben deshalb der Organismus-Theorie die kalte Schulter gezeigt. Die Wirkung, wenn nicht gar die Absicht des deutschen Idealismus in seiner Anwendung auf die Sozialphilosophie bestand darin, ein Bollwerk für die Aufrechterhaltung des politischen *status quo* gegen die Flut an radikalen Ideen aus dem revolutionären Frankreich zu errichten. Obgleich Hegel in expliziter Form erklärte, daß das Ziel von Staaten und Institutionen darin bestehe, die Verwirklichung der allgemeinen Freiheit zu fördern, bestand seine Wirkung darin, den preußischen Staat und den bürokratischen Absolutismus heilig zu sprechen. War diese apologetische Tendenz zufällig oder entsprang sie in bestimmer Weise der Logik der verwendeten Begriffe?

Gewiß das letztere. Wenn wir über *den* Staat und *das* Individuum reden statt über diese und jene politische Organisation und diese oder jene Gruppe bedürftiger und leidender Menschen, dann besteht die Neigung, den Glanz und das Prestige, die Bedeutung und den Wert, der dem allgemeinen Begriff beigelegt wird, über die konkrete Situation auszubreiten und so die Mängel der letzteren zu vertuschen und das Bedürfnis nach ernsthaften Reformen zu verschleiern. Die Bedeutungen, die in den generellen Begriffen gefunden werden, werden den Einzelheiten eingeflößt, die unter sie fallen. Und zwar mit Recht, wenn wir einmal die Logik der starren Universalien zugestanden haben, unter die die konkreten Fällen subsumiert werden müssen, um verstanden und erklärt zu werden.

Hingegen hat der organische Standpunkt die Neigung, die Bedeutsamkeit spezifischer Konflikte zu minimieren. Da das Individuum und der Staat oder die soziale Institution nur zwei Seiten derselben Realität sind, da sie schon im Prinzip und dem Begriffe nach versöhnt sind, kann der Konflikt in jedem einzelnen Fall nur scheinbar sein. Da das Individuum und der Staat der Theorie nach einander wechselseitig bedürfen und unterstützen – warum der Tatsache viel Aufmerksamkeit schenken, daß in *diesem* Staat eine ganze Gruppe von Individuen unter oppressiven Bedingungen lebt? In »Wirklichkeit« können ihre Interessen nicht mit denen des Staates, dem sie angehören, in Konflikt liegen: der Gegensatz ist nur oberflächlich und zufällig. Kapital und Arbeit können nicht »wirklich« im Widerspruch miteinander sein, weil jedes für das andere und beide für die organisierte Gemeinschaft als Ganzes eine organische Notwendigkeit darstellen. Es kann nicht »wirklich« einen Konflikt der Geschlechter geben, weil Männer und Frauen für einander und für den Staat unverzichtbar sind. Aristoteles konnte zu seiner Zeit die Logik der generellen Begriffe, die höher standen als die Individuen, leicht dazu benutzen, um zu zeigen, daß die Institution der Sklaverei im Interesse sowohl des Staates als auch der Sklavenklasse war. Selbst wenn es nicht die Absicht ist, die bestehende Ordnung zu rechtfertigen, besteht die Wirkung doch darin, die Aufmerksamkeit von spezifischen Situationen abzulenken. Die rationalistische Logik machte die Menschen früher zu nachlässigen Beobachtern des Konkreten in der Naturphilosophie. Heute wirkt sie sich dahingehend aus, die Beobachtung in spezifischen sozialen Phänomenen zu schwächen und zu verzögern. Der Sozialphilosoph, der im Reich seiner Begriffe weilt, »löst«

Probleme dadurch, daß er die Beziehungen von Ideen zueinander aufweist, statt den Menschen dabei zu helfen, Probleme konkret zu lösen, indem er ihnen Hypothesen anbietet, die geeignet sind, in Reformprojekten genutzt und geprüft zu werden.

Inzwischen bleiben die konkreten Probleme und Übel natürlich bestehen. Sie verschwinden nicht magisch aus dem Dasein, nur weil die Gesellschaft in der Theorie organisch ist. Der Bereich der konkreten Schwierigkeiten, wo die provisorischen Pläne für das Experimentieren dringend der Unterstützung durch intelligente Methoden bedürften, ist genau da, wo es an der Unterstützung durch die Intelligenz mangelt. In dieser Region des Spezifischen und Konkreten werden die Menschen auf den krudesten Empirismus, auf einen kurzsichtigen Opportunismus und das Spiel roher Kräfte zurückgeworfen. In der Theorie wird man mit den Einzelheiten recht ordentlich fertig; sie fallen unter ihre angemessene Überschrift und Kategorie; sie erhalten ein Etikett und wandern in einem systematischen Aktenschrank in ein ordentliches Schubfach mit der Bezeichnung Politische Wissenschaft oder Soziologie. Aber in der empirischen Tatsachenwelt bleiben sie so verwirrend, verwirrt und unorganisiert wie zuvor. Und so wird nicht einmal der Versuch zu einer wissenschaftlichen Methode bei ihrer Bewältigung gemacht, sondern sie werden nach blinden Faustregeln, nach dem Vorgang von Präzedenzfällen, nach Erwägungen unmittelbaren Vorteils, durch Beschönigungen, Anwendung von Zwangsgewalt und den Zusammenprall persönlicher Ambitionen bewältigt. Noch überlebt die Welt; sie ist also irgendwie vorangekommen – so viel kann nicht bestritten werden. Die Methode von Versuch und Irrtum und die Konkurrenz der Selbstsüchte hat irgendwie viele Verbesserungen bewirkt. Aber die soziale Theorie besteht nichtsdestoweniger eher als müßiger Luxus denn als leitende Methode der Forschung und Planung. Die wahre Bedeutung der Neugestaltung der Philosophie liegt in der Frage der Methoden, die sich mit der Neugestaltung besonderer Situationen befassen statt mit irgendwelchen Verfeinerungen in den allgemeinen Begriffen Institution, Individualität, Staat, Freiheit, Recht, Ordnung, Fortschritt usf.

Betrachten Sie den Begriff des individuellen Selbst. Die individualistische Schule Englands und Frankreichs im 18. und 19. Jahrhundert war bewußt empirisch. Sie gründete ihren Individualismus, philosophisch gesprochen, auf den Glauben, daß einzig Individuen real seien, Klassen und Organisationen dagegen sekundär und abgeleitet. Sie sind künstlich, während Individuen natürlich sind. Wie kann also der Individualismus unter die oben vorgebrachte Kritik fallen? Wenn man sagt, der Mangel liege darin, daß diese Schule die Verbindungen mit anderen Personen übersehen habe, die ein Teil der Konstitution jedes Individuums ausmachen, so ist das wahr, soweit es reicht; aber unglücklicherweise reicht es selten über den Punkt gerade jener pauschalen Rechtfertigung der Institutionen hinaus, die kritisiert worden ist.

Die wirkliche Schwierigkeit liegt darin, daß das Individuum als etwas *Gegebenes*, als etwas, das schon da ist, angesehen wird. Infolgedessen kann es nur etwas sein, dem man zu Diensten sein muß, etwas, dessen Vergnügungen vergrößert und dessen Besitztümer vervielfältigt werden müssen. Wenn das Individuum als etwas schon Gegebenes aufgefaßt wird, kann alles, was zu seinem Vor- oder Nachteil geschieht, nur auf dem Wege äußerlicher Eindrücke und

Besitztümer an ihn gelangen: Gefühle der Lust und Unlust, Bequemlichkeiten, Sicherheiten. Nun ist es wahr, daß soziale Einrichtungen, Gesetze, Institutionen für den Menschen gemacht sind und nicht der Mensch für sie; daß sie Mittel und Werkzeuge menschlichen Wohlergehens und Fortschritts sind. Aber sie sind nicht Mittel, um etwas für Individuen zu erreichen, nicht einmal Glück. Sie sind Mittel, Individuen zu *schaffen*. Nur in dem Sinne von physischen Körpern, die für die Sinne als etwas Getrenntes existieren, ist Individualität ein ursprünglich Gegebenes. Individualität in einem sozialen und moralischen Sinne ist etwas, das hergestellt werden muß. Sie bedeutet Initiative, Erfindungsgabe, Wendigkeit, Übernahme von Verantwortung in der Wahl der Überzeugungen und des Verhaltens. Dies sind keine Gaben, sondern Leistungen. Als Leistungen sind sie nicht absolut, sondern relativ auf den Gebrauch, der von ihnen gemacht werden soll. Und dieser Gebrauch variiert mit der Umgebung.

Die Tragweite dieser Auffassung wird deutlich, wenn man die Schicksale der Idee des Eigeninteresses betrachtet. Alle Vertreter der empirischen Schule betonten diese Idee. Es galt als das einzige Motiv der Menschheit. Tugend sollte dadurch erreicht werden, daß man wohlwollendes Handeln als für das Individuum nützlich erklärte; soziale Vereinbarungen sollten so reformiert werden, daß Egoismus und altruistische Rücksicht auf andere identisch würden. Moraltheoretiker der entgegengesetzten Schule zögerten nicht, auf die Übel jeder Theorie hinzuweisen, die sowohl die Moral wie die Politische Wissenschaft auf Werkzeuge eines berechnenden Selbstinteresses reduzierte. Infolgedessen warfen sie die gesamte Theorie des Interesses über Bord, weil sie der

Moral schädlich sei. Die Wirkung dieser Reaktion war, die Sache der Autorität und des politischen Obskurantismus zu bestärken. Wenn das Spiel der Interessen eliminiert wird, was bleibt dann? Welche konkreten bewegenden Kräfte können dann gefunden werden? Wer das Selbst mit etwas Fertigem identifizierte und sein Interesse mit der Erwerbung von Lust und Gewinn, ergriff damit das denkbar effektivste Mittel, die Logik der abstrakten Begriffe Recht, Gerechtigkeit, Souveränität, Freiheit etc. wieder zu erneuern – alle jene vagen allgemeinen Ideen, die bei aller scheinbaren Starrheit von jedem schlauen Politiker dazu benutzt werden können, seine Pläne zu vertuschen und die schlechtere als die bessere Sache erscheinen zu lassen. Interessen sind spezifisch und dynamisch; sie sind die natürlichen Begriffe, in denen alles konkrete soziale Denken stattfindet. Aber sie sind rettungslos verurteilt, wenn sie mit kleinlicher Selbstsucht identifiziert werden. Sie können als vitale Begriffe nur angewendet werden, wenn das Selbst als im Prozeß befindlich und das Interesse als ein Name für alles begriffen wird, was mit der Förderung seiner Bewegung in Zusammenhang steht.

Dieselbe Logik findet ihre Anwendung auf den alten Streit, ob eine Reform mit dem Individuum oder mit den Institutionen beginnen sollte. Wenn das Selbst als etwas angesehen wird, das in sich vollständig ist, dann scheint es leicht zu argumentieren, daß nur innerliche moralische Veränderungen in einer allgemeinen Reform von Wichtigkeit sind. Institutionelle Veränderungen gelten als rein äußerlich. Sie mögen zu den Annehmlichkeiten und zur Bequemlichkeit des Lebens beitragen, aber sie können keine moralischen Verbesserungen bewirken. Das Ergebnis ist, daß die Last der sozialen Verbesserung dem freien Willen in seiner unmöglichsten Form aufgeladen wird. Obendrein wird dadurch eine soziale und ökonomische Passivität ermutigt. Individuen werden dazu veranlaßt, sich in moralischer Introspektion auf ihre eigenen Laster und Tugenden zu konzentrieren und den Charakter der Umwelt unberücksichtigt zu lassen. Die Moral zieht sich aus der aktiven Befassung mit den detaillierten ökonomischen und politischen Bedingungen zurück. Sorgen wir für unsere Vollkommenheit im Innern, und wenn der rechte Zeitpunkt gekommen ist, dann werden die Veränderungen in der Gesellschaft von selbst eintreten, lautet die Lehre. Und während Heilige mit der Introspektion beschäftigt sind, bestimmen stämmige Sünder den Lauf der Welt. Aber wenn das Selbst-Sein als ein aktiver Prozeß begriffen wird, dann sieht man auch, daß soziale Modifikationen das einzige Mittel darstellen, veränderte Persönlichkeiten zu schaffen. Institutionen werden unter dem Gesichtspunkt ihrer erzieherischen Wirkung betrachtet – mit Bezug auf die Arten von Individuen, die sie begünstigen. Das Interesse an individueller moralischer Verbesserung und das soziale Interesse an einer objektiven Reform der politischen und ökonomischen Bedingungen fallen zusammen. Und die Erforschung der Bedeutung der sozialen Einrichtungen bekommt ein definites Ziel und eine klare Richtung. Wir sehen uns veranlaßt zu fragen, worin die spezifische stimulierende, fördernde und erzieherische Kraft jeder spezifischen sozialen Einrichtung besteht. Die überkommene Trennung zwischen Politik und Moral ist an ihrer Wurzel abgeschafft.

Infolgedessen können wir nicht mit der allgemeinen Behauptung zufrieden sein, daß Gesellschaft und Staat in ihrem Verhältnis zum Individuum organisch seien. Die Frage ist die nach spezifischen Verursachungen. Welche Reaktion ruft genau *diese* soziale Einrichtung, sei sie politisch oder ökonomisch, hervor, und welche Wirkung hat sie auf die Einstellung derjenigen, die sich ihr verpflichtet fühlen? Setzt sie Fähigkeiten frei? Und wenn, in welchem Umfang? Bei wenigen, mit einem korrespondierenden Nachlassen der Kräfte bei anderen, oder in extensiver und gleichmäßiger Form? Ist die Fähigkeit, die freigesetzt wird, außerdem in einer kohärenten Art und Weise ausgerichtet, so daß sie zu einer Macht wird, oder ist ihre Erscheinungsart sprunghaft und kapriziös? Da Reaktionen von einer unendlichen Vielfalt sind, müssen diese Untersuchungen detailliert und spezifisch sein. Werden die Sinne der Menschen feinfühliger und empfindlicher, oder werden sie abgestumpft und fühllos durch diese und jene Form sozialer Organisation? Werden sie veranlaßt, ihren Verstand zu gebrauchen, so daß die Hände geschickter und geübter werden? Wird Neugier geweckt oder eingeschläfert? Worin liegt ihre Qualität: Ist sie lediglich ästhetisch, haftet sie an den Formen und der Oberfläche der Dinge, oder ist sie auch ein intellektuelles Erforschen ihrer Bedeutung? Fragen wie diese (ebenso wie die offensichtlicheren nach den Qualitäten, die konventionellerweise als moralisch etikettiert werden) werden zu den Ausgangspunkten von Forschungen über jede Institution der Gemeinschaft, sobald erkannt ist, daß Individualität nicht ursprünglich gegeben ist, sondern unter dem Einfluß des vergesellschafteten Lebens geschaffen wird. Wie der Utilitarismus unterwirft diese Theorie jede Form der Organisation kontinuierlicher Prüfung und Kritik. Aber statt uns dazu zu veranlassen zu fragen, welche Schmerzen und Vergnügungen sie schon bestehenden Individuen verschafft, untersucht sie, was getan wird, um spezifische Fähigkeiten freizusetzen und sie in wirkende Kräfte zusammenzufassen. Welche Art von Individuen wird geschaffen?

Es ist erstaunlich, wieviel geistige Energie damit verschwendet wird, daß man Gesellschaftsfragen in begrifflichen Allgemeinheiten diskutiert. Welche Fortschritte würden der Biologe und der Arzt machen, wenn sie bei der Behandlung eines Themas wie dem der Atmung die Diskussion darauf beschränkten, die Begriffe Organ und Organismus hin und her zu schleudern: – wenn z.B. eine Schule glaubte, Atmung könne erkannt und verstanden werden, indem man auf der Tatsache insistierte, daß sie in einem individuellen Körper stattfinde und deshalb ein »individuelles Phänomen« sei, während eine entgegengesetzte Schule darauf bestünde, daß es einfach eine Funktion in organischer Wechselwirkung mit anderen sei und deshalb nur mit Bezug auf andere Funktionen erkannt und verstanden werden könne, die in einer ähnlich generellen und pauschalen Weise erfaßt werden? Jede Behauptung ist gleichermaßen wahr und gleichermaßen nichtig. Was gebraucht wird, sind spezifische Untersuchungen einer Vielheit von spezifischen Strukturen und Wechselwirkungen. Die feierliche Wiederholung von Kategorien wie denen des Individuums oder des Organischen oder sozialen Ganzen fördert diese definiten und detaillierten Forschungen nicht nur keineswegs, sondern es lähmt sie geradezu. Es verstrickt das Denken in pompöse und sonor klingende Allgemeinheiten, in denen Kontroversen ebenso unvermeidlich wie unauflösbar sind. Es ist wahr genug, daß Zellen weder in Konflikt miteinander geraten noch kooperieren könnten, wenn sie nicht in vitaler Wechselwirkung miteinander stünden. Aber die Tatsache der Existenz einer »organischen« sozialen Gruppe bezeichnet lediglich die Tatsache, daß Fragen existieren, doch sie beantwortet keine. Welche Konflikte und welche Kooperationen bestehen denn nun genau, und welches sind ihre spezifischen Ursachen und Konsequenzen? Aber weil die Sozialphilosophie an der Ordnung von Ideen festhält, die aus der Naturphilosophie vertrieben sind, fassen selbst Soziologen Konflikt oder Kooperation als allgemeine Kategorien auf, auf die ihre Wissenschaft zu gründen sei, und lassen sich auf empirische Tatsachen nur zum Zweck der Illustration ein. In der Regel ist ihr Haupt»problem« rein dialektisch, umhüllt von einer dikken Decke empirischer Anthropologie und historischer Zitate. Wie vereinigen sich Individuen, um eine Gesellschaft zu bilden? Wie werden Individuen sozial kontrolliert? Und das Problem wird mit Recht dialektisch genannt, weil es sich aus vorgängigen Auffassungen des »Individuellen« und des »Sozialen« ergibt.

Genau wie »Individuum« nicht eine einheitliche Sache bezeichnet, sondern ein umfassender Ausdruck für die immense Vielfalt spezifischer Reaktionen, Gewohnheiten, Dispositionen und Kräfte der menschlichen Natur ist, die unter den Einflüssen des vergesellschafteten Lebens hervorgerufen und verstärkt werden, genauso ist es mit dem Terminus »sozial«. »Gesellschaft« ist *ein* Wort, bezeichnet aber eine unendliche Vielzahl von Dingen. Der Ausdruck bezieht sich auf all die Formen, in denen Menschen ihre Erfahrungen durch einen Zusammenschluß teilen und gemeinsame Interesse und Ziele entwickeln; Straßenbanden, Einbrecherschulen, Sippen, soziale Cliquen, Gewerkschaften, Aktiengesellschaften, Städte und internationale Bündnisse. Die neue Methode wird wirksam darin, daß sie an die Stelle feierlicher Manipulation allgemeiner Begriffe eine Untersuchung dieser spezifischen, sich wandelnden und relativen (relativ auf Probleme und Absichten, nicht metapysisch relativen) Tatsachen setzt.

Merkwürdigerweise ist die geläufige Auffassung vom Staat ein gutes Beispiel. Denn ein direkter Einfluß der klassischen Ordnung unwandelbarer Spezies, die in einer hierarchischen Ordnung stehen, läßt sich in dem Versuch der deutschen politischen Philosophie im 19. Jahrhundert erkennen, eine definite Anzahl von Institutionen aufzuzählen, von denen jede ihre eigene wesentliche und unwandelbare Bedeutung hat; sie in eine Ordnung der »Evolution« zu bringen, die der Würde und dem Rang der jeweiligen Bedeutung korrespondiert. Der Nationalstaat stand, als die Vollendung und Kulmination aller übrigen Institutionen, sowohl an der Spitze wie er auch ihre Basis bildete.

Hegel ist ein auffälliges Beispiel für diese Bestrebung, aber er ist weit davon entfernt, das einzige zu sein. Viele, die ihn heftig befehdet haben, haben sich nur hinsichtlich der Details der »Entwicklung« von ihm unterschieden oder hinsichtlich der besonderen Bedeutung, die den jeweiligen aufgezählten Institutionen als wesentlicher Begriff zugeschrieben werden sollte. Der Streit ist nur deshalb bitter gewesen, weil die zugrunde liegenden Prämissen dieselben waren. Insbesondere waren sich viele der Denkschulen, die sich hinsichtlich der Methode und Schlußfolgerung sogar noch weiter voneinander unterschieden, über die endgültige krönende Stellung des Staates einig. Vielleicht gehen sie nicht soweit wie Hegel darin, die einzige Bedeutung der Geschichte in der Entwicklung der nationalen Territorialstaaten zu sehen, von denen jeder in höherem Maße als die jeweils frühere Form die wesentliche Bedeutung oder den

Begriff *des* Staates verkörpert und ihn infolgedessen ablöst, bis wir endlich bei jenem Triumph der geschichtlichen Entwicklung, dem preußischen Staat, anlangen. Aber sie stellen die einzigartige und allerhöchste Stellung des Staates in der sozialen Hierarchie nicht in Frage. Tatsächlich hat sich jene Auffassung unter dem Namen der Souveränität zu einem unbezweifelten Dogma ausgewachsen.

Über die ungeheuer wichtige Rolle, die der moderne territoriale Nationalstaat gespielt hat, kann kein Zweifel bestehen. Die Entstehung dieser Staaten war das Zentrum der neuzeitlichen politischen Geschichte. Frankreich, Großbritannien, Spanien waren die ersten Völker, die eine nationalstaatliche Organisation erreichten, aber im 19. Jahrhundert folgten Japan, Deutschland und Italien ihrem Beispiel, ganz zu schweigen von einer großen Anzahl kleinerer Staaten, Griechenland, Serbien, Bulgarien usf. Wie jeder weiß, war eine der wichtigsten Phasen des (ersten) Weltkriegs der Kampf um die Vollendung der nationalistischen Bewegung, die mit der Einrichtung Böhmens, Polens usf. als unabhängiger Staaten sowie dem Aufstieg Armeniens, Palästinas u. a. in den Rang von Kandidaten endete.

Der Kampf um die Suprematie des Staates über andere Formen der Organisation war gegen die Macht kleinerer Distrikte, Provinzen, Fürstentümer, gegen die Zersplitterung der Macht unter Feudalherren wie auch, in einigen Ländern, gegen die Ansprüche kirchlicher Machthaber gerichtet. Der »Staat« stellt den sichtlichen Kulminationspunkt der großen Bewegung sozialer Integration und Konsolidierung dar, die in den letzten Jahrhunderten stattgefunden hat, und die durch die konzentrierenden und kombinierenden Kräfte von Dampf und Elektrizität ungeheuer beschleunigt worden ist. Natürlicherweise und unvermeidlich sind die Politikwissenschaftler mit diesem großen historischen Phänomen vorrangig beschäftigt gewesen, und ihre intellektuellen Aktivitäten waren auf seine systematische Formulierung gerichtet. Weil die zeitgenössische progressive Bewegung darin bestand, den einheitlichen Staat gegen die Trägheit der kleineren sozialen Einheiten und gegen die Ambitionen der Rivalen um die Macht durchzusetzen, entwickelte die politische Theorie das Dogma von der – internen und externen – Souveränität des Nationalstaates.

Sobald das Werk der Integration und Konsolidierung seinen Höhepunkt erreicht, stellt sich freilich die Frage, ob der Nationalstaat, sobald er erst einmal etabliert ist und nicht länger gegen starke Feinde kämpft, nicht gerade ein Instrument zur Förderung und zum Schutz anderer und freiwilligerer Formen der Vergesellschaftung darstellt, statt eines höchsten Selbstzwecks. Auf zwei aktuelle Phänomene mag zur Unterstützung einer bejahenden Antwort hingewiesen werden. Mit der Entwicklung der größeren, umfassenderen und einheitlicheren Organisation des Staates einher ging die Emanzipation der Individuen von Restriktionen und Dienstbarkeiten, die früher durch den Brauch und den Klassenstatus auferlegt wurden. Aber die Individuen, die von äußeren und einengenden Fesseln befreit waren, sind nicht isoliert geblieben. Soziale Moleküle haben sich sogleich in neuen Vergesellschaftungen und Organisationen neu kombiniert. Zwangszusammenschlüsse sind durch freiwillige ersetzt worden, starre Organisationen durch solche, die eher menschlichen Entscheidungen und Zwecken zugänglich, die stärker willentlich veränderbar waren. Was auf der einen Seite wie eine Bewegung zum Individualismus aussieht, stellt sich in Wirklichkeit als eine Bewegung zur Vervielfältigung aller Arten und Abarten von Vereinigungen heraus: politische Parteien, Aktiengesellschaften, wissenschaftliche und künstlerische Organisationen, Gewerkschaften, Kirchen, Schulen, Clubs und Gesellschaften ohne Zahl, zur Pflege jedes nur denkbaren Interesses, das Menschen gemeinsam ist. In dem Maße, wie sie sich an Zahl und Wichtigkeit entwickeln, neigt der Staat mehr und mehr dazu, sie zu regulieren und anzupassen, die Grenzen ihrer Tätigkeit zu definieren, Konflikte zu verhindern und beizulegen.

Seine »Hoheitlichkeit« nähert sich immer mehr der eines Dirigenten, der nicht selbst Musik macht, sondern die Tätigkeiten derjenigen harmonisiert, die mit ihrem Musizieren das tun, was innerlichen Wert hat. Der Staat bleibt äußerst wichtig, aber seine Wichtigkeit besteht mehr und mehr in seiner Macht, die Aktivitäten freiwilliger Gruppierungen zu stützen und zu koordinieren. Nur noch nominell ist er in einer modernen Gesellschaft das Ziel, um dessentwillen alle anderen Gesellschaften und Organisationen existieren. Gruppierungen zur Förderung der Vielfalt von Gütern, die Menschen gemein haben, sind zu den wirklichen sozialen Einheiten geworden. Sie nehmen die Stelle ein, die die traditionelle Theorie entweder für die bloß isolierten Individuen oder für die höchste und einzige politische Organisation beansprucht hatte. Der Pluralismus ist in der gegenwärtigen politischen Praxis gut eingeführt und verlangt nach einer Änderung der hierarchischen und monistischen Theorie. Jede Kombination menschlicher Kräfte, die ihren eigenen Beitrag zum Leben beisteuert, hat aus diesem Grunde ihren eigenen einzigartigen und letzten Wert. Sie kann nicht zu einem Mittel der Glorifizierung des Staates herabgesetzt werden. Ein Grund für die verstärkte Demoralisierung des Krieges ist der, daß er den Staat in eine abnorm hoheitliche Stellung zwingt.

Die andere konkrete Tatsache ist der Gegensatz zwischen dem Anspruch auf unabhängige Souveränität zugunsten des territorialen Nationalstaats und dem Anwachsen internationaler und – wie sie zutreffend genannt worden sind – übernationaler Interessen. Das Wohl und Wehe jedes modernen Staates ist mit dem anderer verknüpft. Schwäche, Unordnung, falsche Prinzipien auf seiten eines beliebigen Staates sind nicht auf seine eigenen Grenzen beschränkt. Sie breiten sich aus und infizieren andere Staaten. Dasselbe gilt von ökonomischen, künstlerischen und wissenschaftlichen Fortschritten. Obendrein fallen die freiwilligen Zusammenschlüsse, von denen eben die Rede war, nicht mit den politischen Grenzen zusammen. Zusammenschlüsse von Mathematikern, Chemikern und Astronomen, Geschäftsverbindungen, Arbeitsorganisationen, Kirchen sind übernational, weil die Interessen, die sie vertreten, weltweit gelten. In Fällen wie diesen ist der Internationalismus keine Utopie, sondern eine Tatsache, kein sentimentales Ideal, sondern eine Kraft. Gleichwohl werden diese Interessen durch die traditionelle Lehre von der exklusiven nationalen Souveränität beschnitten und außer Kraft gesetzt. Die Beliebtheit dieser Theorie ist die stärkste Schranke gegen die endgültige Entstehung eines internationalen Geistes, der allein mit den treibenden Kräften der gegenwärtigen Arbeit, des Handels, der Wissenschaft, der Kunst und Religion in Übereinstimmung steht.

Gesellschaft bedeutet, wie gesagt, viele Zusammenschlüsse, nicht eine einzige Organisation. Gesellschaft bedeutet Vergesellschaftung, das Zusammenkommen in gemeinsamem Umgang und Handeln zum Zweck der besseren Verwirklichung jeder Form der Erfahrung, die dadurch, daß sie gemeinsam ist, vermehrt und bestärkt wird. Von daher gibt es soviele Zusammenschlüsse wie es Güter gibt, die dadurch an Wert gewinnen, daß sie wechselseitig mitgeteilt und geteilt werden. Und diese sind buchstäblich unendlich an Zahl. Tatsächlich ist die Fähigkeit, Öffentlichkeit und Kommunikation zu ertragen, der Prüfstein, an dem sich entscheidet, ob ein vorgebliches Gut echt oder unecht ist. Moralisten haben immer auf der Tatsache insistiert, daß das Gute universal, objektiv, und nicht nur privat und partikular ist. Aber allzu oft sind sie, wie Platon, mit einer metaphysischen, oder, wie Kant, mit einer logischen Universalität zufrieden gewesen. Kommunikation, Teilen, gemeinsame Partizipation sind die einzig wirklichen Mittel, das Moral-Gesetz und den moralischen Endzweck zu universalisieren. Wir haben in der letzten Vorlesung den einzigartigen Charakter jedes an sich selbst wertvollen Guten betont. Aber das Gegenstück zu diesem Satz ist, daß die Situation, in der ein Gut bewußt realisiert wird, nicht eine Situation der vergänglichen Gefühle oder eine der privaten Begierden ist, sondern eine Situation des Teilhabens und der Kommunikation – öffentlich, gesellschaftlich. Selbst der Eremit kommuniziert mit Göttern oder Geistern; selbst das Elend liebt Gesellschaft. Und die extremste Selbstsucht schließt eine Gruppe von Gefolgsleuten oder einen Partner ein, die sich das erlangte Gut teilen. Universalisierung bedeutet Sozialisierung, die Ausdehnung des Gebietes und der Reichweite derer, die sich ein Gut teilen.

Die wachsende Einsicht, daß Güter nur dadurch existieren und dauern, daß sie mitgeteilt werden, und daß Vergesellschaftung das Mittel der gemeinsamen Teilhabe ist, liegt dem modernen Sinn für Humanität und Demokratie zugrunde. Sie ist das rettende Salz in Altruismus und Philanthropie, die ohne diesen Faktor zu moralischer Herablassung und moralischer Einmischung werden, sei es in der Gestalt eines Versuchs, die Angelegenheiten der anderen unter dem Vorwand zu regeln, ihnen etwas Gutes zu tun, sei es in der Form, ihnen ein Recht zuzugestehen , als ob er sich um eine wohltätige Gabe handele. Daraus folgt, daß Organisation niemals Selbstzweck ist. Sie ist ein Mittel, die *Vergesellschaftung* zu fördern, wirkliche Berührungspunkte zwischen Personen zu vervielfältigen, ihren Verkehr in möglichst fruchtbare Bahnen zu lenken.

Die Tendenz, Organisation als Selbstzweck anzusehen, ist für alle die übertriebenen Theorien verantwortlich, in denen die Individuen irgendeiner Institution unterworfen werden, der der edle Name Gesellschaft gegeben wird. Gesellschaft ist der *Prozeß*, sich zu vergesellschaften, und zwar auf die Weise, daß Erfahrungen, Ideen, Emotionen, Werte weitergegeben werden und zu etwas Gemeinsamem gemacht werden. Diesem aktiven Prozeß dürfen das Individuum wie die institutionell Organisierten mit Recht als unterworfen bezeichnet werden. Das Individuum ist ihm unterworfen, weil es außer in und durch Kommunikation der Erfahrung von und an andere stumm bleibt, ein lediglich fühlendes Wesen, ein rohes Tier. Nur in der Vergesellschaftung mit Mitmenschen wird es wirklich zu einem bewußten Zentrum der Erfahrung. Organisation, das, was die herkömmliche Theorie im allgemeinen mit dem Ausdruck Gesellschaft oder Staat gemeint hat, ist ihm ebenfalls unterworfen, weil sie statisch, starr, institutionalisiert wird, sobald sie nicht dazu dient, die Kontakte der Menschen untereinander zu erleichtern und zu bereichern.

Die alte Kontroverse zwischen Rechten und Pflichten, Gesetz und Freiheit, ist eine weitere Version des Kampfes zwischen Individuum und Gesellschaft als unwandelbaren Begriffen. Freiheit bedeutet für ein Individuum Wachstum, bereitwillige Veränderung, wenn eine Modifikation nötig ist.

Freiheit bezeichnet einen aktiven Prozeß, den der Befreiung der Fähigkeit von allem, was sie hemmt. Aber da sich die Gesellschaft nur entwickeln kann, wenn ihr neue Ressourcen zur Verfügung gestellt werden, ist es absurd anzunehmen, daß Freiheit zwar eine positive Bedeutung für die Individualität, aber eine negative für soziale Interessen habe. Die Gesellschaft ist gegen Zufälle nur dann stark, kraftvoll und stabil, wenn alle ihre Mitglieder bis zu den Grenzen ihrer Fähigkeit wirken können. Solches Wirken kann nicht erreicht werden, ohne daß man Experimenten einen Spielraum über die Grenzen der eingebürgerten und sanktionierten Sitte hinaus einräumt. Sehr wahrscheinlich wird ein gewisses Ausmaß an offener Konfusion und Unregelmäßigkeit der Gewährung des Freiheitsspielraums folgen, ohne den die Fähigkeit sich nicht selbst finden kann. Aber sozial wie wissenschaftlich ist das Entscheidende nicht, Fehler zu vermeiden, sondern sie unter Bedingungen zu machen, unter denen sie genutzt werden können, um daraus zu lernen.

Wenn die britische liberale Sozialphilosophie dazu neigte, ganz im Geiste ihres atomistischen Empirismus, Freiheit und die Ausübung der Rechte zum Selbstzweck zu machen, dann wird das Heilmittel dagegen nicht im Rückgriff auf eine Philosophie der unveränderlichen Verpflichtungen und des autoritativen Gesetzes gefunden, wie sie das deutsche politische Denken charakterisierte. Wie die Ereignisse gezeigt haben, ist diese letztere gefährlich wegen ihrer impliziten Bedrohung der freien Selbstbestimmung anderer sozialer Gruppen. Aber sie ist auch innerlich schwach, wenn man sie einer endgültigen Prüfung unterwirft. In ihrer Feindseligkeit gegenüber dem freien Experimentieren und der Macht des Einzelnen, sich bei der Bestimmung sozialer Angelegenheiten selbst zu entscheiden, beschränkt sie die Fähigkeiten vieler oder der meisten Individuen, effektiv an sozialen Prozesses teilzunehmen, und beraubt auf diese Weise die Gesellschaft des vollen Beitrags aller ihrer Mitglieder. Die beste Garantie der kollektiven Wirksamkeit und Macht ist Befreiung und Nutzung der Verschiedenheit individueller Fähigkeiten zur Initiative, Planung, Voraussicht, an Kraft und Ausdauer. Die Persönlichkeit muß erzogen werden, und sie kànn nicht erzogen werden, wenn man ihre Verrichtungen auf technische und spezialisierte Dinge oder auf die weniger wichtigen Beziehungen des Lebens einschränkt. Eine vollständige Erziehung gibt es nur da, wo es verantwortliche Teilhabe auf seiten jeder Person gibt, im Verhältnis zu ihrer Fähigkeit, die Ziele und die Politik der sozialen Gruppen zu gestalten, zu denen sie gehört. Diese Tatsache fixiert die Bedeutung der Demokratie. Demokratie kann nicht begriffen werden als eine sektiererische oder rassische Angelegenheit noch als Weihe einer bestimmten Regierungsform, die schon konstituionelle Sanktion erlangt hat. Sie ist nur ein Name für die Tatsache, daß die menschliche Natur nur dann entwickelt wird, wenn ihre Elemente daran teilnehmen, die Dinge zu lenken, die gemeinsam sind, Dinge, um derentwillen Männer und Frauen Gruppen bilden – Familien, industrielle Unternehmungen, Regierungen, Kirchen, wissenschaftliche Vereinigungen usf. Dieses Prinzip gilt ebenso für eine einzelne Form der Vereinigung, etwa in der Industrie oder im Handel, wie es für die Regierung gilt. Die Identifikation von Demokratie mit politischer Demokratie, die für ihre meisten Fehlschläge verantwortlich ist, beruht freilich auf den traditionellen Ideen, die das Individuum und den Staat zu fertigen Wesenheiten an sich selbst machen.

In dem Maße, wie die neuen Ideen ihren adäquaten Ausdruck im sozialen Leben finden, werden sie von einem moralischen Hintergrund absorbiert werden, und die Ideen und Überzeugungen selbst werden vertieft und unbewußt weitergegeben und beibehalten werden. Sie werden die Imagination färben und die Wünsche und die Empfindungen mildern. Sie werden nicht eine Menge von Ideen bilden, die dargelegt, argumentativ begründet und unterstützt werden müssen, sondern werden eine spontane Weise sein, das Leben zu betrachten. Dann werden sie einen religiösen Wert annehmen. Der religiöse Geist wird wiederbelebt, weil er in Übereinstimmung mit den unbezweifelten wissenschaftlichen Überzeugungen und den gewöhnlichen alltäglichen sozialen Aktivitäten stehen wird. Er wird nicht gezwungen sein, ein schüchternes, halb verborgenes und halb apologetisches Leben zu führen, weil er an wissenschaftliche Ideen und soziale Überzeugungen gefesselt ist, die kontinuierlich angenagt und niedergerissen werden. Vor allem aber werden die Ideen und Überzeugungen selbst vertieft und intensiviert werden, weil sie spontan vom Gefühl in imaginative Vision und die schönen Künste übertragen werden, während sie jetzt durch eine mehr oder weniger bewußte Anstrengung, durch bewußte Reflexion, durch Überlegungen aufrechterhalten werden. Sie sind genau deshalb technisch und abstrakt, weil sie bis jetzt noch nicht von der Imagination und den Gefühlen als selbstverständlich getragen werden.

Wir haben zu Anfang darauf hingewiesen, daß die europäische Philosophie entstand, als sich die intellektuellen Methoden und wissenschaftlichen Resultate von den sozialen Traditionen entfernten, die die Früchte spontaner Begierde und Phantasie konsolidiert und verkörpert hatten. Es wurde darauf hingewiesen, daß die Philosophie seitdem immer das Problem gehabt hat, den trockenen, dünnen und mageren wissenschaftlichen Standpunkt mit dem beharrlich weiterbestehenden System an warmen und üppigen imaginativen Überzeugungen in Übereinstimmung zu bringen. Entwürfe von Möglichkeiten, Fortschritt, freie Bewegung und unendlich vielfältige Gelegenheit sind von der modernen Wissenschaft angeregt worden. Aber bis sie das Erbe des Unwandelbaren und ein für alle Mal Geordneten und Systematisierten aus der *Imagination* vertrieben haben, werden die Ideen des Mechanismus und der Materie als totes Gewicht auf den Emotionen lasten, die Religion lähmen und die Kunst verzerren. Wenn die Befreiung der Fähigkeiten nicht mehr als Bedrohung der Organisation und der etablierten Institutionen erscheinen wird, als etwas, das zwar praktisch nicht vermieden werden kann, aber gleichwohl für die Erhaltung der kostbarsten Werte der Vergangenheit eine Bedrohung darstellt; wenn die Befreiung der menschlichen Fähigkeiten als sozial schöpferische Kraft wirken wird, dann wird die Kunst nicht als Luxus, als fremd gegenüber den täglichen Anstrengungen, sein Auskommen zu finden, erscheinen. Sein Auskommen zu finden wird damit zusammengehen, ein Leben zu führen, das lebenswert ist. Und wenn die emotionale Kraft, man möchte sagen, die mystische Kraft der

Kommunikation, des Wunders des gemeinsamen Lebens und der gemeinsamen Erfahrung spontan empfunden wird, dann wird die Härte und Rohheit des heutigen Lebens in einem Licht erscheinen, das noch niemals »über Land oder See« schien.

Posie, Kunst, Religion sind kostbare Dinge. Sie können nicht bestehen bleiben, wenn man sich in die Vergangenheit zurückversetzt und vergeblich wiederherzustellen wünscht, was der Gang der Ereignisse in Wissenschaft, Industrie und Politik zerstört hat. Sie sind eine Entfaltung des Denkens und der Wünsche, die unbewußt, als das Ergebnis von abertausenden von täglichen Episoden und Kontakten, in einer bestimmten Disposition der Imagination konvergieren. Sie können nicht ins Dasein gewollt oder gezwungen werden. Der Geist weht, wo er will, und das Reich Gottes in solchen Dingen kommt nicht, mit erkennbaren Zeichen.* Aber während es unmöglich ist, absichtlich alte Quellen der Religion und Kunst, die ihre Glaubwürdigkeit verspielt haben, zu erhalten und wiederzugewinnen, ist es sehr wohl möglich, die Entwicklung der vitalen Quellen einer zukünftigen Religion und Kunst zu fördern. Zwar nicht durch eine Handlung, die direkt auf ihre Herstellung zielt, aber dadurch, daß man die Furcht und Abneigung gegen die aktiven Tendenzen des Tages durch das Vertrauen auf sie und durch den Mut der Intelligenz ersetzt, dahin zu folgen, wohin soziale und wissenschaftliche Veränderungen uns führen. Wir sind heutzutage in ideellen Fragen schwach, weil die Intelligenz von der Hoffnung getrennt ist. Die bloße Gewalt der Umstände zwingt uns vorwärts in den täglichen Details unserer Über-

* Luk., 17, 20; A. d. Ü.

zeugungen und Taten, aber unsere tieferen Gedanken und Wünsche wenden sich rückwärts. Wenn die Philosophie mit dem Gang der Ereignisse kooperiert und die Bedeutung der alltäglichen Ereignisse klar und kohärent gemacht haben wird, dann werden Wissenschaft und Gefühl einander durchdringen, die Praxis und die Imagination einander umfassen. Poesie und religiöses Gefühl werden die zwanglosen Blüten des Lebens sein. Diese Artikulation und Erhellung der Bedeutung des gegenwärtigen Ganges der Ereignisse zu fördern ist die Aufgabe und das Problem der Philosophie in den Zeiten des Übergangs.

John Cowper Powys

Kultur als Lebenskunst

Mit einer Einleitung von Elmar Schenkel

Der britische Erzähler John Cowper Powys (1872-1963), das wohl unbekannteste literarische Genie des 20. Jahrhunderts, untersucht die Bedeutung der Kultur für die Persönlichkeitsbildung des Menschen. Seine Aufmerksamkeit gilt der Vervollkommnung der Individualität. Die Lebenskunst des »Menschen von Kultur« besteht darin, sich Kultur im Wissen um das eigene Wesen eklektisch so anzueignen, daß sein Leben an Glück, Reichtum der Empfindung und Intensität gewinnt.

»Je mehr Kultur ein Mensch hat, desto strenger hält er sich an seinen eigenen Geschmack – wenn auch oft mit ironischer Distanz. Den Emporkömmling in der Bildungswelt erkennt man immer daran, daß er sein Mäntelchen nach dem Wind hängt, bis seine Meinungen haarklein dem letzten Schrei der schöngeistigen Welt entsprechen. Kultur dagegen geht ebenso wie Adel ihren eigenen Weg und schert sich nicht darum, ob sie sich rechtfertigen läßt. Vor wem sollte sie sich rechtfertigen?«

(John Cowper Powys)

320 Seiten · DM 32,00 · ISBN 3-88506-408-1

Sammlung Junius

Hans-Martin Lohmann

Geisterfahrer

Blanqui, Marx, Adorno & Co
22 Portraits der europäischen Linken

Aus biographischen Essays entsteht ein Kaleidoskop der Gesellschaftskritik im 19. und 20. Jahrhundert, das vielfältige Facetten eines gemeinsamen Traumes von besseren Verhältnissen beleuchtet. Die Sozialrevolutionärin ist hier ebenso vertreten wie der praktische Politiker, der Philosoph und die Feministin, der Kunsthistoriker und der Ethnologe, der Schriftsteller und der Psychoanalytiker. Bei allen Unterschieden im einzelnen wird in den 22 Lebensläufen dennoch das Verbindende deutlich: die Faszination eines Schwimmens gegen den Strom.

Aus dem Inhalt:

Sozialismus und Frauenbewegung. Der Weg Clara Zetkins
Ein deutscher Mandarin. Werner Sombart
Der Philosoph und die Politik. Die Selbstenthüllungen Ernst Blochs
Der Diskrepanz-Philosoph. Günther Anders
Philosophie der Subjektivität. Theodor W. Adorno
Weggenossenschaft. Jean-Paul Sartre und der Parteikommunismus
Psychoanalyse als Aufklärung. Zum Tode Alexander Mitscherlichs
Zwischen den Stühlen. Jean Améry
Eine Deutsche auf Widerruf. Margarete Mitscherlich
Ein deutsches Trauma. Erinnerung an Peter Brückner
Der Kampf gegen das Vergessen. Zu einem Porträt Jorge Sempruns
Der Schmerz der Niederlage. Rossana Rossanda

228 Seiten · DM 24,80 · ISBN 3-88506-412-X

Sammlung Junius

Peter Burke

Soziologie und Geschichte

Das Verhältnis zwischen Soziologen und Historikern ist, aufgrund ihrer unterschiedlichen methodologischen Ansätze, nicht gerade nachbarschaftlich. Mit diesem Buch versucht der Autor diese Kluft zu überbrücken: Historikern ermöglicht er ein besseres Verständnis der relativ unveränderlichen Strukturen einer Gesellschaft, Soziologen einen tieferen Einblick in den Wandel gesellschaftlicher Systeme.

In verständlicher Form erhalten wir eine klare zusammenhängende Sicht auf die Diskussion über Geschichte.

Ein Buch, das hilft, Gesellschaftsformationen besser zu analysieren und zu interpretieren. Für die deutsche Ausgabe hat der Autor den Band überarbeitet und die hiesige, maßgeblich von Norbert Elias geprägte Diskussion berücksichtigt.

Über den Autor:

Peter Burke, geboren 1937, ist Professor für Geschichte an der Universität Cambridge. Er gilt als profunder Kenner der italienischen, englischen und französischen Gesellschaften seit dem 16. Jh. (s. a. »Die Renaissance in Italien«).

190 Seiten · DM 22,80 · ISBN 3-88506-410-3

Sammlung Junius

Roberto Massari

Mary Shelleys
Frankenstein

Vom romantischen Mythos zu den
Anfängen der Science Fiction

Gibt es für den wissenschaftlich-technischen Fortschritt überhaupt ethische Grenzen? Akzeptiert der Wissenschaftler in seinem Drang nach Erkenntnis moralische Schranken?

Roberto Massari legt in seinem Buch die vielfältigen kultur- und literaturgeschichtlichen Wurzeln von Mary Shelleys Schauerroman frei, dessen Bezüge von der biblischen Schöpfungsgeschichte über die griechische Mythologie bis zur heutigen Science Fiction reichen. Der Gelehrte Frankenstein, dem die Schaffung eines menschenähnlichen Lebewesens aus toter Materie gelingt, erscheint als romantischer Prometheus, der sich über die Gesetze der natürlichen, gottgegebenen Ordnung hinwegsetzt.

228 Seiten · DM 26,80 · ISBN 3-88506-413-8

Sammlung Junius

Mynona
(Salomo Friedlaender)

Das Eisenbahnglück
oder
Der Anti-Freud

Mit Zeichnungen
von Hans Bellmer

Sexualität nicht als Grundmotiv des Lebens, nicht einmal als Beweggrund ihrer selbst: das ist das Thema der dreißig Grotesken Mynonas im *Eisenbahnglück* (»Herrn Professor S. Freud in Wien mit einem herzinnigsten ›coeo, ergo sum‹ gewidmet!«). Sexualität in dreister Verkehrung der Psychoanalyse als Zufall und Bagatelle, als Mittel zum Zweck, aus Gründen der Philologie, Kleptomanie, Bibliophilie, Geometrie, Vornehmheit, Reinlichkeit, Religion, um logische Irrtümer nachzuweisen, um bellen zu können ... Für erwachsene Leser, Freudianer, Kindsköpfe, Spielverderber und alle, die Spaß an der Psychoanalyse haben.

Über den Autor:
Der Groteskenschriftsteller Mynona ist das alter ego des Philosophen Salomo Friedlaender (1871-1946), über dessen Denken der Band von Peter Cardorff in der Reihe »Zur Einführung« Auskunft gibt.

192 Seiten · DM 19,80 · ISBN 3-88506-406-5

Sammlung Junius

Junius-Briefe

Herausgegeben und mit einer Einleitung
versehen von Ansgar und Vera Nünning

Unter dem Decknamen »Junius« ließ ein anonymer Verfasser zwischen 1769 und 1772 regimekritische Briefe im Londoner »Public Advertiser« erscheinen. Die Briefe prangern die Machenschaften von König Georg III. und seiner Regierung an und wenden sich gegen Eingriffe in die bürgerlichen Freiheiten. Führende Mitglieder der Regierung, wie z.B. die Adligen Grafton, Bedforth, North und Mansfield, werden auch persönlich scharf angegriffen. 1772 erstmals in Buchform veröffentlicht, stellen die Junius-Briefe ein Meisterwerk politischer Rhetorik dar.

Der Band ist mit einer Einleitung der Kölner Literaturwissenschaftler Ansgar und Vera Nünning versehen, die den historischen Kontext der Junius-Briefe erläutert und die Aktualität der Satire verdeutlicht. Zur Sprache kommt auch die bis heute umstrittene Frage der Autorenschaft der Briefe, die in der neuesten Forschung wieder Philip Francis (1740-1818) zugeschrieben werden. Außerdem wird die zeitübergreifende Bedeutung der Junius-Briefe erläutert, die ein einzigartiges Dokument für das englische Verfassungsdenken bilden, den großen Einfluß, den die Presse auf das politische Bewußtsein eines Volkes haben kann, dokumentieren und eine wichtige Etappe im Kampf für die Presse- und Meinungsfreiheit markieren.

348 Seiten · DM 32,00 · ISBN 3-88506-414-6

Sammlung Junius 9
Junius Verlag GmbH
Stresemannstraße 375
2000 Hamburg 50

Titel der amerikanischen Ausgabe:
Reconstructions in philosophy

Einbandgestaltung: Johannes Hartmann, Hamburg
Porträt John Dewey: Southern Illinois University
(Special Collections, Morris Library)
Satz: Junius Verlag, Hamburg
Druck: SOAK GmbH, Hannover
Printed in Germany
ISBN 3-88506-409-X
Erste Auflage Oktober 1989

Aus dem Englischen von Martin Suhr

CIP-Titelaufnahme der Deutschen Bibliothek
Dewey, John:
Die Erneuerung der Philosophie/John Dewey.
– 1. Aufl. – Hamburg: Junius-Verl., 1989
(Sammlung Junius; 9)
Einheitssacht.: Reconstructions in philosophy ‹dt.›
ISBN 3-88506-409-X
NE: GT